*Famílias contemporâneas,
filiação e afeto*

A POSSIBILIDADE JURÍDICA DA ADOÇÃO POR HOMOSSEXUAIS

G521f   Girardi, Viviane
        Famílias contemporâneas, filiação e afeto: a possibilidade jurídica da adoção por homossexuais / Viviane Girardi. – Porto Alegre: Livraria do Advogado Ed., 2005.
        168 p.; 16 x 23 cm.

        ISBN 85-7348-361-X

        1. Casamento entre pessoas do mesmo sexo. 2. Homossexualismo. 3. Adoção. 4. Direito de Família. I. Título.

                        CDU - 347.628:613.885

        Indices para o catálogo sistemático:
        Casamento entre pessoas do mesmo sexo
        Homossexualismo
        Adoção
        Direito de Família

(Bibliotecária responsável: Marta Roberto, CRB-10/652)

VIVIANE GIRARDI

# *Famílias contemporâneas, filiação e afeto*

## A POSSIBILIDADE JURÍDICA DA ADOÇÃO POR HOMOSSEXUAIS

livraria
DO ADVOGADO
editora

Porto Alegre, 2005

© Viviane Girardi, 2005

*Capa, projeto gráfico e composição de*
Livraria do Advogado Editora

*Revisão de*
Rosane Marques Borba

Direitos desta edição reservados por
**Livraria do Advogado Editora Ltda**.
Rua Riachuelo, 1338
90010-273 Porto Alegre RS
Fone/fax: 0800-51-7322
editora@livrariadoadvogado.com.br
www.doadvogado.com.br

Impresso no Brasil / Printed in Brazil

*Para o pequeno Matheus.*
*Seu nascimento preencheu minha vida de alegria*
*e proporcionou um outro sentido a este trabalho.*

Agradecer é sempre uma tarefa difícil e dotada de certa margem de coragem pelo risco das omissões. No entanto, não quero dela me furtar porque este trabalho contou com a colaboração de várias pessoas nas mais diversas instâncias.

Ao Prof. Dr. Luiz Edson Fachin, por ter acreditado e ter me proporcionado uma orientação segura no decorrer da pesquisa, que resultou nesta publicação. Mas, especialmente, por ser um 'mestre' que não poupa esforços na busca do saber e por ter a qualidade de dividi-lo paternalmente com quem o cerca.

Ao Programa de Pós-Graduação em Direito da Universidade Federal do Paraná, e ao seu corpo docente pela postura crítica e construtiva no cenário da pesquisa acadêmica. Aos colegas pela rica ambiência acadêmica e, em especial, ao amigo Marcos Alves da Silva pelos fraternos e constantes diálogos.

Aos meus pais pelo constante incentivo aos estudos.

Ao Ricardo Prospero, pelo apoio incondicional nesta trajetória.

À amiga Maria Christina de Almeida, pelo estímulo e pela comunhão de momentos de vida, somente possíveis numa verdadeira amizade.

À Marilza Souza Paixão Machado, secretária do juiz da 1ª Vara da Infância e Juventude do Rio de Janeiro, que pronta e atenciosamente me enviou os julgados que tratam da adoção por homossexuais, o que enriqueceu sobremaneira a perspectiva desse trabalho.

Agradeço, ao amigo Rolf Madaleno, sem ele este livro não seria possível. E ao Francisco José Cahali, por valorizar e incentivar minha participação na vida acadêmica. Agradeço também, aos colegas Renato José Borgert e Sidnei Machado pela amizade que nos une.

Finalmente, minha especial gratidão a duas mulheres e profissionais excepcionais, Renata Cunha Wenth e Dulce Helena Rizzardo Briza. Elas saberão o porquê.

# Prefácio

A família plural: jornada em direção à luz

> "Fica estabelecida a possibilidade de sonhar coisas impossíveis e de caminhar livremente em direção ao sonho."
>
> *Michel de Montaigne*

Velejando pelas águas de um direito plural, crítico e construtivo, Viviane Girardi ancora neste sólido e maduro trabalho acerca das complexas e múltiplas relações familiares contemporâneas. Tornou-se com essa travessia mestre em Direito pelo Programa de Pós-Graduação da Faculdade de Direito da Universidade Federal do Paraná.

Compartilhando do sonho de Michel de Montaigne, a autora está entre aqueles que vislumbram o direito como instrumento de emancipação a serviço de uma *justiça que liberta*, e não em prol de uma *lei e de um mercado que prendem e excluem*.[1] O que se apresenta abstruso no presente tão-só revela uma potencialidade no futuro próximo.

É sob esta lente do movimento que retira temas da penumbra e da exclusão que o livro procura enxergar a possibilidade de adoção por pais homossexuais, abrigando uma concepção plural e aberta de família, vincada sobremaneira no afeto.

Ao longo dos capítulos pelos quais o livro singra, as preocupações pela centralidade da Carta Constitucional de 1988 e pela necessária releitura constitucional dos institutos clássicos do Direito Civil, e conseqüentemente do Direito de Família, são constantes e balizadoras da presente reflexão.

---

[1] ALFONSIN, J. T. *De Nós de uma Lei e de um Mercado que Prendem e Excluem ao Nós de uma Justiça que Liberta*. In: DÓRIA, D.D. *Direito e Mudança Social*. Rio de Janeiro: Renovar, 2003.

É por meio da transmutação nuclear do ordenamento jurídico que as linhas limítrofes entre as searas pública e privada se redesenham, recolocando a pessoa humana enquanto foco e escopo do ordenamento.

Destarte, em consonância com este *"giro coperniciano"*, figura a Dignidade da Pessoa Humana como pedra angular do sistema, escopo dos verdadeiros direitos fundamentais materialmente constitucionais. Com efeito, é por meio da dignidade da pessoa humana, alicerce concreto do direito fundamental à liberdade, neste incluso o direito subjetivo à liberdade de orientação sexual, que a nova concepção de família será gestada.

Neste influxo, aporta a pluralidade familiar enquanto corolário lógico do princípio à igualdade no que diz respeito à adoção de crianças por pais do mesmo sexo.

A família contemporânea constitucionalizada afasta-se do *standard* talhado em séculos passados. É o afeto o elemento unificador dessa *família em busca do novo milênio*. Os *laços de família*, conforme grafava Cecília Meireles, afastam-se dos tradicionais critérios patrimoniais e biológicos, edificando-se sobre os vínculos de amor e de afeição que aportam como os verdadeiros elementos solidificadores da unidade familiar.

Esta nova mirada acerca do fenômeno familiar constitui demanda social crescente, segundo aduz a autora. Deste modo, não podemos nos olvidar que é o Direito que deve servir aos fatos como moldura flexível e multifacetada ao invés de estabelecer conceitos excludentes *a priori*.

Exerce Viviane Girardi neste trabalho sua cooperação para a construção de hermenêutica criativa e transformadora que seja a força propulsora da mudança social e garantia dos valores constitucionais e da sua efetivação prática.

Todavia, o caminho *contra-hegemônico* da crítica é por vezes árido e tortuoso. É justamente nesta toada que abrolha o nosso *direito ao sonho* de um porvir mais igualitário. Neste influxo nos ensina Avelãs Nunes:

> As mudanças necessárias não acontecem só porque nós acreditamos que é possível um mundo melhor. Essas mudanças hão de verificar-se como resultado das leis de movimento das sociedades humanas, e todos sabemos também que o voluntarismo e as boas intenções nunca foram o motor da história. Mas, a consciência disto mesmo não tem que matar nosso direito à utopia e nosso direito ao sonho. Porque a utopia ajuda a fazer o caminho. Porque sonhar é preciso, porque o sonho comanda a vida.[2]

Subscrevemos, por isso, a lição necessária para seguir em frente, também enunciada por Helena Kolody, que afirma que *"Para quem viaja ao encontro do sol é sempre madrugada"*. Com sua temperança lúcida e

---

[2] AVELÃS NUNES, António José. *Neoliberalismo e Direitos Humanos*. Rio de Janeiro: Renovar, 2003. p. 123.

consciente, peregrina ao encontro do sol, e o faz de modo ímpar, com as ferramentas de um direito emancipador que se encontram em sua bela dissertação de mestrado que ora germina nesta obra. Em boa hora dela se dá ao conhecimento de toda a comunidade jurídica brasileira.

*Luiz Edson Fachin*
Professor Titular de Direito Civil da
Universidade Federal do Paraná

# Sumário

Apresentação .................................... 15
Introdução ...................................... 17

## Parte I – Da família e sua transformação no direito

1. Da família codificada à constitucionalizada ................ 23
   1.1. A família sob a ótica do Direito Civil codificado .......... 25
   1.2. Princípios constitucionais e relações familiares ........... 31
       1.2.1. A constitucionalização do Direito Civil ............. 35
       1.2.2. A repersonalização das relações familiares .......... 42
2. O princípio da dignidade da pessoa humana e o direito à orientação sexual   47
   2.1. O princípio da dignidade como cláusula geral da tutela da personalidade ........................................ 53
   2.2. O direito fundamental e personalíssimo à orientação sexual ..... 57
3. Homossexualidade: primeiro crime, depois doença, finalmente modo de ser .  66
   3.1. O princípio jurídico da igualdade e a homossexualidade ....... 73
   3.2. Da paternidade e da descendência .................... 82
       3.2.1. O direito subjetivo à paternidade ................ 90

## Parte II – Filiação na família adotiva plural

4. O filho, a criança e o adolescente como sujeitos de direitos ....... 99
   4.1. O direito à convivência familiar e comunitária ............ 105
       4.1.1. Crianças Institucionalizadas e o Abandono .......... 107
5. O instituto e o discurso jurídico da adoção ................. 113
   5.1. Adoção: requisitos e critérios da lei brasileira ............ 121
   5.2. A adoção, vínculo afetivo e pluralidade familiar ........... 129

Conclusão ....................................... 157
Referências ...................................... 162

## Apresentação

No movimento constante a que submetida a vida, depara-se o estudioso com situações e circunstâncias de ordem variada, fazendo-o refletir e rever pontos de vista antes adotados, frente à necessidade de encarar o novo e buscar as soluções possíveis, conforme cada momento e especialmente como forma de não se deixar no vácuo questões que, ontem sequer imaginadas, hoje a realidade as apresenta de forma concreta e a demandar a procura do posicionamento adequado.

O século que passou foi pródigo em novidades e surpresas delas decorrentes, fazendo com que nas diversas áreas do conhecimento se tornasse preciso o exame do novo, suas conseqüências, bem como tudo enfrentar e resolver, num processo em que, conforme Benjamin Cardozo, *a descoberta e a reação reagem uma sobre a outra*.[1]

No âmbito do Direito, principalmente no tocante à família, não foi diferente; ao contrário, talvez tenha sido setor em que tanto as inovações quanto as medidas propostas a regulá-las mais tenham sido objeto de cogitação e ponderação, assustando-se alguns com o quanto necessário a isso e dispondo-se outros a dirigir o olhar para a nova realidade, admitindo sua existência e o fato de não ser possível a isso fugir.

Assim se deu, por exemplo, com o reconhecimento constitucional sobre o concubinato, hoje união estável e seus efeitos, o mesmo se dando quanto à inseminação artificial e a obrigação de não se afastar o estudioso, no âmbito das relações familiares, do importante aspecto do afeto e suas repercussões na órbita jurídica.

Atenta a tudo isso e preocupada em enfocar o direito como "instrumento apto a reconhecer" as novas realidades e não permitir a exclusão dos que nela se vejam envolvidos, principalmente em função do princípio da dignidade da pessoa humana, Viviane Girardi dedicou-se a elaborar dissertação de mestrado tratando de assunto pouco cuidado e objeto de acirrado debate, seja no aspecto social, quanto o jurídico, abordando-o sob

---

[1] A natureza do processo e a evolução do direito, *Coleção Ajuris*, trad. Leda Boechat RodriguesPorto Alegre, 1978, p. 18.

prisma multifário e que, apesar do evidente preconceito em muitas das análises a respeito elaboradas, não a impediu de, sem receio, expor o que pensa sobre o tema e apresentar sugestões possíveis.

Por si mesma e pela importância que dela resulta, a adoção se constitui em instituto suscetível de inúmeras indagações, dando azo a, tanto no aspecto legislativo, como o jurisprudencial e o doutrinário, se busque avançar na matéria, sempre sob a luz do superior interesse da criança, não sendo de se estranhar a sua visualização na ótica da tão discutida união homossexual, no que e conforme se poderá conferir na obra de Viviane, elaborou ela trabalho profundo e sensível, ocupada, acima de tudo, com os princípios constitucionais e com a busca de uma moldura em que o Direito Civil acompanhe a realidade do tempo que se vive e a necessidade de se transpor a imobilidade que não é adequada à vida e muito menos à ordem jurídica.

Ponderando sobre o direito de cada um à orientação pessoal, no que tange ao sexo, sob o pálio da cláusula constitucional da dignidade humana e examinando os vários estágios por que passou o direito à orientação sexual e acabando por deter-se no discurso jurídico da adoção, sem deslembrar a importância do afeto, acaba por ter como admissível interpretação dilargada do art. 226, § 3º, da Constituição Federal, no que concerne à adoção proposta, ciente, com Arnold, em seus *Essays in Criticism*,[2] de que "não há um só credo que não seja abalado, um só dogma que não se demonstre ser questionável, uma só tradição recebida que não ameace dissolver-se".

*Antônio Carlos Mathias Coltro*

Desembargador do Tribunal de Justiça de São Paulo
Professor de Direito Civil na Faculdade de Direito da PUC-SP
e no Curso de Pós Graduação Lato Senso da FADISP-CPC
Membro efetivo do Conselho Superior de Orientação do
Instituto Latino Americano da Organização das Nações Unidas
para Defesa dos Direitos Humanos e Prevenção da Delinqüência
Coordenador na Escola Paulista de Magistratura
Membro da Academia Paulista de Magistrados e
Academia Paulista de Direito

---

[2] Second series, p. 1.

# Introdução

O presente trabalho, intitulado *Famílias contemporâneas, filiação e afeto: a possibilidade jurídica da adoção por homossexuais*, objetiva refletir sobre a possibilidade legal de os homossexuais sozinhos ou os que formem uma parceria homossexual virem a adotar uma criança ou um adolescente. No Brasil, até o presente momento, as decisões judiciais que conferem as adoções aos homossexuais são extremamente raras e estão centralizadas, basicamente, no Estado do Rio de Janeiro, onde o Juízo da 1ª Vara da Infância e Juventude vem concedendo as adoções aos homossexuais solteiros que preencham os requisitos legais exigidos pelo Estatuto da Criança e do Adolescente.

Nada obstante, as adoções por homossexuais se constituem numa problemática social extremamente relevante na medida em que o assunto é bastante polêmico tanto para o discurso jurídico como para outras ciências do conhecimento, e também, porque se mostram insipientes as pesquisas no campo jurídico sobre esse tema.

Por outro lado, o presente trabalho procurou atentar para um fato social que são as famílias formadas por homossexuais e filhos, sendo que o Direito, enquanto ciência que visa a regular os comportamentos sociais, precisa investigar essa nova realidade de família. A realidade social vem demonstrando também que nas famílias constituídas por homossexuais e filhos, estes biológicos ou não, encontram-se presentes fortes e estáveis vínculos afetivos tanto entre o par homossexual quanto entre o(s) filho(s) e o(s) companheiro(a) do pai ou da mãe biológicos das crianças e dos adolescentes. Ficando, no entanto, evidenciado que o vínculo afetivo estabelecido entre a criança ou o adolescente e o companheiro(a) do seu pai ou da sua mãe não encontram uma tutela jurídica adequada que preserve os melhores interesses da criança ou do adolescente inseridos nessas famílias.

Desta forma, tendo em vista esse contexto, procuraram investigar quais as soluções apontadas pelo sistema jurídico para essas novas formas de configuração familiar.

Na medida em que o objeto de estudo do direito é a regulação dos fatos e dos comportamentos presentes no seio da sociedade, a evidência social dessas novas formas de famílias, que são as compostas por homossexuais e filhos, assim como o crescente desejo de os homossexuais pretenderem tornar-se pais por meio da adoção de crianças, impulsionou a investigação no sentido de ser verificado quais os mecanismos legais existentes e apresentados pelo ordenamento jurídico para dar conta da legitimação jurídica dessa demanda social.

Considerando o direito não só como um mero regulador da ordem legal estabelecida, mas também como possibilidade de ser um instrumento apto a reconhecer o direito daqueles que estão excluídos concretamente do acesso ao sistema legal, este trabalho pretende fazer valer o direito à igualdade e o respeito à diferença, essenciais que são a uma sociedade democrática, que garanta a cidadania de todos num verdadeiro Estado de Direito.

A doutrina civilística contemporânea, ao tratar da família, reconhece nela a característica de funcionalidade, o que importa em tê-la como um espaço institucionalizado que viabilize a realização das pessoas que a compõem. Portanto, a partir da Constituição Federal de 1988, a tutela legal do Estado recai e protege a família na medida em que essa viabilize a realização das potencialidades dos seus componentes. A tutela jurídica, em última análise, deslocou-se da família como instituição e passou a incidir sobre cada um dos seus membros, ou seja, sobre o homem e sobre a mulher, sobre a criança, sobre o adolescente e sobre o idoso, e os diversos papéis desempenhados por esses no meio familiar.

No seio da sociedade, por sua vez, a evolução do comportamento demonstrado pelas demais áreas do conhecimento vem apontando a visibilidade da homossexualidade, tanto como um fato social a merecer atenção da sociologia e da antropologia, quanto como uma forma legítima de expressão da sexualidade humana, segundo as conclusões das ciências médicas e da psicologia.

A partir do advento da Constituição Federal de 1988, que estabeleceu o princípio da dignidade da pessoa humana como um dos fins do Estado e que consagrou a igualdade como um direito constitucional fundamental, os homossexuais, tendo como fundamento legal e ético também o dever de respeito às diferenças, passaram a reivindicar do ordenamento jurídico um tratamento isonômico no que tange aos direitos conferidos aos heterossexuais.

Essa reivindicação abriu a discussão jurídica sobre a concessão ou não da adoção aos homossexuais e, de forma ainda subliminar, levantou a problemática de se reconhecer, ou não, a faculdade do exercício da paternidade e da maternidade aos homossexuais, bem como os direitos destes de formarem uma família.

Por outro lado, ao se tratar do tema da possibilidade da adoção pelos homossexuais, revolveu-se o tema acerca da chaga social representada pelo sofrimento das crianças e dos adolescentes institucionalizados e o fato de a família, a sociedade e o próprio Estado não virem desempenhando, a contento, o dever que a Constituição lhes impingiu, que é o de assegurar às crianças e aos adolescentes acesso aos seus direitos fundamentais básicos, entres os quais, o direito à convivência familiar e comunitária, essencial, que é, à peculiar condição de pessoas em desenvolvimento.

Foi essa demanda social, ou seja, o desejo de os homossexuais tornarem-se pais por meio da adoção de crianças ou de adolescentes o que motivou a pesquisa, pois, esta obra objetiva investigar como o ordenamento jurídico responde a essa reivindicação, já que o direito é a ciência que tem como escopo regular o comportamento social.

Para tanto, foram utilizados como marcos legislativos a Constituição Federal de 1988 e o Estatuto da Criança e do Adolescente, Lei n. 8.060/90. No campo doutrinário, foram considerados como referenciais teóricos a doutrina do direito constitucional proposta por J. J. Gomes Canotilho, a perspectiva do direito civil constitucionalizado representada pela doutrina de Pietro Perlingieri e, entre nós, defendida por Gustavo Tepedino e a doutrina, mormente do direito português, representada pelo pensamento de José de Oliveira Ascensão, que concebe o princípio da dignidade da pessoa humana como cláusula geral de tutela dos direitos de personalidade. Aliado a esse contexto doutrinário o presente trabalho buscou apontar uma postura crítica do operador jurídico ao cuidar da interseção do direito com a sociedade preconizada pela lição de André-Jean Arnaud e concretizada na dogmática contemporânea de Luiz Edson Fachin, que defende a funcionalização das relações familiares, assim como o papel jurídico do afeto e o perfil construtivo do direito representado pelo desempenho da jurisprudência.

Também se constituíram num dos marco teórico relevante para o presente trabalho a doutrina da repersonalização das relações familiares e o reconhecimento da pluralidade das formas de organização social da família, que são consideradas e defendidas pelo pensamento de Paulo Luiz Netto Lôbo.

Considerando-se, ademais, a necessidade de a pesquisa estabelecer interfaces com outros campos do saber, estabeleceu-se uma aproximação, ainda que de forma superficial, com alguns autores que tratam do tema enfocado sob o olhar da psicologia.

Com os olhos voltados para as conclusões trazidas pelas demais ciências que versam sobre o problema da infância abandonada, na perspectiva da defesa do melhor interesse da criança e do adolescente, buscou-se avançar no tema da possibilidade da adoção por homossexuais, posto que ao ser conferida essa adoção, as necessidades representadas pelos direitos fundamentais da criança e do adolescente poderiam igualmente vir a ser atendidas.

No que tange à questão da adoção por homossexuais, buscou-se investigar a possibilidade da concessão da adoção ao par homossexual, visto que há precedentes jurisprudenciais que reconhecem nas parcerias homossexuais uma forma de ser família, considerando, ademais que as condições legais para as adoções por homossexuais solteiros já estão dadas pelo sistema positivado.

Mediante a constatação da presença de fortes vínculos afetivos entre o adotando e a pessoa companheira de seu pai ou mãe adotivos, investigou-se qual é a solução possível de ser dada pelo sistema jurídico para tratar da inexistência de tutela do vínculo afetivo existente entre adotando e o(a) companheiro(a) do(a) adotante.

A metodologia adotada na presente pesquisa principiou pelo levantamento bibliográfico da doutrina nacional que cuida do universo das relações familiares, colhendo o pensamento de alguns autores estrangeiros, passando a investigar os argumentos trazidos pelas decisões judiciais de primeira e de segunda instâncias que conceberam a adoção a uma só pessoa homossexual.

Cabe apontar quanto à metodologia que os casos jurisprudenciais levantados são escassos e ainda muito limitados em seu acesso, por conta do princípio processual que impõe o dever do Segredo de Justiça, mas tais casos, serviram qualitativamente para demonstrar a presença marcante do afeto nas relações entre homossexuais e entre estes e crianças, bem como a disponibilidade emocional que os homossexuais possuem para tornarem-se pais ou mães adotivos. Fatos esses que levaram a ser perquirida a possibilidade da adoção vir a ser realizada conjuntamente pelo par homossexual, e não somente por um deles.

Em posse desse material de pesquisa, no primeiro capítulo, percorreu-se a evolução do conceito jurídico de família, desde a codificação até as mudanças estruturais trazidas pelos novos valores e princípios constitucionais. Percorreu-se também o caminho da constitucionalização, assim como da repersonalização das relações familiares que encontram suporte jurídico na ordem constitucional. No segundo capítulo, o enfoque é dado no princípio da dignidade da pessoa humana que irradiou novos valores e que, a partir do advento da Carta Constitucional de 1988, passou a informar todo o complexo de normas ordinárias do ordenamento jurídico brasileiro. Para tanto, trabalha-se igualmente com a noção de repersonalização do direito, onde o foco é voltado para os direitos fundamentais e o reconhecimento de direitos de personalidade considerados como essenciais e inatos a toda e qualquer pessoa, ainda que não previstos objetivamente no direito positivado. Com base na interpretação do princípio da dignidade da pessoa humana como cláusula geral de tutela da personalidade, é defendido, nesse momento do trabalho, o direito à orientação sexual como um direito personalíssimo de todo e qualquer cidadão.

No terceiro capítulo, o enfoque é dado na evolução que o conceito da homossexualidade foi tendo ao longo da história e do direito. Percorreu-se, ainda que de forma bastante sintética, a construção do novo conceito da homossexualidade, o qual passou de pecado e crime à doença até chegar a se constituir num modo de ser e, portanto, de revelar-se como uma reivindicação legítima de quem como homossexual se percebe. Com base no princípio da igualdade e no dever de não-discriminação, este capítulo versa ainda sobre o direito dos homossexuais se realizarem como pais, defendendo-se a paternidade ou maternidade como sendo um direito subjetivo inerente a toda e a qualquer pessoa, independente da orientação sexual adotada.

A partir do quarto capítulo, o trabalho volta-se para a pessoa da criança e do adolescente, considerando-os como novos sujeitos de direitos e como pessoas em estágio de desenvolvimento da personalidade, o que lhes confere o direito de receberem a tutela prioritária do Estado. Nesse contexto é abordado, ainda, o direito à convivência familiar e comunitária, assim como a ausência deste direito revestida no abandono vivido pelas crianças institucionalizadas.

O quinto e último capítulo trata do instituto da adoção, fazendo uma rápida digressão histórica desse instituto e das suas razões de existência no tempo, até se chegar à adoção nos moldes e com os fins estabelecidos pelo Estatuto da Criança e do Adolescente, onde são apontados os requisitos legais para a concessão das adoções das crianças e dos adolescentes no Brasil. A partir daí, o capítulo aponta para a temática da possibilidade jurídica de as adoções por homossexuais serem concedidas a uma pessoa ou, por meio de uma interpretação sistematizada da ordem legal, ao par homossexual, na medida em que outros países entendem ser esta modalidade de adoção possível e também diante das pesquisas na área da psicologia que apontam para o bom desenvolvimento e desempenho das crianças inseridas em famílias formadas por homossexuais e por pares homossexuais.

Em suma, o texto que a seguir compõe a dissertação apresenta uma reflexão vincada por uma concepção aberta e plural do Direito e da família.

# Parte I
# DA FAMÍLIA E SUA TRANSFORMAÇÃO NO DIREITO

## 1. Da família codificada à constitucionalizada

O direito privado, em especial o direito privado de família, possui uma vinculação direta e imediata com os valores vigentes e aceitos por uma determinada sociedade em um determinado momento histórico. Talvez, por essa característica peculiar, seja o direito de família o ramo do direito a mais sofrer pressões e a sentir a tensão existente entre fato social e norma jurídica. Também recai sobre essa área do direito a pretensão de estabelecer e definir legalmente, o que está fora do dito normatizável, ou seja, o afeto e a sexualidade[1] humana.

Partindo-se desse reduzido contexto, onde se insere o direito de família, torna-se imperioso constatar que os tempos modernos e a rapidez com que se modificaram e modificam as condutas e os comportamentos sociais trouxeram alterações significativas para a vida privada dos indivíduos, portanto para a vida em e na família.

O comportamento social e a vida familiar evoluíram. As relações de convivência familiar e social já não são mais as rigidamente estabelecidas pelo Código Civil de 1916, em que o modelo único de família, fundado na desigualdade[2] e sustentado pelo patriarcado, tinha na figura do homem a concentração do poder econômico e social da família. A família contemporânea não se conforma mais com as atribuições rigidamente estabelecidas pela qualidade de se ser homem ou mulher. Ser filho não significa mais estar sujeito aos desígnios do pai. A família contemporânea não é mais (e somente) o lugar da perpetuação dos laços de sangue e da preservação do nome e patrimônio dos antepassados, finalidades estas que, outrora, se constituíam na razão de se "nascer e de se permanecer em família".

Pode-se afirmar que a família legal contemporânea não encontra mais um modelo único para se expressar. Sendo porosa e plural, recebeu e

---

[1] PEREIRA, Rodrigo da Cunha. *Direito de família*: uma abordagem psicanalítica. Belo Horizonte: Del Rey, 1997, p. 43.
[2] Um aspecto legal e público dessa desigualdade (entre tantas outras) pode ser verificado na incapacidade relativa da mulher casada.

incorporou as modificações ocorridas nos costumes de nossa sociedade, modificações estas influenciadas por fatores de ordem social, econômica e tecnológica.[3] Dessa forma, vê-se que a família, por muitos tratada de decadente,[4] transformada pelos anseios do homem moderno com este subsiste, tendo sua função e papel avivados, pois, atualmente, estar e permanecer em família é muito mais um ato de vontade do que uma imposição do meio social.

Nesse sentido, é a constatação de Michelle Perrot:[5]

> As rupturas que assistimos hoje são a culminação de um processo de dissociação iniciado a muito tempo. Ele está ligado em particular, ao desenvolvimento do individualismo moderno do século XIX. Um imenso desejo de felicidade, essa felicidade que o revolucionário Saint-Just considerava a idéia da nova Europa – ser a gente mesmo, escolher sua atividade, sua profissão, seus amores, sua vida – apoderou-se de cada um.

O ingresso dessa nova família no tecido jurídico brasileiro deu-se de forma mais precisa com o advento da Carta Constitucional de 1988 que, a partir dos artigos 226 e seguintes, reconheceu legislativamente que as formas e os arranjos familiares são plurais e são fundamentadas contemporaneamente mais na solidariedade e ajuda mútua dos seus membros do que no império da lei. O texto constitucional culminou por legitimar e reconhecer juridicamente o que o cotidiano social já demonstrava: "A casa é cada vez mais o centro da existência. [...] Tateando esboçam novos modelos de família, mais igualitárias nas relações de sexo e de idades, mais flexíveis em suas temporalidades em seus componentes, menos sujeita à regra e mais ao desejo".[6]

E, em especial, no campo do direito privado de família, com o advento da Carta Constitucional de 1988, foi reconhecido o papel jurídico do afeto, o que irradiou um novo alcance para as normas jurídicas, tornando possível se identificar, também, uma interdisciplinaridade entre as diversas disciplinas que tratam das múltiplas formas de organização familiar, tanto sob o viés dos relacionamentos pessoais entre o casal quanto no que atine a uma nova forma de ver e conceber a filiação.

---

[3] Para exemplificar essas modificações, mencionam-se, no âmbito econômico, o ingresso da mulher no mercado de trabalho, os meios contraceptivos e os avanços da engenharia genética no campo da tecnologia, pois, possibilitaram uma autonomia feminina, antes relegada ao anonimato social, no plano público, e à geração indiscriminada de filhos, no plano privado.

[4] "Toda a sociedade procura acondicionar a forma da família a suas necessidades e fala-se em 'decadência' freqüentemente para estigmatizar mudanças com as quais não concordamos". (PERROT, Michelle. O nó e o ninho. In: *Reflexões para o futuro*. São Paulo: Abril, 1993, p. 75).

[5] *Ibidem*, p. 78.

[6] *Ibidem*, p. 81.

A ordem constitucional, de forma específica, por meio do art. 226 e seus parágrafos, consagrou novos modelos de organização familiar e, de forma ampla, pelo princípio que direciona o ordenamento infraconstitucional para a promoção da dignidade da pessoa humana, tornou viável juridicamente o reconhecimento de outras formas de expressão da sexualidade,[7] permitindo outras formas de constituição de família que não somente aquela fundada no casamento.

## 1.1. A família sob a ótica do direito civil codificado

O Código Civil, diploma legal que veio a regular a sociedade privada no início do século, traduziu para o texto jurídico valores e conceitos morais que dominavam o cenário social naquele momento.[8]

Sociedade esta representada pela parcela social economicamente dominante à época e, segundo Orlando Gomes, reduzida "[...] a trezentas ou quatrocentas mil pessoas pertencentes às famílias proprietárias de escravos, os fazendeiros, os senhores de engenho [...]".[9] Sendo assim, ao definir e delimitar os conceitos e contornos do direito de família, tal diploma legal preocupou-se não em assegurar os direitos e as potencialidades humanas, respeitando o indivíduo e a existência de cada membro da família, mas, sim, em tutelar o instituto jurídico da família, que, naquele momento, era tida, entre outras funções, como meio de produção e de transmissão do nome e do patrimônio.

Para Rosana Amara Girardi Fachin, "os traços básicos da organização social, política e judiciária do Brasil, inspiraram a família moldada no Código Civil de 1916, profundamente marcada pela solenidade e fundada em bases patrimonialistas, divorciada dos fatos sociais e alheia à verdadeira realidade da família brasileira".[10]

Proteger essa família, de natureza agrária, era a finalidade do direito prescrito pelas normas do Código Civil de 1916. Código Civil este, repre-

---

[7] Para Rodrigo da Cunha PEREIRA, "Nas culturas ocidentais contemporâneas, a homossexualidade tem sido, até então, a marca de um estigma. Relega-se sempre à marginalidade aqueles que não têm suas preferências sexuais de acordo com determinados padrões de moralidade. Esta estigmação não é só em relação à homo ou heterossexualidade, mas para qualquer comportamento sexual 'anormal', como se isto pudesse ser controlado e colocado dentro de um 'padrão normal'". (*Direito de família ...*, p. 47).

[8] Segundo Orlando GOMES, "a fidelidade do Código à tradição e ao estado social do país revela-se mais persistente no direito de família e no direito das sucessões [...]" (*Raízes históricas e sociológicas do Código civil brasileiro*. Salvador: Progresso, 1958, p. 20).

[9] GOMES, Orlando. *Raízes históricas e sociológicas ...*, p. 39.

[10] FACHIN, Rosana Amara Girardi. *Em busca da família do novo milênio*. Rio de Janeiro: Renovar, 2001, apresentação.

sentativo do sistema jurídico liberal burguês fundado sob a égide da legalidade que secularizou o domínio do direito emanado do poder do Estado.[11]

Na sociedade agrária brasileira, a família, ao contrário da atualidade, que encontra outras formas de expressão,[12] só era como tal considerada, se fundada no casamento, não havendo meios de proteção ou tutela jurídica para outros arranjos familiares. "Daí a importância do casamento como sinal de permanência e perenidade, garantia de respeitabilidade, segurança e ascensão. [...] A sociedade colonial valorizou o matrimônio, quer na solenização religiosa, quer no convívio da sociabilidade, como uma condição honrada e venerada".[13]

Tanto era assim, que o concubinato,[14] forma natural de constituição e organização familiar entre nós, não era dessa forma considerado, como aponta Carmem Lúcia Silveira Ramos, ao afirmar que

> [...] neste rumo, o relacionamento interpessoal designado como concubinato foi excluído pelo sistema jurídico liberal, que fechou ou olhos à realidade destas situações de fato, alijando-as de seus espaços, negando-lhes quaisquer efeitos de direito, o que permitiu a interpretação de que tais relações seriam ilícitas, contrárias a moral e aos bons costumes, refletindo uma discriminação fundamentada, de ponto de vista exclusivamente voltado para o discurso jurídico liberal, no princípio da legalidade.[15]

A filiação[16] também não respeitava os fatos, mas sim a ótica do que era considerado moralmente aceito, valores estes refletidos no direito, que só considerava como filhos àqueles advindo do casamento, não permitindo o reconhecimento legal dos havidos fora da órbita matrimonial. Era assim, para se tutelar a paz doméstica,[17] desconsiderando-se por completo a realidade social, buscando-se assegurar o comportamento social tido como lícito e moralmente aceito para a sociedade da época.

---

[11] RAMOS, Carmem Lucia Silveira. *Famílias sem casamento*: de relação existencial de fato a realidade jurídica. Rio de Janeiro: Renovar, 2000, p. 64.

[12] "O reconhecimento formal desta pluralidade, no entanto, só ocorreu com a Constituição Federal de 1988, que albergou diferentes fontes de família, compatibilizando Direito e realidade. (FACHIN, Rosana Amara Girardi. *Em busca da família do novo milênio* ..., p. 7).

[13] *Ibidem*, p. 36.

[14] Para os presentes fins, não se fez distinção entre os diversos conceitos jurídicos de concubinato, união estável, união livre e suas implicações para o direito civil.

[15] RAMOS, Carmem Lucia Silveira. *Famílias sem casamento* ..., p. 57-58.

[16] Ressalta-se, ainda, que a filiação se prestava também a compor a força produtiva da família, como assinala Rosana Amara Girardi FACHIN: "O filho na família patriarcal era mais um elemento de força produtiva". (*Em busca da família do novo milênio* ..., p. 46)

[17] "Daí a indissolubilidade do vínculo matrimonial; o poder marital e a subordinação impressionante da mulher casada ao cônjuge varão; a chefia centralizadora da sociedade conjugal atribuída ao marido; os excessivos poderes definidores do pátrio poder; a presunção de paternidade do marido [...] sempre em favor da paz doméstica". (TEPEDINO, Gustavo. A disciplina jurídica da filiação na perspectiva civil-constitucional. In: PEREIRA, Rodrigo da Cunha [coord.]. *Direito de família contemporâneo*. Belo Horizonte: Del Rey, 1997, p. 550)

A filiação, portanto, além de se prestar à mão-de-obra para as famílias de baixa renda, significava para a família de cunho liberal-burguês e apreendida pelo texto codificado a perpetuidade da tradição, do nome e, conseqüentemente, do patrimônio. Daí, também, fazer sentido o instituto da adoção, que, ao lado de um sentimento de solidariedade humana, representava a possibilidade de se dar filhos a quem biologicamente não os podia ter. Tanto era essa a visão do instituto à época da codificação de 1916 que só era possível a adoção na ausência completa de filhos, legítimos ou legitimados, requisito que veio a ser dispensado com a edição da Lei n° 3.133 de 1957.[18]

A adoção,[19] juridicamente entendida como uma *fictio iuris*, é conceituada por Caio Mário da Silva Pereira como "[...] um ato jurídico pelo qual uma pessoa recebe outra como filho, independentemente de existir entre elas qualquer relação de parentesco consangüíneo ou afim".[20]

Nesses moldes, a família codificada idealizada desconsiderava a perspectiva da afetividade, sendo esta presumida quando não inexistente, podendo, tal modelo jurídico, não encontrar ressonância na realidade da família sociologicamente presente do início do século XX.[21]

Fundada na desigualdade dos sexos e na rigidez hierárquica, Silvana Maria Carbonera, citando Andrée Michel, traduz a família que foi entre nós apreendida pelo Código Civil como:

> [...] uma família cuja chefia era ocupada pelo homem, exercendo tanto o papel de pai como o de marido. A ele competia a direção exclusiva da família, sendo tal decorrente de sua autoridade e poder, cuja origem e substrato tinham cunho econômico. Como conseqüência, mulher e filhos ocupavam posição de inferioridade na comunidade familiar. A primeira desempenhava o papel de esposa e mãe, enquanto que os demais deviam ater-se ao respeito ao pai, atitude que se projetava no meio social mediante o respeito devido ao patrão e ao Estado.[22]

A legitimação da superioridade masculina é expressa no Código Civil de 1916, tanto que a mulher solteira era tida como plenamente capaz, perdendo essa qualidade no dia do casamento, pois, casada, passava a ser

---

[18] PEREIRA, Caio Mário da Silva. *Instituições de direito civil*. 11. ed. Rio de Janeiro: Forense, 2000, p. 213. v. 5.

[19] Importante registrar a lição de Caio Mário da Silva PEREIRA, citando os irmãos Mazeaud, para quem o instituto da adoção remonta ao direito romano, somente não tendo expressão na Idade Média "em vista de que a família cristã repousa no sacramento do matrimônio". (*Instituições de direito civil ...*, p. 212).

[20] *Ibidem*, p. 213.

[21] "Em conseqüência, entre verdade jurídica e a social poderia não existir correspondência". (CARBONERA, Silvana Maria. O papel jurídico do afeto nas relações de família. In: FACHIN, Luiz Edson [org.]. *Repensando fundamentos do direito civil brasileiro contemporâneo*. Rio de Janeiro: Renovar, 1998. p. 281).

[22] *Ibidem*, p. 279.

tida como relativamente incapaz, o que vale dizer, não possuía mais condições de gerir-se pessoal e patrimonialmente, sendo conferida e outorgada ao marido, mediante essa ficção legal de incapacidade, a gerência e administração tanto de si própria como dos bens que tivesse ou viesse a ter na constância do casamento.

À esposa, confinada no regime da incapacidade relativa aos atos da vida civil, restavam os desígnios domésticos destinando seu tempo às funções do lar, limitando sua vida aos espaços privados do cotidiano, além das idas regulares à missa e à Igreja, local considerado probo às mulheres dignas da sociedade colonial brasileira.

Eis mais um traço de exclusão para o qual também se prestou o Código Civil brasileiro, subjugando as mulheres a um regime que aprofundava as desigualdades, limitando o acesso feminino ao trabalho e à propriedade, por isso tido como um diploma legal de natureza eminentemente formal e patrimonialista, descomprometido "com os anseios gerais de um tempo em que sujeito e objeto não demarcavam fronteiras nítidas".[23]

Sob essa ótica patriarcalista, a família jurídica e, portanto, a codificada,[24] era tida com algo hermeticamente fechado, estático e perene, perpassando no tempo, sem se importar com a realização pessoal de seus membros. A família era instituto dotado de função. Um de seus atributos era manter laços e relações políticas e perpetuar o nome e o patrimônio que se transmitia de geração a geração e que era "a um só tempo, necessidade econômica e afirmação simbólica".[25]

O casamento se prestava, mais do que um propósito e escolha de vida, como uma entre várias possibilidades de acordos entre os patriarcas, não sendo raro as promessas de casamento entre filhos e filhas de famílias abastadas ou de renome visando à preservação da tradição e ao crescimento econômico dos clãs envolvidos.[26]

Por conta dessa matriz eminentemente patrimonial que justificava a permanência e marcava a família codificada de 1916, é possível e patente

---

[23] FACHIN, Rosana Amara Girardi. Op. cit., p. 38.

[24] "A família do Código Civil do começo do século era hierarquizada, patriarcal, matrimonializada e transpessoal, de forte conteúdo patrimonialista vez que colocava a instituição em primeiro plano: o indivíduo vivia para a manutenção e fortalecimento da instituição, que se caracterizava com o núcleo de apropriação de bens nas classes abastadas". (Ibidem, p. 8)

[25] PERROT, Michelle. História da vida privada. 5. imp. São Paulo: Companhia das Letras, 1995. v. 4: da revolução francesa à primeira guerra, p. 94.

[26] Neste sentido, Michelle PERROT: "A família é a garantia da moralidade natural. Funda-se sobre o casamento monogâmico, estabelecido por acordo mútuo; as paixões são contingentes, e até perigosas; o melhor casamento é o casamento 'arranjado' ao qual se sucede a afeição, e não vice-versa. A família é uma construção racional e voluntária, unida por fortes laços espirituais, por exemplo a memória, e materiais." (Ibidem, p. 94)

se perceber a vinculação entre o casamento, a constituição da família e a apropriação de bens.²⁷

Nesse contexto de funcionalização da entidade familiar e de viés patrimonialista, outra forma de desigualdade,²⁸ que não a dos sexos e da hierarquia entre pais e filhos, marcava a família brasileira de matriz oitocentista, que era o regime das legitimidades.²⁹

Sendo dessa forma, de menor ou nenhuma importância tinham os fatos frente ao texto codificado, importando para este último os vínculos e as relações de parentescos oriundas somente da matrimonialização, que outorgava legitimidade à esposa e aos filhos e, conseqüentemente, aos futuros herdeiros, marcados pela consangüinidade.

Radiografa-se, dessa forma, uma sociedade de linhagem sangüínea em que a duração, a continuidade e, principalmente, a estabilidade do *status quo* são valores supremos a serem a todo e qualquer custo preservados. Também no dizer de Maria Christina de Almeida ao citar Rodrigo da Cunha Pereira, onde "a relação sexual legítima, com aprovação do Estado, era somente aquela ocorrida na constância do casamento".³⁰

Por isso, também, o divórcio³¹ foi instituto tão tardio, remontando a lei que o regulamenta de 1977 que rompeu com a imposição e o sentido arbitrário do amálgama civil-religioso da promessa imposta do *até que a morte os separe*, bem como, gradativamente, foi abrandando o preconceito que recaía sobre filhos, mulheres e homens oriundos de casamentos desfeitos.

Entre nós, como também em outros tempos nas nações européias,³² a lei divorcista foi aprovada em meio a uma batalha legislativa atroz,

---

²⁷ RAMOS, Carmem Lúcia Silveira. *Op. cit.*, p. 66.

²⁸ A respeito das desigualdades consagradas na seara da família jurídica importante consultar (OLIVEIRA, José Lamartine Corrêa; MUNIZ, Francisco José Ferreira. *Direito de família*: direito matrimonial. Porto Alegre: Fabris, 1990, em especial p. 434 e seguintes).

²⁹ "Em primeiro lugar, os bens deveriam ser concentrados e contidos na esfera da família legítima, assegurando-se a sua perpetuação na linha consangüínea, como que resguardados pelos laços de sangue" (PEREIRA, Rodrigo a Cunha [coord.]. *Direito de família contemporâneo*. Belo Horizonte: Del Rey, 1997, p. 550).

³⁰ ALMEIDA, Maria Christina de. *Investigação de paternidade e DNA*: aspectos polêmicos. Porto Alegre: Livraria do Advogado, 2001, p. 29.

³¹ Sobre o divórcio importa trazer a lição de Gustavo TEPEDINO ao se referir ao instituto agasalhado pela Constituição Federal: " [Os] dispositivos que homenageiam a participação igualitária dos cônjuges e filhos, diluindo o poder decisório em detrimento da coesão formal [...] que asseguram proteção constitucional às uniões estáveis (não fundadas no casamento) e ao divórcio, comprovam a tese de que a realização do indivíduo tem supremacia sobre a instituição matrimonial, na ótica do constituinte e de que o conceito de unidade familiar não mais se confunde com a unidade matrimonial, sendo esta instrumento para a tutela da pessoa humana." (A disciplina jurídica da filiação na perspectiva civil-constitucional. In: PEREIRA, Rodrigo da Cunha [coord.]. *Direito de família contemporâneo*. Belo Horizonte: Del Rey, 1997. p. 552).

³² A esse respeito narra Michelle PERROT, sobre o contexto francês, o qual pode ser facilmente apreendido pela realidade brasileira, que na burguesia nacional encontrava o receptáculo da cultura

valendo consignar sobre esse fato a evolução trazida à sociedade e registrada por Caio Mário da Silva Pereira: "em suas linhas gerais, a Lei nº 6.515 de 26 de Dezembro de 1977, deu um passo na marcha evolutiva de nosso Direito de Família, procurando, com sinceridade, solucionar problemas a que a vida conjugal dá nascimento, e que o excessivo amor à tradição impedia de resolver".[33]

Tem-se, assim, a noção explícita trazida pelo Legislador de 1916 de que família e casamento se tratavam de uma coisa só, una e indivisível, na medida em que aquela não existia legalmente sem este.

A tutela legal não recaía sobre a família e seus membros individualmente, mas, sim, sobre o vínculo do matrimônio tido até o advento da lei divorcista como inquebrável. Também, para tutelar o matrimônio e, conseqüentemente, a paz doméstica no seio das famílias, a verdade sobre a paternidade biológica cedia lugar à presunção da paternidade do marido, tudo no sentido de ser mantido o ideal de família consagrado pela burguesia brasileira e pelos setores agrários do Brasil do começo do século.

No entanto, no decurso do tempo, com a industrialização e a conseqüente urbanização,[34] mais tarde com a liberação sexual e a forte e progressiva participação da mulher no mercado de trabalho, a família patrilinear,[35] matrimonializada, e com numerosa prole a servir de força de trabalho, vai perdendo espaço para outras formas e arranjos familiares, as quais encontram, na Constituição de 1988, a consagração legal do reconhecimento não mais de um modelo único de família funcionalizada, mas sim de variadas formas e vinculações afetivas que podem ser entendidas juridicamente como novos conceitos de família. E é dentro desse conceito amplo de família, pensada e tida como uma entidade formada por laços de

---

e modo de ser do europeu: "O divórcio é intrinsecamente perverso, não só devido às suas injustas conseqüências para as mulheres e filhos, que são os que mais sofrem com ele, mas também por razões morais. Sendo um reconhecimento implícito do direito a paixao, ele abre um lugar indevido para o amor dentro do casamento. Geralmente solicitado pelas mulheres, o divórcio enfraquece a autoridade paterna". (*História da vida privada*. 5. imp. São Paulo: Companhia das Letras, 1995, p. 98. v. 4)

[33] PEREIRA, Caio Mário da Silva. *Instituições de direito civil*. 11. ed. Rio de Janeiro: Forense, 2000, p. 8. v. 5.

[34] "Modernamente o grupo familiar se reduz numericamente. A necessidade econômica ou a simples conveniência leva a mulher a exercer atividades fora do lar, o que enfraquece o dirigismo no seu interior. Problemas habitacionais e de espaço, e atrações freqüentes exercem nos filhos maior fascínio do que as reuniões e os jogos domésticos do passado. Nos meios menos favorecidos de fortuna, os menores começam muito cedo a trabalhar, seja em empregos regulares, seja em serviços eventuais e pequenos expedientes". (PEREIRA, Caio Mário da Silva. *Instituições de direito civil* ..., v. 5, p. 20).

[35] "Revela-se, pois, que, no plano da história, há uma linhagem que se impõe. O patriarcado, por exemplo, é a representação mais acabada de um projeto parental que serviu aos valores inspiradores dos ordenamentos jurídicos, especialmente a partir das codificações. A história da exclusão da mulher e da sua desqualificação jurídica, é a história da supremacia de uma certa linhagem. O sistema tem uma linhagem que é a do sujeito masculino, espelhada nos manuais de Direito Civil". (FACHIN, Luiz Edson. *Teoria crítica do direito civil* ..., p. 181)

afeição mútua, que se torna possível investigar as organizações familiares formadas por homossexuais e por estes e filhos.

Não há mais como se ignorar que várias são hoje as formas de se viver e realizar em família, tanto que a nova codificação civil em vigor desde janeiro de 2003,[36] com base nos novos valores constitucionais, prescreve o reconhecimento jurídico da pluralidade e liberdade quanto à organização familiar, assegurando tutela à família matrimonializada, à união estável com ou sem filhos e às famílias monoparentais, formadas estas por um ascendente e filho(s).

## 1.2. Princípios constitucionais e relações familiares

Diante da fragmentação das formas de conceber a entidade familiar, dissociada esta do pensamento jurídico de outrora, que só considerava família aquela originada no casamento, muitos são os propagadores do apocalipse familiar.

Tornou-se lugar comum ouvir que a família está em crise,[37] ou, ainda, que todos os problemas de desordem social se devem ao desregramento da família.

Entretanto, olhando para a família contemporânea e buscando apoio nos elementos que formam nossa realidade cultural, história e sociológica, não excluindo a econômica, pode-se constatar que na verdade o núcleo familiar se modificou sensivelmente e, em sentido amplo, deslocou seu centro de constituição do princípio da autoridade para o princípio da compreensão e do amor,[38] que, nos moldes da Constituição brasileira, reflete e preenche o princípio basilar do ordenamento jurídico brasileiro que é o atendimento à promoção da dignidade da pessoa humana.

Depois do advento da nova ordem constitucional não é mais possível se referir à organização familiar, pensando-a como uma estrutura de con-

---

[36] O novo Código Civil não disciplinou especificamente a matéria versada no presente trabalho, como também não trouxe alterações significativas no estatuto jurídico da adoção. Assim, no desenvolvimento dos capítulos serão feitas referências pontuais a respeito desse diploma legal.

[37] A esse respeito, Vicente Barretto assim se referiu "[...] a família, até então secularmente protegida no formalismo liberal clássico, também passa por uma crise, que alguns mais temerosos, chegam a identificar como a etapa final desse grupo social, enquanto outros, mais realistas, procuram ver nesta crise uma manifestação de criatividade, quando novas, e talvez, mais duradouras formas de organização familiar começam a ser construídas, no contexto dos enfraquecidos alicerces culturais, sociais e jurídicos da família liberal burguesa". (FACHIN, Rosana Amara Girardi. *Em busca da família do novo milênio*. Rio de Janeiro: Renovar, 2001, prefácio).

[38] PEREIRA, Caio Mário da Silva. *Instituições de direito civil*. 11. ed. Rio de Janeiro: Forense, 2000, p. 19. v. 5.

vivência originada no ato formal do casamento civil e religioso, cumpridora de um papel determinado pela cena social vigente.

Na família codificada de feitio impessoal, a identificação se referia mais à entidade familiar do que ao contexto próprio de cada indivíduo. O sexo tinha a finalidade da procriação, e o reconhecimento da prole estava restrito ao espaço conjugal, pois ligava descendência à transmissão do patrimônio.

A rapidez com que se modificaram as condutas e pautas sociais, movidas por influxos e pressões de todas as outras formas de conhecimento, trouxe alterações significativas e marcantes na vida privada e no comportamento social dos indivíduos, refletidas, em última instância, no seio familiar. O comportamento social do homem se modificou. A busca da realização e da felicidade pessoal passou a ser a tônica das relações de convivência familiar e social, e essas tornaram-se não só mais complexas, como também, plurais.

É curioso pensar que a partir do momento que a mulher, antes relegada ao anonimato social e ao papel de coadjuvante familiar, obteve controle sob seu ventre com o uso do anticoncepcional, pôde fitar um novo horizonte e gerar uma nova trajetória para si e para os que a cercam. Ingressou no mercado de trabalho e, obtendo relativa[39] igualdade financeira no meio público, trouxe para a vida privada a igualdade entre os cônjuges e, juntamente com o homem, que também sofreu influxos de toda ordem,[40] pôde vislumbrar a geração de filhos e a perpetuação de sua linhagem mais como um direito do que como um dever.

Com a promulgação da Constituição Federal de 1988, a sociedade brasileira teve o acolhimento legal do que os fatos sociais há muito já demonstravam: existem outras formas de organização familiar que não somente aquelas fundadas no casamento.

A partir do artigo 226 e seus parágrafos e do artigo 227, a Constituição Federal inundou o cenário jurídico das relações familiares de um sentido amplo de democracia e de respeito às diferenças. Permitindo o reconhecimento legal da união estável e das famílias monoparentais, culminou por elastecer o leque das relações familiares legitimadas, as quais passaram a ser reconhecidas e tuteladas pelo Estado.

---

[39] Optou-se pelo vocábulo *relativa*, pois sabe-se que igualdade é ainda uma trajetória a ser construída pelas mulheres, visto que persistem várias formas de desigualdade, como por exemplo, a da diferença de remuneração entre homens e mulheres que desempenham funções idênticas.

[40] "Estudos recentes mostram que a grande angústia masculina é enquadrar-se na imagem tradicional do macho: seguro, frio, corajoso, bem-sucedido, agressivo e provedor." (*Revista Veja*, São Paulo, a. 34, n. 33, ed. 1714, 22 ago. 2001 (capa). E ainda na afirmação de Luiz CUSCHNIR e Elyseu MARDEGAN JR.: "O representante do mundo masculino realmente está angustiado" (*Homens e suas máscaras*: a revolução silenciosa. Rio de Janeiro: Campus, 2001, p. 170).

A família do Código Civil recebia a tutela legal como instituto jurídico a ser assegurado e perpetuado dadas as funções que desempenhava no seio da sociedade. Dessa forma, de menos valia tinham as necessidades pessoais dos membros que a compunham, pois a finalidade da permanência da família dava-se por conta dos atributos que lhe eram conferidos. Os seus membros desempenhavam papéis previamente delimitados, que uma vez incorporados definiam previamente os direitos e deveres de cada um. Ocupar o papel e o lugar do pai significava, sob o ponto de vista público, prover e representar a família, ao passo que na esfera privada se refletia na chefia do lar e na conseqüente imposição de sua vontade e planos sobre a esposa e filhos.[41]

As mudanças no comportamento social, a emancipação feminina e o reconhecimento de que os filhos também são sujeitos no seio familiar, tudo isso aliados aos avanços da engenharia genética, fizeram ruir o último mito da velha e decantada família patriarcal, pois se o casamento já não é perpétuo, e a família não é um fim em si mesma, o sexo não se destina mais unicamente à procriação, sendo esta possível sem aquele.

Entretanto, a família está longe de deixar de ser a célula *mater* da sociedade, na medida em que é e, acredita-se, sempre será o ponto de partida para o estabelecimento do sujeito e do desenvolvimento de múltiplas outras relações sociais que vão se estabelecendo ao longo de sua trajetória existencial.

Esse também foi o sentido do texto constitucional ao estabelecer no artigo 226 da Constituição Federal que "a família, base da sociedade, tem especial proteção do Estado". Assim dito por Manoel Gonçalves Ferreira Filho: "A Constituição ainda vê na família a base da sociedade. No direito anterior, esta família era a constituída pelo casamento, e, até a Emenda nº 9/77, de vínculo indissolúvel. No direito vigente, não só se apegou à indissolubilidade do vínculo como se equiparou a ela a 'união estável entre o homem e a mulher' e 'a comunidade formada por qualquer dos pais e seus descendentes'".[42]

Dessa forma, refletida no texto constitucional, a sociedade reforça a preocupação e o desejo de permanência da família, entretanto, para apreen-

---

[41] "*CC*, 1916 – Artigo 233. O marido é o chefe da sociedade conjugal, função que exerce com a colaboração da mulher, no interesse comum do casal e dos filhos.(arts. 240, 247 e 251);
Compete-lhe:
I – a representação legal da família;
II – a administração dos bens comuns e dos particulares da mulher que o marido incumbir administrar, em virtude do regime matrimonial adotado, ou de pacto antenupcial (arts. 178, § 9º, I, *c*, 274, 289, I e 311)".
[42] FERREIRA FILHO, Manoel Gonçalves. *Curso de direito constitucional*. 17. ed. São Paulo: Saraiva, 1989, p. 314.

der a nova realidade social, o conceito de família expandiu-se para, na concretização da igualdade, poder acolher a diferença.

A Carta Constitucional, ao romper com o monopólio do casamento tido como única fonte legítima de constituição da família, abriu o sistema jurídico para recepcionar outras formas de organização familiar, porque calcadas no afeto e na solidariedade, e não na lei, estiveram historicamente excluídas e marginalizadas.

Com o reconhecimento da pluralidade de formas de organização e constituição da família, desnudam-se as circunstâncias de como nascem os direitos e as normas jurídicas, como também evidenciam-se espaços de não-direito do modelo de sistema jurídico adotado pelo Estado brasileiro.[43]

Nesse sentido, poder-se-ia afirmar que a Constituição adotou um "sistema aberto", pois, ainda que tenha abarcado novas formas de famílias, não o fez de forma a incluir todas as uniões afetivas possíveis e já constadas no cenário social. Especificamente no capítulo destinado à família, deixou de considerar expressamente as uniões formadas por pares homossexuais,[44] como também não declarou uma tutela típica para outros arranjos familiares, tais como os constituídos por avós e netos, irmãos entre si, tios e sobrinhos, demonstrando que persistem situações não envolvidas pelo direito positivado,[45] deixando para a jurisprudência e legislação infraconstitucional a incumbência de construí-lo pela concretização dos princípios constitucionais e da aplicação dos direitos fundamentais. Para tanto, o princípio da dignidade da pessoa humana serve como cláusula geral dos direitos de personalidade, porque estes estão intimamente relacionados ao direito de família, na medida em que a personalidade do indivíduo se origina e processa a partir da gestação, do nascimento e das

---

[43] "Considerando-se o Direito não mais como um dado positivado nas normas jurídicas, mas como algo que se constrói dia após dia, admite-se a presença e a possibilidade da existência de espaços não envolvidos pelo Direito, ou de situações que com ele concorram, quebrando o monopólio da produção jurídica estatal". (RAMOS, Carmem Lucia Silveira. Família constitucionalizada e pluralismo jurídico. In: PEREIRA, Rodrigo da Cunha [coord.]. *Família na travessia do milênio*. Belo Horizonte: IBDFAM/OAB-MG, 2000. p. 64).

[44] A este respeito, consigna Luiz Edson FACHIN: "Sobre uma 'aparência de casamento' (assim seria o casamento inexistente) está construída uma aparente tutela dos valores que informam estigmas e juízos de exclusão, nomeadamente acerca da associação de pessoas do mesmo sexo". (*Elementos críticos do direito de família*. Rio de Janeiro: Renovar, 1999, p. 127)

[45] Essa constatação nos remete à noção de completude do sistema tida por Norberto BOBBIO como "[...] um ordenamento é completo quando jamais se verifica o caso de que a ele não se podem demonstrar pertencentes *nem* uma certa norma *nem* a norma contraditória. Especificando melhor, a incompletude consiste no fato de que o sistema não compreende nem a norma que proíbe um certo comportamento nem a norma que o permite. De fato, se se pode demonstrar que nem a proibição nem a permissão de um certo comportamento são dedutíveis do sistema, da forma que foi colocado, é preciso dizer que o sistema é incompleto e que o ordenamento jurídico tem uma lacuna". (*Teoria do ordenamento jurídico*. São Paulo: Polis, 1991, p. 115).

relações de troca que ele, sujeito, vai estabelecendo ao longo de seu desenvolvimento físico, emocional e intelectual.

Ainda que as uniões homossexuais não possam ser consideradas aos olhos da lei e do direito positivado vigente como idênticas ou similares ao instituto do casamento dadas as especificidades dedicadas pela doutrina[46] a este último instituto, não se pode ignorar que a partir do conceito de família como "instância de transmissão de valores formativos ao indivíduo na construção de sua organização subjetiva em prol da realização do pressuposto de dignidade humana",[47] tais uniões inserem-se no âmbito social como possibilidade de se constituírem como uma família, quer sob o eixo da conjugalidade na união fática do par, quer sob o eixo da filiação, esta biológica ou não, dado que existem famílias formadas por pais e mães homossexuais e filhos.[48]

Esse entendimento deriva do princípio da igualdade visto sob o ângulo da não-discriminação por causa do sexo e, portanto, em função da liberdade de opção sexual de cada pessoa, decorrente da autonomia ética que lhe deve ser assegurada para definir o que entende como seu projeto de realização pessoal e seu contexto de felicidade.

### 1.2.1. A constitucionalização do Direito Civil

Tradicionalmente, o Código Civil como estatuto legal ocupou o lugar central do ordenamento jurídico quanto à regulamentação da vida privada dos cidadãos. Assim, ainda que considerada a relevância constitucional como norma de valor hierárquico superior, sua incidência sobre a matéria de cunho privado tratada pelo Código sempre foi tênue ou praticamente inexistente.[49]

Entretanto, com o advento da Constituição Federal de 1988 e de todo o envolvimento legislativo que a ela se seguiu, do que são exemplos o Estatuto da Infância e Juventude (Lei nº 8.069/90), o Código de Defesa

---

[46] "As uniões estáveis de natureza homossexual podem ter relevância jurídica em outros planos e sob outras formas – não como modalidade de casamento". (OLIVEIRA, José Lamartine Corrêa; MUNIZ, Francisco José Ferreira. *Direito de família*. Porto Alegre: Fabris, 1990, p. 215).

[47] ARONE, Ricardo. Prefácio. In: ZAMBERLAN, Cristina de Oliveira. *Os novos paradigmas da família contemporânea*. Rio de Janeiro: Renovar, 2001.

[48] Exemplo conhecido foi o do filho da cantora Cassia Eller, amplamente noticiado pela mídia nacional, como na *Revista Veja*, São Paulo, ed. 1.734, n. 35, p. 88, 16 jan. 2002.

[49] "O sistema teórico do Estado liberal remete aos princípios da divisão de poderes, do primado da lei, do caráter abstrato e geral da lei, e da divisão entre esferas pública e privada. [...] A separação entre a esfera pública e a privada se dá porque o direito volta-se ao reconhecimento e à garantia dos interesses morais e econômicos do indivíduo". (CORTIANO JR., Eroulths. *O discurso jurídico da propriedade* ..., p. 43).

do Consumidor, (Lei 8.078/90), Lei sobre a Investigação de Paternidade (Lei 8.560/92), Leis relativas aos Direitos dos Companheiros (Leis 8.971/94 e 9.278/96), pode-se aferir a incidência direta dos princípios dessa Constituição sobre o direito civil e as relações por ele reguladas, dos valores constituintes e informadores da matéria constitucional.

Esse fenômeno de interpenetração normativa, por conta da incidência direta da matéria constitucional, vai tornando cada vez mais frágil a linha que tradicionalmente dividia o estudo do direito na dicotomia público e privado como searas estanques e incomunicáveis entre si.[50] O direito civil publicizou-se, na medida em que seu fundamento de eficácia e validade se deslocou dos valores encerrados na codificação para a órbita constitucional, assumindo, assim, uma nítida natureza de ordem pública, o que implica a possibilidade tanto de tutela dos direitos positivados como da perspectiva de reivindicação e promoção de tais direitos.[51]

Os princípios fundamentais, inscritos na ordem constitucional, impuseram a necessária reformulação de toda normativa infraconstitucional, entre elas a vetusta codificação civil que se abre para recepcionar os princípios e valores constitucionais, tendo renovado o sentido de vários de seus artigos ao mesmo tempo em que foram derrogados outros tantos sob o império dos novos valores e máximas constitucionais, sobretudo a incidência do princípio da igualdade e da própria norma de isonomia familiar, tanto na filiação (art. 227, § 6º, da CF/88) quanto na conjugali-

---

[50] "Afirmava-se, significativamente – e afirma-se ainda hoje nos cursos jurídicos –, que o Código Civil Brasileiro, como os outros códigos de sua época, era a Constituição do direito privado. De fato, cuidava-se da garantia legal mais elevada quanto à disciplina das relações patrimoniais, resguardando-as contra a ingerência do Poder Público ou de particulares que dificultassem a circulação de riquezas. O direito público, por sua vez, não interferiria na esfera privada, assumindo o Código Civil, portanto, o papel de estatuto único e monopolizador das relações privadas. O Código almejava a completude, que justamente o deveria distinguir, no sentido de ser destinado a regular, através de situações-tipo, todos os possíveis centros de interesses jurídico de que o sujeito privado viesse a ser titular". (TEPEDINO, Gustavo. *Temas de direito civil*. Rio de Janeiro: Renovar,1999, p. 3). E ainda Francisco AMARAL (*Direito civil*: introdução. 2. ed. aum. atual. Rio de Janeiro: Renovar, 1998, p. 67), sobre o tema: "Esta distinção foi um dos postulados básicos do Estado Liberal, assim como o da divisão dos poderes (executivo, legislativo, judiciário) e o do caráter abstrato e geral das normas jurídicas. O direito público era o conjunto de normas com que o Estado se organizava e regulava as relações entre si e os particulares, visando proteger os indivíduos, não a coletividade. A separação dos dois ramos correspondia à existente entre os sistemas da política e da economia, com outras característica, a da abstenção do Estado em intervir na Segunda. Contrapunha-se, desse modo, a sociedade civil, que era a natural, dirigida pelas suas próprias leis, emanadas da natureza ou da razão, ao Estado, que era o organismo mantenedor da ordem econômica e social".

[51] "A interpenetração do direito público e do direito privado caracteriza a sociedade contemporânea, significando uma alteração profunda nas relações entre o cidadão e o Estado. [...] Em outras palavras, pode-se provavelmente determinar os campos do direito público ou do interesse privado, não já pela inexistência de intervenção pública nas atividades de direito privado ou pela exclusão da participação do cidadão nas esferas da administração pública". (TEPEDINO, Gustavo. Premissas metodológicas para a constitucionalização do direito civil. In: *Temas de direito civil*. Rio de Janeiro: Renovar, 1999. p. 19).

dade (art. 226, § 5°, da CF/88), assim como a proteção de outras formas de organização familiar que não somente o casamento (art. 226, § 3°, da CF/88). A essa incidência e permanente penetração do direito constitucional sobre a matéria infraconstitucional dá-se o fenômeno hermenêutico da constitucionalização do direito civil.

Tendo-se a Constituição como carta política e como norma a ocupar o lugar mais alto da hierarquia das fontes, sua incidência no mundo jurídico revela a necessidade de adequação e sistematização da legislação infraconstitucional, com a nova perspectiva de valores e princípios de natureza econômica, social, políticos e éticos por ela trazidos. "Daí – a obrigação – e não mais a livre escolha – imposta aos juristas de levar em consideração a prioridade das normas constitucionais, sempre que se deva resolver um problema concreto".[52]

Portanto, a incidência das normas da Constituição sobre a normativa privada é um fenômeno que se verifica em vários países ocidentais, porque os códigos de natureza privada nascidos das luzes iluministas e influenciados pela ótica dos Estados modernos de cunho individualista e libertário chocam-se com os direitos exigidos pela contemporaneidade e consagrados nas vigentes Constituições hierarquicamentes superiores ainda que temporalmente posteriores à codificação privada.[53]

Tendo em vista o pressuposto de que o Código Civil perdeu a centralidade do ordenamento jurídico civil, importa considerar que tal ordenamento permanece ainda como sistema unitário e integrado, pois o deslocamento deu-se quanto ao ponto de articulação desse sistema, antes centralizado no Código e agora voltado para o texto constitucional.

Paralelo a esse deslocamento atual do paradigma da codificação para a constitucionalização, contata-se ao longo da história do direito civil a proliferação de microssistemas legais, tratando cada um ao seu modo de matérias específicas não previstas pelo Código Civil de 1916, e aparentemente incomunicáveis entre si, o que poderia levar a uma leitura de fragmentação do sistema jurídico tido com unitário e sistematicamente organizado.

As exigências sociais e os conflitos àquelas inerentes impuseram a criação de novos mecanismos normativos no intuito de serem resolvidas

---

[52] (PERLINGIERI. Pietro. *Perfis do direito civil* ..., p. 5). Continuando o autor em outra passagem à p. 5:" A solução para cada controvérsia não pode mais ser encontrada levando em conta simplesmente o artigo de lei que parece contê-la e resolvê-la, mas antes, à luz do inteiro ordenamento jurídico, e, em particular, de seus princípios fundamentais, considerados como opções de base que o caracterizam".

[53] Carlos Alberto BITTAR cita como exemplos Portugal, França, Alemanha e Itália. Trazendo notícias das mudanças operadas nestes países especialmente às fls. 10 da obra (*Os novos rumos do direito de família*. São Paulo: Saraiva, 1989).

demandas para as quais o aparato da codificação civil não se mostrava apto e adequado.[54] Essa foi a realidade do Código de Defesa do Consumidor para se citar um exemplo mais recente, uma vez que a produção e o consumo de bens em massa criaram situações jurídicas novas que sem uma normativa específica tais demandas não alcançariam solução adequada. Como também o foi, na seara da família, com a promulgação do Estatuto da Criança do Adolescente, reconhecendo-se um novo *status* social e jurídico aos filhos, bem como desnudando-se, por meio da edição de uma lei específica, a preocupação da sociedade, principiada no marco constitucional do artigo 227 da Constituição Federal, com a problemática que envolve a criança e o adolescente como pessoas em desenvolvimento.[55]

Não obstante, ainda que considerada a mudança do eixo central da codificação para a ordem constitucional e a proliferação de estatutos normativos específicos, o sistema jurídico guarda sua unidade, exigindo diante dessa aparente fragmentação uma interpretação coerente com os valores atuais que informam e possibilitam a leitura sistematizada da ordem legal positivada. E, nesse aspecto, a normativa constitucional é imperativa.

Analisado por outro prisma, o fenômeno jurídico da constitucionalização do direito privado importa não só, na derrocada da célebre divisão Estado de um lado, sociedade civil de outro,[56] como também, na mudança

---

[54] "Assim é que, publicado o Código, tantos foram os problemas e os desvios da sociedade em mudança e tamanha foi a dificuldade do Código em se adaptar às novas exigências que foi necessário partir-se para a adopção de leis especiais em ritmo crescente, tentando adequar os institutos tradicionais da sociedade civil (a pessoa, a família, a propriedade, o contrato e a responsabilidade civil) às novas contingências da sociedade industrial e tecnológica que se desenvolvia no Brasil em substituição do sistema colonial agrário da época da codificação." (AMARAL, Francisco. Racionalidade e sistema no direito civil brasileiro. Separata da: *Revista O Direito*, Rio de Janeiro, a. 126, p. 1-2, 1994).

[55] "É dever da família, da sociedade e do Estado assegurar à criança e ao adolescente, com absoluta prioridade, o direito à vida, à saúde, à alimentação, à educação, ao lazer, à profissionalização, à cultura, à dignidade, ao respeito, à liberdade e à convivência familiar e comunitária, além de colocá-lo a salvo de toda forma de negligência, discriminação, exploração, violência, crueldade e opressão".

[56] "A modernidade do Estado constitucional do século XIX é caracterizada pela sua organização formal, unidade interna e soberania absoluta num sistema de Estados e, principalmente, pelo seu sistema jurídico unificado e centralizado, convertido em linguagem universal por meio da qual o Estado comunica com a sociedade civil. Esta, ao contrário do Estado, é concebida como o domínio da vida econômica, das relações sociais espontâneas orientadas pelos interesses privados e particularísticos. Contudo, o dualismo Estado/sociedade civil nunca foi inequívoco e, de facto, mostrou-se, à partida, prenhe de contradições e sujeito a crises constantes. Para começar, o princípio da separação entre Estado e sociedade civil engloba tanto a ideia de um Estado mínimo como a de um Estado máximo, e a acção estatal é simultaneamente considerada com um inimigo potencial da liberdade individual e como a condição para o seu exercício. O Estado, enquanto realidade construída, é a condição necessária da realidade espontânea da sociedade civil". (SANTOS, Boaventura de Souza. *Pela mão de Alice*. 8. ed. São Paulo: Cortez, 2001, p. 117-118). Sobre a dicotomia Estado/sociedade civil em especial p. 117 a 127.

do paradigma[57] político-legal, pois a alteração do ponto de convergência e articulação, ou seja, de fundamento das condicionantes de interpretação e aplicação do direito não se encontram mais calcadas na ótica liberal burguesa, que informou o codificação do início do século passado, mas sim nos valores de uma ética social que funda a Constituição Federal de 1988.

Esses valores constitucionais, na seara da família, penetraram fortemente no direito privado brasileiro, a ponto de o Código Civil vigente ter incorporado em seus artigos vários dos princípios já consagrados constitucionalmente, o que, se entende seria despiciendo na perspectiva de uma interpretação sistematizada do ordenamento legal pelo operador, entretanto válida no sentido de reafirmar o conteúdo informador do sistema normativo positivado. São exemplos dessa afirmação os artigos 1.511[58] da Lei 10.406, de 10/01/2002, no tocante à relação paritária do casal, e o artigo 1.596[59] do mesmo diploma legal, pertinente à igualdade de tratamento na filiação, assim como a união estável tratada nos artigos 1.723[60] e seguintes do atual Código Civil.

A constitucionalização do direito privado, em especial, no tocante à família, presta-se, igualmente, como um mecanismo, um meio a possibilitar a penetração e o ingresso das normas constantes dos diplomas internacionais na órbita interna dos países signatários, refletindo um movimento universal de preocupação com a família e com as pessoas do núcleo familiar.

Essa é a constatação de Carlos Alberto Bittar: "[...] a nível internacional, foram sendo editadas Declarações (1948), de cunho universal ou regional, com a sacramentação de princípios tendentes a balizar a legislação interna dos países aderentes e a obter a uniformização correspondente no plano da defesa dos direitos da pessoa humana, com as posições particulares destacadas da mulher e dos filhos".[61]

---

[57] "Um paradigma é um modelo acerca da ciência normal; desenvolve os problemas e métodos corretos que serão especificados na atividade científica; tem um *status* anterior à regra, porque a condiciona. A própria ordem codificada estatal constitui um paradigma, um modelo dentro do qual atual a dogmática. Os paradigmas vêm sendo depurados mediante operações de simplificação, que realizam os juristas, até torná-los específicos. Há contudo, um momento em que se tornam ininteligíveis, ineficazes, deixam de ter sua função ou permanecem mudos frente a novos questionamentos; é o momento em que se produz a mudança". (LORENZETTI, Ricardo Luis. *Fundamentos do direito privado*. São Paulo: RT, 1998, p. 84).

[58] *CCB/2002*, Artigo 1.511. "O casamento estabelece comunhão plena de vida, com base na igualdade de direitos e deveres dos cônjuges".

[59] *CCB/2002*, Artigo 1.596. "Os filhos, havidos ou não da relação de casamento, ou por adoção, terão os mesmos direitos e qualificações, proibidas quaisquer designações discriminatórias relativas à filiação".

[60] *CCB/2002*, Artigo 1.723. "É reconhecida como entidade familiar a união estável entre o homem e a mulher, configurada na convivência pública, contínua e duradoura e estabelecida como objetivo de constituição de família".

[61] BITTAR, Carlos Alberto. Novos rumos do direito de família. In: *O direito de família e a Constituição de 1988*. São Paulo: Saraiva, 1989, p. 9.

Dessa forma, seguindo a tônica internacional de expansão dos direitos universais do homem, a Constituição Federal de 1988, ao contrário das constituições brasileiras anteriores, incorporou o princípio da Declaração Universal dos Direito do Homem[62] no sentido de ser a família a base da sociedade a merecer proteção do Estado (art.226 da CF/88). Assim, importa ressaltar o reconhecimento amplo e plural da família e não somente aquela considerada legítima porque fundada no ato civil do casamento.

A Constituição efetivou o reconhecimento legal da família plural, ou seja, merecem proteção do Estado,[63] além da família tradicionalmente fundada no casamento, os núcleos familiares formados pelos companheiros, estes e filho(s), e as famílias monoparentais como tais consideradas as formadas por um dos pais e filho(s). Mas para a doutrina e a jurisprudência há a possibilidade hermenêutica de se expandir ainda mais esse conceito de família, estendendo-a para "grupos de parentes próximos – irmãos, tios e sobrinhos – e, aderentes, entendidos estes como 'parentes', segundo uma tipicidade social oriunda de costumes locais, tais como afilhados, compadres, filhos de criação".[64] E ainda, considerada a perspectiva sociológica dos fatos[65] e a comunidade comum de vidas àquelas organizações de cunho socioafetivo fundadas na solidariedade pessoal e material como são exemplos as famílias somente de irmãos, avós e netos e dos pares homossexuais. Quanto a esse aspecto, é relevante destacar a importância da lição de Luiz Edson Fachin ao referir-se à transformação da família. Segundo ele: "[...] ancorados nos princípios constitucionais, o Direito de Família, 'constitucionalizado' não deve ter como horizonte final o texto constitucional expresso. Os princípios desbordam das regras e neles a hermenêutica familiar do século XXI poderá encontra abrigo e luz".[66]

---

[62] *Declaração Universal dos Direitos do Homem*, 10/12/1948 – Artigo 16.3. "[...] A família é o núcleo natural e fundamental da sociedade e tem direito à proteção da sociedade e do Estado".

[63] "A presença do Estado-administração, do Estado-legislador e do Estado-juiz na família é inequívoca, e até mesmo, em diversos pontos, necessária quando se deve assegurar a observância de princípios como o da igualdade e o da direção diárquica, embora a remessa das questões familiares internas ao debate judicial constitua uma exposição da fratura do projeto parental". (FACHIN, Luiz Edson. *Elementos críticos de direito de família* ..., p. 292-293).

[64] Paulo Luiz Netto LÔBO, ao citar Pontes de Miranda na obra (A repersonalização das relações de família. In: BITTAR, Carlos Alberto [org.]. *O direito de família e a Constituição de 1988* ..., p. 55).

[65] Elza BERQUÓ, no texto (Arranjos familiares no Brasil: uma visão demográfica. In: NOVAIS, Fernando A. [org.]. *Historia da vida privada no Brasil*. São Paulo: Companhia das Letras, 1998, p. 423, v. 4), ao tratar do aumento das unidades domiciliares no Brasil, revela dados das novas organizações familiares: "Também atuam como determinantes do aumento do número de unidades domiciliares, novos estilos de vida, como uniões estáveis que não envolvem coabitação, jovens vivendo sozinhos ou em companhia de outros jovens fora da casa dos pais, e arranjos de adultos, aparentados ou não, morando juntos".

[66] FACHIN, Luiz Edson. *Elementos críticos do direito de família* ..., p. 297.

Essa valorização do espaço familiar, próprio e inerente à realização do ser humano, dota a entidade familiar de função e reconhece a afetividade como o laço a mantê-la unida e existente. Com isso, o corte e a ruptura com a família patriarcal, não só estão dados, como também fica delimitada a não-ingerência estatal[67] na órbita interna da família, pois "a família não é célula do Estado (sociedade política), mas da sociedade civil, não podendo o Estado tratá-la como parte sua: os espaços de cada qual devem ser delimitados (o que é interesse social e o que é interesse privado, nas relações de família)".[68]

Essa afirmação do jurista Paulo Luiz Netto Lôbo implica uma distinção relevante no sentido de não se confundirem os conceitos de publicização e constitucionalização das normas familiares com interferência pública e estatal direita no seio da família, pois tratam-se de aspectos diametralmente distintos.

A perspectiva dos princípios de ordem pública informarem as normas de cunho familiar significa outorgar tutela e proteção tanto à entidade familiar em si, como aos membros que a compõem, ou seja, significa o Estado poder interferir nas relações de cunho privado no sentido de tutelar as pessoas envolvidas na órbita familiar no sentido de restabelecer o equilíbrio da unidade, seja para mantê-la, seja para manter a integridade psicofísica de seus membros. Com efeito, são evidências concretas da publicização do direito de família as idéias fundamentais da paridade plena entre homem e mulher no espaço familiar, assim como a vedação absoluta de distinção na filiação.

Ademais, a publicização e a constitucionalização do direito civil importam ainda na promoção, por parte do Estado, de políticas e programas públicos direcionados à problemática das organizações familiares, dos idosos, das crianças, da mulher, enfim, da teia de relações interpessoais as quais, vinculando por sangue e/ou por afeto as pessoas, condizem com as relações jurídicas da família.

Esse movimento nitidamente percebido para quem de fora olha a família, reflete, na ambiência estrita desta, um conteúdo fortemente marcado pela personalização das relações familiares, no sentido, sobremaneira relevante, de a família servir de espaço para propiciar a forma-

---

[67] Neste sentido expressamente delimita o artigo 1513 do *NCCB*: "É defeso a qualquer pessoa, de direito público ou privado, interferir na comunhão de vida instituída pela família".

[68] LÔBO, Paulo Luiz Netto. *A repersonalização das relações de família...*, p. 54. Continuando a crítica à p. 58: "É tão notável a influência do Estado na Família que já se fala em substituição da autoridade paterna pela estatal. O Estado providência, do bem-estar social, patrão, assume, também, a função de pai. Há um certo exagero nessa perspectiva. O sentido de intervenção que o Estado Social vem assumindo é antes de proteção do espaço familiar, de sua garantia, do que de substituição. Até porque a afetividade não é subsumível à impessoalidade da *res pública*".

ção e ampla realização do ser. Ou melhor, que seja permitido na família a todos e a cada um dos seus componentes, o desenvolvimento das aptidões pessoais e da personalidade e a consecução do projeto próprio de felicidade.[69]

### 1.2.2. A Repersonalização das Relações Familiares

O movimento que se processa no direito civil e muito especial no direito de família deita suas raízes no tempo. A busca pela atualização do direito no sentido de apreender a realidade social já motivava os juristas atentos à lentidão e ao atraso do direito diante dos demais fenômenos sociais, entre eles Orlando Gomes merece destaque, pois sua crítica permanece atual:

> O atraso do Direito em relação aos fatos nos quais encontra a matéria-prima que espiritualiza não é, contudo, um acontecimento atual. Não é de hoje, com efeito, que se vem acentuando. Parece que o rítmo acelerado com que se desenvolvem os fatos na base material da sociedade tem concorrido, há um século, para aprofundar a dissonância entre os fenômenos sociais. A ação e reação recíprocas dêsses fatos quase nunca se produzem ao compasso de um metrômeno. O processo histórico não flui num só ritmo. Na sua trajetória, repontam coexistências incongruentes, já que os fenômenos sociais rarissimamente marcham com a mesma cadência.[70]

Buscando alcançar a dinâmica dos fatos, o direito civil como um todo vem sendo obrigado a renovar-se, abandonando valores de cunho estritamente patrimonialista erigidos pela codificação burguesa, próprios da ótica individualista dos seus primórdios que buscava liberdade e igualdade para fazer circular bens e riquezas, preocupação fundamental da sociedade da época que não se conforma com a realidade contemporânea, que avança no sentido de assegurar proteção à família tendo como horizonte, além das questões e efeitos patrimoniais a tais inerentes, a consecução dos valores pessoais, assegurando a toda e qualquer pessoa o direito de buscar um sentido pessoal para sua existência.

---

[69] "O fato de os princípios de ordem pública permearem todas as relações familiares não significa ter o direito de família migrado para o direito público; devendo-se, ao reverso, submeter a convivência familiar, no âmbito do próprio direito civil, aos princípios constitucionais, de tal maneira que a família deixe de ser valorada como instituição, por si só merecedora de tutela privilegiada, como queria o Código Civil, em favor de uma proteção funcionalizada à realização da personalidade e da dignidade dos seus integrantes, como quer o texto constitucional." (TEPEDINO, Gustavo. Premissas metodológicas para a constitucionalização do direito civil. In: *Temas de Direito Civil* ..., p. 20).
[70] GOMES, Orlando. *A revisão do direito civil*. A crise do direito. São Paulo: Max Limonad, 1955, p. 18.

Percebe-se, portanto, a falência dos conteúdos eminentemente patrimonialistas da normativa civil,[71] que irradiada por valores e princípios constitucionais processa um movimento de personalização do direito, buscando conferir ao homem autonomia para determinar-se como sujeito da própria história, movimento fortemente sentido e percebido na órbita das organizações familiares.

Quanto a esse aspecto no direito de família, Ana Carla Harmatiuk Mattos assim se refere:

> A *repersonalização* das relações familiares significaria sair daquele idéia de patrimônio como orientador da família, onde essa se forma pela afetividade e não mais exclusivamente pelo vínculo jurídico-formal que une as pessoas. Deve o Direito Civil, cumprir seu verdadeiro papel: regular as relações relevantes da pessoa humana – colocar o homem no centro das relações civilísticas. [...] E, gravitando o Direito Civil em torno da pessoa, não há lugar para concepções excludentes de determinados sujeitos de tutela jurídica ou atribuidoras de um tratamento jurídico inferior a eles – já não há espaço para as discriminações de gênero. [...] Uma das conseqüências práticas da *repersonalização* vem a ser a nova concepção de família, espelhando a idéia básica da família *eudemonista*, ou seja, da família direcionada à realização dos indivíduos que a compõe.[72]

A chamada repersonalização do direito de família importa na derrocada da família como um fim em si mesma. Ou melhor, sob a perspectiva atual de se privilegiar a pessoa em detrimento da entidade, a família está funcionalizada na medida em que se justifica como um *locus* para o desenvolvimento dos "interesses existenciais e individuais da pessoa humana, favorecendo, assim, o seu pleno desenvolvimento como tal".[73]

Pode-se, dessa forma, afirmar que o princípio da dignidade da pessoa humana encontra no espaço destinado à família solo fecundo, uma vez que a funcionalização das entidades familiares objetiva a efetivação do desenvolvimento pleno da pessoa, quer ocupe o lugar de homem, mulher, pai, mãe ou de filhos. Ou, no dizer de Guilherme Calmon Nogueira da Gama: "Propõe-se, por intermédio da repersonalização das entidades familiares, preservar e desenvolver o que é mais relevante entre os familiares: o afeto,

---

[71] "O Código Civil, 'exemplarmente vincado pelo conteúdo patrimonializante' em grande parte de suas relações jurídicas, tutelou a família patriarcal, 'composta de indivíduos proprietários', fundada na segurança jurídica do matrimônio civil. É, a exemplo dos demais códigos com origem no pensamento do século XIX, um código que subordinou a categoria do ser àquela do ter: 'Quem possui é'". (CARBONERA, Silvana Maria. *Guarda de filhos na família constitucionalizada*. Porto Alegre: Fabris, 2000, p. 31)

[72] MATTOS, Ana Carla Harmatiuk. *As famílias não fundadas no casamento e a condição feminina.* Rio de Janeiro: Renovar, 2000, p. 104-105.

[73] MEIRELLES, Jussara. O ser e o ter na codificação civil brasileira: do sujeito virtual à clausura patrimonial. In: FACHIN, Luiz Edson [org.]. *Repensando fundamentos do direito civil brasileiro contemporâneo.* Rio de Janeiro: Renovar, 1998, p. 111.

a solidariedade, a união, o respeito, a confiança, o amor, o projeto de vida comum, permitindo o pleno desenvolvimento pessoal e social de cada partícipe, com base em ideais pluralistas, solidaristas, democráticos e humanistas".[74]

Decorrente também dessa perspectiva de preocupação do direito civil com a pessoa humana e com seus atributos enquanto tal, revela-se sobremaneira importante a revisitação dos direitos da personalidade, entendidos estes como as múltiplas emanações decorrentes da natureza humana de seu titular.[75] E assim sendo, a repersonalização do direito de família busca atender as necessidades concretas e reais do sujeito de direito que a ele se apresenta, importando o cuidado com a diversificação das necessidades pessoais de cada ser humano, no caso, no tocante aos homossexuais, no respeito à diferença quanto ao exercício da sexualidade por se referir ao feixe de direitos que emanam da personalidade desse sujeito de direitos.[76]

A repersonalização do direito importa numa tomada de sentido voltada para a pessoa humana e as suas necessidades existenciais, minimizando-se o conteúdo eminentemente patrimonialista privilegiada pela conduta civilística até então.

> Com isso não se projeta a expulsão e a "redução" quantitativa do conteúdo patrimonial no sistema jurídico naquele civilístico em especial; o momento econômico, como aspecto da realidade social organizada, não é eliminável. A divergência, certamente de natureza técnica, concerne à avaliação qualitativa do momento econômico e à disponibilidade de encontrar, na exigência de tutela do homem, um aspecto idôneo, não a "humilhar" a aspiração econômica, mas, pelo menos, a atribuir-lhe uma justificativa institucional de suporte ao livre desenvolvimento da pessoa.[77]

É a descoberta do homem e de sua realização com o fim último do direito, mas não do homem como indivíduo, isolado e egoisticamente

---

[74] GAMA, Guilherme Calmon Nogueira da. Filiação e reprodução assistida: introdução ao tema sob a perspectiva civil-constitucional. In: TEPEDINO, Gustavo [org.]. *Problemas de direito civil-constitucional*. Rio de Janeiro: Renovar, 2000, p. 520.

[75] Jussara MEIRELLES, criticamente assina às p. 98-99 da obra (*O ser e o ter na codificação ..., op. cit.*): "Essa concepção do sistema jurídico fundado meramente no caráter patrimonial das relações chega atingir até os direitos inerentes à própria personalidade humana. Vistos sob a ótica do Direito Civil como estatuto patrimonial do homem, no sentido de delinear a satisfação de sua necessidades através da apropriação de bens, os direitos da personalidade seriam considerados bens jurídicos submetidos ao poder do respectivo titular. É preciso, no entanto, analisar a personalidade humana e todas as suas emanações sob enfoque diverso. O ser humano não *tem* uma personalidade, ele *é* a expressão viva da sua própria personalidade."

[76] José Antonio Peres GEDIEL assinala: "No início do século XX, a doutrina civilista, majoritariamente, passou a aceitar a noção de direitos personalíssimos, para neles reconhecer o vínculo entre os indivíduos e os prolongamentos da sua personalidade, sejam eles corpóreos ou incorpóreos, juridicamente definidos como bens da personalidade". (*Os transplantes de órgãos e a invenção moderna do corpo ...*, p. 42)

[77] PERLINGIERI, Pietro. *Perfis do direito civil ...*, p. 33.

considerado, mas sim da pessoa, do sujeito de direito real e concreto, do cidadão visto em seu aspecto privado mas em consonância com o todo social. A repersonalização do direito civil importa fundamentalmente no reconhecimento da pluralidade das necessidades humanas, para dar a cada um o que é seu, com base na ética-legal do tratamento igualitário, o que significa dar a quem se percebe diferente e tem anseios diferentes da maioria o direito de exercitar sua diferença.[78]

E, nesse aspecto, há que se fazer menção à expressa preocupação do vigente Código Civil,[79] que ao contrário da normativa privada anterior, ao estabelecer a possibilidade de proteção dos direitos da personalidade, independentemente da recomposição do dano sob o aspecto meramente patrimonial, denotando com isso o enfoque personalista que busca a tutela da pessoa humana e dos direitos que dela se irradiam.[80]

A retomada dos direitos da personalidade possibilita a eficácia da repersonalização do direito, pois os direitos da personalidade dão um novo sentido para a normativa civil, na medida em que se prestam como mecanismo legal a possibilitar a tutela de parcelas essenciais da personalidade humana, muitas vezes desconsideradas pelo direito, como o foi a questão da realização sexual das pessoas.

Com a revolução iniciada pelo psiquiatra austríaco Sigmund Freud sobre a sexualidade humana, as ciências médicas e psicológicas vêm comprovando ser a sexualidade parcela importante e determinante do contexto de felicidade da pessoa humana. O sexo deixou o patamar e a função meramente procriativa para tornar-se uma expressão e exteriorização da

---

[78] "Atualmente, qualquer que seja, o entendimento doutrinário sobre o modo de proteção jurídica da personalidade pelo direito constituído, restou assentado que determinados atributos inerentes ao homem são indispensáveis à manutenção da sua qualidade jurídica de pessoa, e o Estado não pode retirar, arbitrariamente, o poder de decisão dos sujeitos sobre esses atributos". (GEDIEL, José Antônio Peres. *Os transplantes do órgãos ...*, p. 50).

[79] Registre-se o projeto de lei de iniciativa do então relator do Código Civil, deputado Ricardo Fiúza, visando a alterar alguns dispositivos do novo código a fim de atender as demandas atuais, entre eles o artigo 11 que estabelece o direito a opção sexual: "*Art. 11*. O direito à vida, à integridade físico-psíquica, à identidade, à honra, à imagem, à liberdade, à privacidade, à opção sexual e outros reconhecidos à pessoa são natos, absolutos, intransmissíveis, indisponíveis, irrenunciáveis, ilimitados, imprescritíveis, impenhoráveis e inexpropriáveis. Parágrafo único. Com exceção dos casos previstos em lei, não pode o exercício dos direitos da personalidade sofrer limitação voluntária".

[80] *CCB/2002*, Artigo 12: "Pode-se exigir que cesse a ameaça, ou a lesão, a direito da personalidade, e reclamar perdas e danos, sem prejuízo de outras sanções previstas em lei".
Artigo 21: "A vida privada da pessoa natural é inviolável, e o juiz, a requerimento do interessado, adotará as medidas necessárias para impedir ou fazer cessar ato contrário a esta norma. E ainda no Projeto de Reforma do CCB de autoria do deputado Ricardo Fiúza, em trâmite no Congresso Nacional: "*Art. 12*. O ofendido pode exigir que cesse a ameaça, ou a lesão, a direito da personalidade, e reclamar indenização, em ressarcimento de dano patrimonial e moral, sem prejuízo de outras sanções previstas em lei. Parágrafo único. Em se tratando de morto ou ausente, terá legitimação para requerer as medidas previstas neste artigo o cônjuge ou companheiro, ou, ainda, qualquer parente em linha reta, ou colateral até o quarto grau".

personalidade humana e no mundo contemporâneo vem impondo-se como mais um direito da pessoa, tendo como origem um forte conteúdo ético e de respeito à diversidade da natureza humana. Revela-se também que múltiplas são as formas de exteriorizar a sexualidade humana e nesse aspecto, significativos são os direitos da personalidade para a tutela dessa exteriorização, no sentido de permitir o exercício livre de uma sexualidade tida como diferente do padrão hegemônico, que, entre nós, é dado pela heterossexualidade.

Essa é a contribuição e a importância da repersonalização do sistema jurídico, ou seja, permitir que o ser humano seja tutelado em si e que receba tutela para a gama de direito que da sua personalidade humana se irradia. Dentre tais direitos, situa-se o direito a uma identidade sexual diferente da até então considerada como decorrente do sexo de nascimento.

## 2. O princípio da dignidade da pessoa humana e o direito à orientação sexual

A Constituição Federal de 1988 inaugurou um novo momento para a sociedade brasileira e para o sentido de democracia[81] no Brasil. A chamada Constituição Cidadã faz jus a este adjetivo, pois não há registros precedentes na história da vida política do Brasil da participação da sociedade civil organizada na tecedura do texto constitucional, como ocorreu na Assembléia Geral Constituinte que culminou com a promulgação da nova Carta Política de 5 de outubro de 1988.

Essa participação da sociedade como um todo[82] ficou evidente nas aparentes contradições[83] que o texto constitucional apresenta, exigindo do intérprete um cuidado maior na exegese da norma. A sociedade civil organizada, por meio das pressões exercidas sobre os constituintes, dava sinais de que os fatos sociais buscavam um agasalho jurídico, pois, a partir do reconhecimento legal, novos direitos poderiam ser efetivados, alargando-se o sentido de cidadania e construindo-se um estado democrático de direito.[84]

---

[81] "Democracia como método legítimo de resolução dos conflitos inerentes à sociedade capitalista dependente, contraditória e selvagem. Democracia como único meio eficaz de controle do poder. Quer-se democracia também como forma de gestão do espaço público. Mas principalmente democracia enquanto via capaz de suportar, cotidianamente, a afirmação, o controle, a reivindicação e a floração dos direitos do homem". (CLÈVE, Clémerson Merlin. *Temas de direito constitucional.* São Paulo: Acadêmica, 1993, p. 122)

[82] "A concretização do Estado constitucional de direito obriga-nos a procurar o pluralismo de estilos culturais, a diversidade de circunstâncias e condições históricas, *os códigos de observação* próprios de ordenamentos jurídicos concretos." (CANOTILHO, J. J. Gomes. *Direito constitucional e teoria da constituição.* 2. ed. Coimbra: Almedina, 1998, p. 87).

[83] A esse respeito, Ingo Wolfang SARLET: "O pluralismo da Constituição advém basicamente do seu caráter marcantemente compromissário, já que o Constituinte , na redação final dada ao texto, optou por acolher e conciliar posições e reinvindicações nem sempre afinadas entre si, resultantes das fortes pressões políticas exercidas pelas diversas tendências envolvidas no processo Constituinte". (*A eficácia dos direitos fundamentais.* Porto Alegre: Livraria do Advogado, 1988, p. 67)

[84] Em síntese, e com base na teoria de J. J. Gomes CANOTILHO, adotou-se o seguinte conceito para Estado de Direito "é o Estado que respeita e cumpre os direitos do homem consagrados nos grandes pactos internacionais, [...] nas grandes declarações internacionais [...] e noutras grandes convenções de direito internacional [...]" . (*Ibidem,* p. 226)

Como afirma Gomes Canotilho,[85] citando M. Fauchet "[...] os direitos, embora naturais, só existem verdadeiramente a partir do momento que a lei lhes dá operatividade práctica, reconhecendo-os como direitos dos indivíduos enquanto tais".

Não há como se negar que a Constituição Federal de 1988 inaugurou um novo momento para o direito brasileiro, pois o texto constitucional por meio de seus valores, de seus princípios e das suas normas tornou necessária uma revisão crítica e criteriosa da legislação infraconstitucional, sepultando "velhos direitos" dotados de uma matriz preconceituosa,[86] que já não ressoavam adequadamente numa sociedade que se quer mais justa e igualitária; bem como, fazendo brotar, quando não verdadeiros novos direitos, ao menos novas interpretações para os diversos textos de lei já conhecidos, dotando-os de novos valores e, assim, preenchendo-os de novos significados.

A sociedade brasileira, refletida na Constituição de 1988, se pretende mais justa e os direitos fundamentais, de forma explícita no conteúdo do seu artigo 5º,[87] afirmaram a proibição de toda e qualquer forma de preconceito ou discriminação. Festejando a igualdade e tendo como fundamento a dignidade da pessoa humana,[88] buscou inaugurar um novo momento para o povo brasileiro, em que a ciência do direito, mais do que garantir, deverá promover direitos e, assim, efetivar o sentido maior de cidadania.

A preocupação com o princípio da dignidade da pessoa humana, que já deitava suas raízes no direito natural e na doutrina ético-cristã, tornou-se o epicentro de preocupações jurídico-filosóficas da comunidade internacional, principalmente diante das violações perpetradas pelo movimento nazista da Segunda Grande Guerra Mundial. Tanto que, no pós-guerra, os problemas referentes ao amparo dos direitos fundamentais do homem passaram a integrar vários diplomas normativos internacionais e culminaram consagrados universalmente através da Declaração Universal dos Di-

---

[85] *Ibidem*, p. 101.

[86] Exemplo desse preconceito era a desigualdade no estatuto da filiação.

[87] "*CF*, 1988 – Artigo 5º. Todos são iguais perante a lei, sem distinção de qualquer natureza, garantindo-se aos brasileiros e aos estrangeiros residentes no País a inviolabilidade do direito à vida, à liberdade, à igualdade, à segurança e à propriedade [...]".

[88] "*CF*, 1988 – Artigo 1º. A República Federativa do Brasil, formada pela união indissolúvel dos Estados e Municípios e do Distrito Federal, constitui-se em Estado Democrático de Direito e tem como fundamentos:
I – a soberania;
II – a cidadania;
III – a dignidade da pessoa humana;
IV – [...]".

reitos do Homem, na Assembléia Geral das Nações Unidas de 10 de dezembro de 1948.[89]

O fato de o princípio da dignidade da pessoa humana passar a ser consagrado nos diplomas legais de cunho internacional trouxe, também, como conseqüência, além da defesa e proteção dos direitos imanentes ao homem, um movimento de penetração gradativa desses direitos fundamentais nas Cartas Políticas dos países de cunho antropocêntrico, como são os fundados sob a égide do Estado Democrático de Direito.[90]

Inserido nesse cenário, o ordenamento constitucional brasileiro também recepcionou o princípio da dignidade da pessoa humana como um dos fundamentos da República Federativa do Brasil, estabelecendo com isso que a proteção da pessoa humana é pressuposto e fundamento da ordem jurídica nacional, devendo o ser humano, enquanto tal, ser respeitado independentemente de diversos outros atributos, tais como raça, religião, condição social, sexo, idade etc., pelo simples fato de pertencer e integrar a comunidade de seres humanos.

A Constituição Federal de 1988, ao elencar como um dos fundamentos do Estado o princípio da dignidade da pessoa humana, no dizer de J. J. Gomes Canotilho, "exprime a abertura da República à idéia de comunidade constitucional inclusiva pautada pelo multiculturalismo mundividencial, religioso ou filosófico".[91] Reconhecendo o "indivíduo [como] conformador de si próprio e da sua vida segundo o seu próprio projecto espiritual [...]".[92]

A nova ordem constitucional culminou por assegurar, por meio do princípio da promoção da dignidade da pessoa humana, que "a última racio do direito é o homem e os valores que traz encerrados em si",[93] traduzindo

---

[89] "No pós-guerra, sob o impacto das experiências científicas realizadas com seres humanos nos campos de concentração e, diante dos efeitos desastrosos das duas bombas atômicas lançadas pelos Estados Unidos da América do Norte sobre o Japão, foram elaborados dois importantes documentos de Direito Internacional que influenciaram, sobremaneira, o Direito ocidental contemporâneo: o Código de Nuremberg e a Declaração Universal dos Direitos do Homem. As disposições desses documentos revelam, parcialmente, o conjunto de questões a ser enfrentado pelo Direito, a partir da revitalização da noção ética de dignidade fundamental do homem". (GEDIEL, José Antônio Peres. *Os transplantes de órgãos e a invenção moderna do corpo*. Curitiba: Moinho do Verbo, 2000, p. 54)

[90] "O estado democrático de direito caracteriza-se, basicamente, pela participação ativa e operante do povo na coisa pública, o que não se exaure na simples formação das instituições representativas, mas deve abranger mecanismos de controle das decisões, além de uma real participação nos rendimentos da produção de modo a que a soberania popular possa servir de garantia aos direitos fundamentais da pessoa humana". (SILVA FILHO, José Carlos Moreira da. *Filosofia jurídica da alteridade*. Curitiba: Juruá, 1998, p. 118-119).

[91] CANOTILHO, J. J. Gomes. *Direito constitucional* ..., p. 219.

[92] *Ibidem*, p. 219.

[93] CORTIANO JR., Eroulths. Alguns apontamentos sobre os chamados direitos de personalidade. In: FACHIN, Luiz Edson [org.]. *Repensando fundamentos do direito civil contemporâneo*. Rio de Janeiro: Renovar, 1988. p. 32.

o sentido de que o indivíduo é o limite e também o fundamento do domínio político da República.⁹⁴

O expresso reconhecimento da dignidade da pessoa humana como fundamento da República, nas palavras de Sergio Ferraz, constitui-se na "[...] base da própria existência do Estado Brasileiro e, ao mesmo tempo, fim permanente de todas as atividades, é a criação e manutenção das condições para que as pessoas sejam respeitadas, resguardadas e tuteladas, em sua integridade física e moral, assegurados o desenvolvimento e a possibilidade da plena realização de suas potencialidades e aptidões".⁹⁵

O princípio da dignidade da pessoa que está intimamente ligado à constituição dos direitos fundamentais, para Jussara Maria Leal de Meirelles, significa que "essa eleição da pessoa humana como destinatário do ordenamento jurídico parece traduzir-se no personalismo ético que, segundo Max Scheler (Costa, 1996, p. 97-98), parte da constatação inicial de que toda norma está fundada em valores e o grau mais elevado de valor não é real (de coisa), nem legal, nem de situação, mas antes um valor-de-pessoa".⁹⁶

Sob esse matiz de promoção e efetivação das capacidades e atributos humanos, a norma constitucional se propõe a viabilizar a plena realização das mais diversas necessidades do ser humano. Portanto, valendo-se dessa prerrogativa, os homossexuais e os casais formados por pares homossexuais vêm buscando e obtendo um novo tratamento no contexto jurídico.

A jurisprudência brasileira, acompanhando a tônica internacional, vem reconhecendo, com base no princípio da dignidade da pessoa humana, que as necessidades humanas no plano da realização da personalidade e, em decorrência disso, da sexualidade,⁹⁷ não são isonômicas, e que as uniões homossexuais vão além do simples fato de se constituírem por pares de mesmo sexo, pois são uniões que têm sua gênese no afeto, na mútua assistência e solidariedade entre os pares e, dessa forma, não seria mais possível se deixar de reconhecer efeitos jurídicos para esse tipo de união.⁹⁸

---

⁹⁴ CANOTILHO. *Direito constitucional ...*, p. 219.

⁹⁵ FERRAZ, Sergio. *Manipulações biológicas e princípios constitucionais*: uma introdução. Porto Alegre: Fabris, 1991, p. 19.

⁹⁶ MEIRELLES, Jussara Maria Leal de. *A vida embrionária e sua proteção*. Rio de Janeiro: Renovar, 2000, p. 158, nota 171.

⁹⁷ "A psicologia define a sexualidade humana como uma combinação de vários elementos: o sexo biológico (o corpo que se tem), as pessoas por quem se sente desejo (a orientação sexual), a identidade sexual (quem achamos que somos) e o comportamento ou papel sexual". (*Revista ISTO É*, São Paulo, n. 1.556, p. 68, 28 jul. 1999).

⁹⁸ "O direito não regula sentimentos, contudo dispõe sobre os efeitos que a conduta determinada por este afeto pode representar como fonte de direitos e deveres, criadores de relações jurídicas previstas nos diversos ramos do ordenamento, algumas ingressando no Direito de Família, como o matrimônio

Com o reconhecimento jurisprudencial de alguns efeitos jurídicos às relações afetivas formadas por casais homossexuais, o cenário jurídico e, em especial, o direito privado abriu-se para acolher novos sujeitos[99] até então excluídos do sistema legal.[100]

Poder-se-ia, então, afirmar que as decisões jurisprudenciais no que concerne ao reconhecimento e respeito à homossexualidade estariam concretizando a *base antropológica*[101] da Carta Constitucional, que tem sua raiz no princípio constitucional da dignidade da pessoa humana e sua irradiação na efetivação e concretude dos direitos e garantias fundamentais, os quais, segundo, Ingo Wolfang Sarlet "[...] constituem parâmetro hermenêutico e valores superiores de toda a ordem constitucional e jurídica [...]".[102] Significa, em última análise, o reconhecimento da singularidade do potencial humano, na medida em que todas as pessoas merecem o tratamento isonômico porque "são iguais em dignidade".[103]

Sob essa ótica, Peréz Luño, citado por Jussara Maria Leal de Meirelles, afirma que "a dignidade humana compreende não somente a garantia negativa de que o ser humano não seja vítima de ofensas e humilhações, mas também afirmação positiva do pleno desenvolvimento da personalidade de cada indivíduo".[104]

Dessa forma, os direitos fundamentais esculpidos na Carta Constitucional, tais como os direitos de liberdade e igualdade, têm uma correspondência direta e mediata com a realização do princípio da dignidade da pessoa humana. Por outro lado, falar em dignidade da pessoa humana

---

e, hoje a união estável, outras ficando à margem dele, contempladas no Direito das Obrigações, das Coisas, das Sucessões, mesmo no Direito Penal, quando a crise da relação chega ao paroxismo do crime, e assim por diante". (GIORGIS, José Carlos Teixeira. A relação homoerótica e a partilha de bens. *Revista Brasileira de Direito de Família*, Porto Alegre, a. 3, n. 9, p. 139, abr./jun. 2001)

[99] (MATTOS, Ana Carla Harmatiuk. *As famílias não fundadas no casamento e a condição feminina*. Rio de Janeiro: Renovar, 2000, p. 20). "Nem todas as pessoas são sujeitos de direito, uma vez que muitas delas estão à margem desse sistema, por não se lhes atribuir a possibilidade de uma titularidade". De acordo com Alícia RUIZ: "Los hombres no son sujetos de derecho, sino que están sujetados por el [...] Sin ser aprehendidos por el orden de lo jurídico no existimos, y luego, sólo existimos según sus mandatos [...] Quien no há sido interpelado y reconocido por el derecho como sujeto, quien no tiene atribuida la palabra en el mundo jurídico carece de los atributos para ser identificado como ciudadano". (*De la desconstruccion del sujeto a la construccion de una nueva ciudadanía*, p. 12. Inédito)

[100] (FACHIN, Luiz Edson. Aspectos jurídicos da união de pessoas do mesmo sexo. *Revista dos Tribunais*, São Paulo, v. 732, p. 48, out. 1996). "A atribuição de uma posição jurídica depende, pois, do ingresso da pessoa no universo das titularidades que o próprio sistema define. Desse modo, percebe-se claramente que o sistema jurídico pode ser, antes de tudo, um sistema de exclusão".

[101] Expressão de J. J. Gomes CANOTILHO (*Direito constitucional* ..., p. 242).

[102] SARLET, Ingo Wolfang. *A eficácia dos direitos fundamentais*. Porto Alegre: Livraria do Advogado, 1988, p. 69.

[103] *Ibidem*, p. 102.

[104] *Apud* MEIRELLES, Jussara Maria Leal. *A vida embrionária e sua proteção jurídica*. Rio de Janeiro: Renovar, 2000, p.191, nota 175.

significa e importa, antes de tudo, afirmar que todos "os seres humanos são dotados da mesma dignidade".[105]

Nesse perfil, o princípio constitucional da dignidade da pessoa humana, que se caracteriza como uma *categoria axiológica aberta*,[106] visa ao tratamento humano igualitário naquilo que é essencial à natureza humana – todos iguais em dignidade, bem como o respeito à diferença quanto ao pleno desenvolvimento de todas as potencialidades e necessidades humanas que podem se apresentar como diferentes e plurais porque estão intimamente vinculadas à diversidade dos valores que se manifestam nas sociedades democráticas contemporâneas.[107]

É sob esse olhar inclusivo, permitido legalmente pela interpretação dos princípios constitucionais, em especial, o princípio da dignidade da pessoa humana, irradiado na concretização dos direitos constitucionais fundamentais, que os homossexuais e os pares homossexuais estão encontrando, tanto na doutrina, quanto na jurisprudência, o respeito à diferença com base na efetivação, primeiro, do princípio da igualdade.

A razão da inclusão da reivindicação dos direitos relativos às uniões ou mesmo do direito ao exercício da homossexualidade se justifica no fato de, por pertencer à comunidade humana, as pessoas de orientação sexual homossexual devem ter o direito à realização de suas capacidades e necessidades humanas respeitadas, tanto pelos demais membros da comunidade como pelo próprio Estado. Trata-se de se assegurar no plano individual a tutela ao direito personalíssimo de orientação sexual e, no plano público, o respeito a esse direito, com práticas jurídicas e políticas legislativas que vedem qualquer forma de discriminação por conta da preferência ou orientação sexual de cada pessoa.

A efetivação do princípio da dignidade da pessoa humana, estampado na Carta Constitucional brasileira, confere a cada cidadão o poder de autodeterminar o que parece essencial à realização plena da sua personalidade. Nesse sentido, é a afirmação de Ingo Wolfgang Sarlet ao citar o pensamento de G. Düring, segundo o qual "cada ser humano é humano por força de seu espírito, que o distingue da natureza impessoal e que o capacita para, com base em sua própria decisão, tornar-se consciente de

---

[105] SARLET, Ingo Wolfang. *A eficácia dos direitos fundamentais* ..., p. 101.

[106] Conceito dado por Ingo Wolfang SARLET na obra *A eficácia dos Direitos Fundamentais*. Porto Alegre: Livraria do Advogado, 1988, p. 102.

[107] Sobre esse fato, Ingo Wolfang SARLET aponta para autores que entendem que "a dignidade da pessoa humana não deve ser considerada exclusivamente como algo inerente à natureza do homem (no sentido de uma qualidade inata), na medida em que a dignidade também possui um sentido cultural, sendo fruto do trabalho de diversas gerações e da humanidade como um todo, razão pela qual a dimensão natural e a dimensão cultural da dignidade da pessoa se complementam e interagem mutuamente". (*Op. cit.*, p. 105)

si mesmo, de autodeterminar a sua conduta, bem como de formatar a sua existência e o meio que o circunda".[108]

O princípio da dignidade da pessoa humana assegura a toda e a qualquer pessoa o direito de tratamento igualitário, que no seu reverso é o direito a não ser discriminado.[109]

Por isso, para Lorenzetti, "o grupo de direitos fundamentais atua como núcleo, ao redor do qual se pretende que gire o Direito Privado; um novo sistema solar, no qual o Sol seja a pessoa". Ademais, sendo a pessoa e o seu feixe de direitos um ponto de articulação do sistema jurídico, desaparecem as linhas limítrofes entre o público e o privado, o que "determina, por sua vez, o exame dos pontos de compatibilidade entre os direitos humanos, que constam nas declarações e direitos internacionais, os direitos fundamentais que declaram as Constituições e os direitos personalíssimos com origem no Direito Privado".[110]

## 2.1. O princípio da dignidade como cláusula geral da tutela da personalidade

A Constituição Federal de 1988 ficou conhecida no mundo jurídico como a Constituição Cidadã, na medida em que direcionou os princípios da República e a função do Estado para uma revolucionária preocupação com a humanização decorrente da busca pela plena satisfação das necessidades humanas, imanentes que são à realização pessoal e social de todo e qualquer cidadão brasileiro.

Nesse contexto, e diante da hierarquia superior da norma constitucional, o direito civil de cunho privatístico se inovou ao ser informado por normas e princípios públicos que matizam agora as relações privadas com outros valores e funções, tornando necessária e obrigatória a iniciativa de um novo processo interpretativo do direito, no esforço de recepcionar tais valores constitucionais inerentes à pessoa humana. Dessa forma, pela incidência constitucional não sob o seu aspecto meramente formal, mas sim seu aspecto concreto e real, tais valores passam a imperar categoricamente sobre o conjunto do direito civil classicamente conhecido como o ramo a cuidar das esferas privadas do indivíduo e da sociedade.

Sob esse enfoque, o princípio da dignidade da pessoa humana pode ser tido como cláusula geral de tutela da personalidade no ordenamento

---

[108] *Apud* SARLET, Ingo Wolfang. *A eficácia* ..., p. 105.
[109] LORENZETTI, Ricardo Luis. *Fundamentos do direito privado.* São Paulo: RT, 1988, p. 160.
[110] *Ibidem*, p. 159.

brasileiro, a exemplo do entendimento dado às legislações de outros países, prestando-se como instrumento legal a servir, a um só tempo, tanto de fundamento como de limite à tutela ou à intervenção do Estado sobre os indivíduos, pois "a dignidade da pessoa humana implica que a cada homem sejam atribuídos direitos, por ela justificados e impostos, que assegurem esta dignidade na vida social. Esses direitos devem representar um mínimo, que crie o espaço no qual cada homem poderá desenvolver a sua personalidade. Mas devem representar também um máximo, pela intensidade da tutela que recebem".[111]

Extraindo-se da efetivação do princípio da dignidade da pessoa, notadamente em nosso tempo, dadas as inúmeras formas de intromissão e violação do espaço pessoal, físico e moral de cada pessoa, especialmente quanto às técnicas de intervenção sobre o corpo humano, mapeamentos genéticos, avanços tecnológicos em informática e equipamentos de última geração em gravações, filmagens e escutas etc., tornou-se preocupação sobremaneira relevante no mundo jurídico, o fortalecimento da teoria dos direitos de personalidade, vinculados que estão a esse princípio constitucional fundamental.

O fato de vários ordenamentos legais erigirem o princípio da dignidade da pessoa humana como norma constitucional revela a preocupação que está na origem dessa possível, e cada vez mais presente, violação da personalidade estendida esta ao âmbito da vida privada de cada pessoa e cidadão.

Também, fruto dessa preocupação foi o alargamento, entre nós, do rol[112] dos direitos fundamentais entre os quais, aqueles que possuem sua base nos direitos de personalidade, já que, por possuírem cunho político, se dirigem ao Estado como forma de não-intervenção desse, mas também porque são passíveis de reivindicação em face desse mesmo Estado, na medida em que versam sobre necessidades éticas fundamentais de cada ser humano. Sendo assim, os direitos de personalidade são correlatos aos direitos fundamentais, mas necessariamente, não se confundem com estes, pois os direitos de personalidade versam sobre a projeção da personalidade humana marcada por um forte conteúdo ético, enquanto os direitos funda-

---

[111] ASCENSÃO, José de Oliveira. *Direito civil*. Coimbra: Coimbra, 1997, p. 64. v. 1: Teoria geral: introdução, as pessoas, os bens.

[112] "A aproximação entre os direitos fundamentais e os direitos da personalidade, nos textos constitucionais mais recentes, a exemplo do que ocorre com a Constituição da República Federativa do Brasil de 1988, permite não só contemplar os direitos da personalidade, a partir de uma cláusula geral de proteção (art. 1º), mas também consagrar, explicitamente, um rol desses direitos (art. 5º)". (GEDIEL, José Antônio Peres. *Os transplantes de órgãos e a invenção moderna do corpo* ..., p. 50).

mentais, pode-se dizer, entre outras características que lhes são próprias, revestem-se da projeção sóciopolítica de tais direitos.[113]

A complexidade da sociedade moderna vem impondo ao direito problemáticas que envolvem a seara privada das pessoas numa atenuação das linhas limites entre os interesses públicos e os privados.[114] E esse confronto fortalece a necessidade de uma maior abrangência da tutela dos direitos de personalidade, o que não implica, obrigatoriamente, uma tipificação estrita de tais direitos porque, segundo Gustavo Tepedino ao citar Perlingieri,

> [...] a personalidade humana mostra-se insuscetível de uma recondução a uma "relação jurídica-tipo" ou a um "novelo de direitos subjetivos típicos", sendo, ao contrário, valor jurídico a ser tutelado nas múltiplas e renovadas situações em que o homem possa se encontrar a cada dia. Daí resulta que o modelo do direito subjetivo tipificado será necessariamente insuficiente para atender às possíveis situações subjetivas em que a personalidade humana reclame tutela jurídica.[115]

Diante dessa insuficiência jurídica em conseguir abarcar no texto legal quer constitucional, quer infraconstitucional, todas as possíveis formas de projeção e tutela dos direitos de personalidade, revela-se extremamente importante e particularmente útil, no nosso ordenamento legal, a possibilidade de se dar ao princípio da dignidade da pessoa humana a característica e interpretação de cláusula geral da personalidade, na medida em que dessa interpretação decorre a possibilidade de proteção estatal e, portanto, jurídica, de toda e qualquer situação real que viole ou ameace violar os múltiplos direitos decorrentes da personalidade humana, tidos, por isso, como direitos personalíssimos.

Essa interpretação do princípio da dignidade da pessoa humana, como cláusula geral dos direitos da personalidade, permite afirmar que à medida que se vai exercendo o princípio da centralidade da pessoa, se vai também dando fundamento a uma articulação que liga os direitos postos em tratados internacionais e na Constituição com os direitos personalíssimos historicamente considerados sob a esfera dos direitos privados.[116]

---

[113] "Não há equivalência entre direitos fundamentais e direitos de personalidade. Antes de mais, a preocupação da abordagem é diferente. As constituições têm em vista particularmente a posição do indivíduo face ao Estado; e provavelmente a do cidadão, que continua a ser o destinatário de muitas previsões." (ASCENSÃO, José de Oliveira. *Direito civil* ..., p. 67)

[114] "Este fenômeno determina, por sua vez, o exame dos pontos de compatibilidade entre os direitos humanos, que constam nas declarações e tratados internacionais, os direitos fundamentais que declaram as Constituições e dos direitos personalíssimos com origem no Direito Privado". (LORENZETTI. *Fundamentos do direito privado* ..., p. 159).

[115] TEPEDINO, Gustavo. A tutela da personalidade no ordenamento civil-constitucional brasileiro. In: *Temas de direito civil*. Rio de Janeiro: Renovar, 1999. p. 45.

[116] "A pessoa se apresenta com um núcleo de irradiação de direitos. Uma vez que este fenômeno tenha sido captado nos tratados internacionais e nas Constituições, produz-se um enlace, um ponto

Assim sendo, o indivíduo pode assegurar-se concretamente de direitos que entende ser essenciais à realização de sua personalidade, reivindicando do Estado a promoção de tais direitos, visto que condizem, em última instância, com a plena satisfação de sua pessoa nos aspectos biopsicofísicos. Afinal, "há direitos que são exigências inelutáveis da personalidade humana. Estes direitos devem ser reconhecidos, baseiem-se ou não em previsão legal".[117] Para Adriano De Cupis:

> Os direitos da personalidade, pelo caráter de essencialidade, são na maioria das vezes direitos inatos, no sentido em que presentemente se pode empregar a esta expressão, mas não se reduzem ao âmbito destes. Os direitos inatos são todos eles direitos da personalidade, mas pode verificar-se a hipótese de direitos que não têm por base o simples pressuposto da personalidade, e que todavia *uma vez revelados*, adquirem caráter de essencialidade.[118]

Nesse cenário jurídico se localiza a possibilidade da reivindicação do exercício à paternidade ou maternidade, via adoção de crianças, por pessoas de orientação homossexual, sempre que tal exercício não importar, *prima facie*, em violação aos direitos e interesses da criança envolvida, (requisito necessário a ser cumprido em toda e qualquer adoção) e representar uma satisfação das necessidades essenciais da personalidade daquele que se pretende pai ou mãe pela adoção.

Decorrente da impossibilidade de se aferir quais seriam os direitos que, uma vez assegurados juridicamente, realizariam a personalidade de todos os indivíduos, o mecanismo legal disponível para a concretização da possibilidade de reivindicação dos direitos individuais de personalidade se dá por meio da utilização do princípio da dignidade da pessoa humana, como cláusula geral a recepcionar e tutelar todo e qualquer direito relacionado com a realização pessoal de cada pessoa. "A personalidade é, portanto, não um direito, mas um valor (o valor fundamental do ordenamento) e está na base de uma série aberta de situações existenciais, nas quais se traduz a sua incessantemente mutável exigência de tutela".[119]

Trata-se, portanto, da necessidade de se redimensionar os aspectos da qualidade da tutela a ser conferida à pessoa, e não, pura e simplesmente, de se elastecer o rol dos direitos a serem assegurados. Sobre tal necessi-

---

de contato entre o Direito Privado e o Público Constitucional. A pessoa e seu feixe de direitos é um ponto de articulação do sistema, tanto na ordem constitucional como na privada. Normas constitucionais protetivas da pessoa aplicam-se ao Direito Privado e direitos personalíssimos jusprivatistas adquirem significado constitucional". (LORENZETTI. *Fundamentos de direito privado* ..., p. 159)

[117] ASCENSÃO. *Direito civil* ..., p. 76.

[118] DE CUPIS, Adriano. *Os direitos da personalidade*. Lisboa: Morais, 1961, p. 14.

[119] PERLINGIERI, Pietro. *Perfis do direito civil*: introdução ao direito civil-constitucional. Trad. Maria Cristina de Cicco. Rio de Janeiro: Renovar, 1997, p. 155-156.

dade de se modificar qualitativamente o conteúdo da tutela, Pietro Perlingieri, criticamente, assinala que:

> [...] a essa matéria não se pode aplicar o direito subjetivo elaborado sobre a categoria do "ter". Na categoria do "ser" não existe dualidade entre sujeito e objeto, porque ambos representam o ser, e titularidade é institucional, orgânica [...]. Onde o objeto de tutela é a pessoa, a perspectiva deve mudar; tornar-se necessidade lógica reconhecer, pela especial natureza do interesse protegido, que é justamente a pessoa a constituir ao mesmo tempo o sujeito titular do direito e o ponto de referência objetivo de relação. A tutela da pessoa não pode ser fracionada em isoladas *fattispecie* concretas, em autônomas hipóteses não comunicáveis entre si, mas deve ser apresentada como problema unitário, dado o seu fundamento representado pela unidade do valor da pessoa.[120]

Diante dessa constatação de insuficiência do modelo dogmático classicamente estruturado sobre as categorias patrimoniais,[121] releva pensar o direito civil e sua perspectiva de tutela, sob a influência de valores da órbita constitucional, os quais implicam o redimensionamento dos institutos jurídicos de cunho privado, pois, aparentemente, mostra-se a incapacidade do sistema legal na resolução das demandas sociais em parâmetros que desconsiderem a preocupação constitucional com a pessoa humana e os valores que lhe são inerentes.[122]

## 2.2. O Direito fundamental e personalíssimo à orientação sexual

Com base na dimensão do princípio da dignidade da pessoa humana, que confere a todo ser humano a prerrogativa de autodeterminar-se como pessoa e como sujeito de sua própria existência, é que faz sentido para o direito o reconhecimento e a promoção do respeito à orientação sexual como direito personalíssimo.

---

[120] *Ibidem*, p. 155.

[121] "A falta de aprofundamento, por parte dos civilistas, da temática concernente à atuação das relações não-patrimoniais se explica com numerosos fatores, e principalmente com três. A identificação *a)* do direito privado com o direito das relações patrimoniais; *b)* da juridicidade com o específico momento coercitivo; *c)* da juridicidade com a mera tutelabilidade do interesse mediante o processo, ainda que muitas das técnicas de atuação dos direitos sejam previstas por normas de direito substancial". (PERLINGIERI. *Perfis do direito civil ...*, p. 156).

[122] "A crítica ao Direito Civil, sob essa visão, deve ser a introdução diferenciada a estatutos fundamentais, na explicitação de limites e possibilidades que emergem da indisfarçável crise do Direito Privado. É uma busca de respostas que sai do conforto da armadura jurídica, atravessa o jardim das coisas e dos objetos e alcança a praça que revela dramas e interrogações na cronologia ideológica dos sistemas, uma teoria crítica construindo um modo diverso de ver. E aí, sem deixar de ser o que é, se reconhece o 'outro' Direito Civil". (FACHIN, Luiz Edson. *Teoria crítica do direito civil*. Rio de Janeiro: Renovar, 2000, p. 4).

Para Gomes Canotilho, na Constituição da República Portuguesa, a realização da ampla tutela das potencialidades do ser humano por meio do discurso legal torna-se possível mediante a efetivação do princípio da dignidade da pessoa humana que se dá por meio da realização dos direitos fundamentais, na medida em que:

> A densificação do sentido constitucional dos direitos, liberdades e garantias é mais fácil do que a determinação do sentido específico do enunciado "dignidade da pessoa humana". [...]. Pela análise dos direitos fundamentais, constitucionalmente consagrados, deduz-se que a raiz antropológica se reconduz ao homem como *pessoa*, como *cidadão*, como *trabalhador*, e como *administrado*. Nesta perspectiva, tem-se sugerido uma "integração pragmática" dos direitos fundamentais. Em primeiro lugar, afirmação da integridade física e espiritual do homem como dimensão irrenunciável da sua *individualidade* autonomamente responsável (CRP, arts. 24º, 25º, 26º). Em segundo lugar, garantia da identidade e integridade da pessoa através do *livre desenvolvimento da personalidade* (cfr. a consagração explícita deste direito no art. 26 da CRP, introduzido pela LC 1/97, e a refracção do mesmo direito no art. 73/2º da CRP). Reflectindo o imperativo social do estado de direito, aponta-se para a *libertação da "angústia da existência"* da pessoa mediante mecanismos de sociabilidade, dentre os quais se incluem a possibilidade do trabalho, emprego e qualificação profissional e a garantia de condições existenciais mínimas através de mecanismos providenciais e assistenciais como o subsídio de desemprego e o rendimento mínimo garantido (cfr. CRP, arts. 53º, 58º, 63º, 64º) Reafirma-se, em quarto lugar, a garantia e defesa da autonomia individual através da vinculação dos poderes públicos a conteúdos, formas e procedimentos do estado de direito. Finalmente, realça-se a dimensão igualdade-justiça dos cidadãos, expressa na mesma *dignidade social* e na *igualdade de tratamento normativo* (cfr. CRP, art. 13º) isto é, igualdade perante a lei e através da lei.[123]

Portanto, os direitos fundamentais encontram-se encartados nas Cartas Políticas dos países democráticos, refletindo a progressão das necessidades de realização do homem, como pessoa, como ser humano em processo de auto-realização. E, por conta do comando constitucional imperativo da promoção da auto-realização do ser humano como fundamento da República e fim da ordem estatal, realçada está a possibilidade da tutela jurídica da opção sexual, visto que integra a esfera de autonomia individual de toda e qualquer pessoa.

Tomando por base o contexto da Constituição portuguesa acima referida, no cenário jurídico brasileiro, para tratar-se das questões relativas à condição jurídica dos homossexuais, o princípio constitucional inserto no artigo 3º, inciso IV,[124] da Constituição Federal, bem como os direitos

---

[123] CANOTILHO. *Direito constitucional e teoria* ..., p. 242.
[124] "*CF*, 1988 – Artigo 3º. Constituem objetivos fundamentais da República Federativa do Brasil: [...]
IV – promover o bem de todos, sem preconceitos de origem, raça, sexo, cor, idade e quaisquer outras formas de discriminação".

fundamentais esculpidos no artigo 5º da Carta Constitucional de 1988,[125] em especial o inciso X, poderiam ser invocados para fundamentar os denominados *direitos de quarta geração*,[126] ou seja, direitos que surgem de um processo de diferenciação de um indivíduo em relação ao outro.

Esses direitos, porque supõem um comportamento distinto de uns em relação aos demais indivíduos, podem ser englobados sob o rótulo de "direito a ser diferente".[127] E "quanto maior é a diferenciação social, maior é a complexidade no terreno das concepções do mundo e da vida".[128]

Sob essa linha de raciocínio, poder-se-ia afirmar que o reconhecimento dos direitos dos homossexuais se caracteriza como uma reivindicação de ingresso na pauta da igualdade mais do que na da diferença, na medida em que esta reivindicação visa antes ao reconhecimento de um direito de igualdade de tratamento, pois primeiro os homossexuais pretendem o reconhecimento de serem considerados como "sujeitos de direitos"[129] para, uma vez tomado assento no discurso jurídico a partir desse lugar de igualdade, poderem reivindicar o respeito à diferença.

Sobre o sentido do termo *diferença* aqui também empregado, traz-se o pensamento de Rodrigo da Cunha Pereira,[130] ao afirmar:

> Precisamos desfazer o equívoco de que as diferenças significam necessariamente hegemonia de um sobre o outro. Ao contrário, a construção de uma verdadeira cidadania só será possível na diversidade. [...] Se fôssemos realmente todos iguais, não seria possível, ou mesmo necessário, falar dessa igualdade. [...] Assim, a igualdade de todos perante a lei, como idéia iluminista, reforçada pela Revolução Francesa e pelas declarações de direitos do homem, deve ser repensada. [...] É somente

---

[125] "*CF*, 1988 – Artigo 5º. Todos são iguais perante a lei, sem distinção de qualquer natureza, garantindo-se aos brasileiros e aos estrangeiros residentes no País a inviolabilidade do direito à vida, à liberdade, à igualdade, à segurança e à propriedade, nos seguintes termos: [...]
X – são invioláveis a intimidade, a vida privada, a honra e a imagem das pessoas, assegurando o direito a indenização pelo dano material ou moral decorrentes de sua violação".

[126] LORENZETTI. *Fundamentos do direito privado* ..., p. 155.

[127] *Ibidem, loc. cit.*

[128] Gregório Robles. Los derechos fundamentales y la ética en la sociedad actual. *Apud* LORENZETTI, *op. cit.*, p. 163.

[129] Luiz Edson FACHIN, ao citar Manoel Antônio Domingues de Andrade, afirma: "[...] 'Relação jurídica vem a ser unicamente a relação da vida social disciplinada pelo direito, mediante a atribuição a uma pessoa (em sentido jurídico) de um direito subjetivo e a correspondente imposição a outra pessoa de um dever ou de uma sujeição". Desse tipo de definição emerge a idéia de que a pessoa, para configurar-se como tal no plano do direito, deve passar por uma espécie de filtro, que lhe dá juridicidade. É por isso que o mesmo Autor afirma com todas as letras que nem todas as pessoas são sujeito de direito. O que significa que nem todas as pessoas, a rigor, ingressam numa relação jurídica, a não ser aquelas que foram consideradas pessoas pelo sistema jurídico. (FACHIN, Luiz Edson. *Teoria crítica do direito civil* ..., p. 87-88).

[130] PEREIRA, Rodrigo da Cunha. *Direito de família*: uma abordagem psicanalítica. Belo Horizonte: Del Rey, 1997, p. 107.

a partir da diferença, sem hegemonia de um sobre o outro, que é possível construir uma sociedade igualitária, em que seja possível o justo e que a noção do sujeito de direito possa verdadeiramente existir.

Dessa forma, é possível se constatar que a reivindicação das pessoas ou pares homossexuais refere-se à proteção jurídica da liberdade e da intimidade, mas, também, diz respeito a um direito de igualdade de tratamento no sentido de poderem ser o que são. De poderem estabelecer livremente suas escolhas pessoais, suas relações, seus afetos e receberem do Estado a ampla tutela jurídica, tanto para a própria pessoa como para o feixe de efeitos que tais relações estabelecidas, de cunho afetivo[131] muito mais que meramente sexual, irradiam.

Os sujeitos que não são iguais, não devem ser qualificados de modo discriminatório. A qualificação ao nivelamento é uma violência contra aquilo que é diverso. Reconhecer-se o diverso implica reconhecer a dignidade que há nessa diversidade, sem que ela seja um estado de desqualificação. A diversidade passa a ser uma chave apta a abrir a porta de acesso ao estatuto de sujeito de direito subjetivo.[132]

Portanto, a reivindicação do reconhecimento da homossexualidade em si, como uma prerrogativa natural do sujeito expressar ou exteriorizar a sua sexualidade, bem como das relações afetivas entre homossexuais, ou relações homoafetivas como se referem alguns autores,[133] não diz respeito, simplesmente, aos anseios de uma minoria social, mas sim da recolocação conceitual do sujeito de direito visto na contemporaneidade, pois o reconhecimento de tutela jurídica da orientação sexual, do direito a exercitar livremente a sexualidade, conforma-se com a exigência atual da evolução dos direitos de personalidade do homem. Ou seja, diz respeito à pauta de direitos em que a pessoa humana e todo o seu potencial existencial sejam realizados e tutelados pelo Estado via reconhecimento jurídico. A inserção jurídica da homossexualidade possibilita a retirada desses sujeitos da esfera marginal da sociedade, pois a legalidade imprime uma qualificação aos fatos jurídicos, dotando-os de maior aceitação pelo grupo social aos quais correspondem.

---

[131] A este respeito bem ressaltou o Desembargador Breno Moreira Mussi em decisão de junho/99 da 8ª Câmara Cível do TJRS, quando determinou a competência das questões envolvendo partilha entre casais homossexuais para a competência processual em função da matéria das Varas de Família porque seria uma situação forjada sobre o afeto, o que remete à noção e qualidade do direito de família. (RIO GRANDE DO SUL. Tribunal de Justiça. Relação homossexual. Competência para julgamento de separação de sociedade de fato dos casais formados por pessoas do mesmo sexo. Em se tratando de situação que envolve relação de afeto, mostra-se competente para o julgamento da causa uma das varas de família, à semelhança das separações ocorridas entre casais heterossexuais. AGI 599075496. Rel. Breno Moreira Mussi. 17 jun. 1999. *DJ* n. 1670, fls.120, 3 ago. 1999)

[132] FACHIN, Luiz Edson. *Teoria crítica do direito civil* ..., p. 181-182.

[133] Entre eles, Maria Berenice Dias e José Carlos Teixeira Giorgis.

Para Luiz Edson Fachin,

[...] a lei, como produto da cultura e da história, compõe o primeiro plano desse estatuto de acesso. Essa definição está intrinsecamente ligada aos valores que inspiram as regras definidoras dessa entrada no status de sujeito de direito. Os excluídos desses estatutos compõem aquilo que pode ser designado, com "uma história da periferia": a dos que estão à margem, não raro, os ausentes na voz e na escrita jurídica que se propõem formar pessoas.[134]

A necessidade de uma cidadania fundada na igualdade[135] de todas as pessoas é ainda uma exigência que o projeto da modernidade não conseguiu realizar, cumprindo ao Estado Democrático de Direito efetivá-la, uma vez que se constitui como um dos objetivos da nossa República Federativa.[136]

Diante dessa constatação é que o operador jurídico não pode compreender o direito somente como um ordenamento legal estático. Portanto, a interpretação da norma deve levar em consideração a noção de pessoa, esta concreta e real, e não um ente abstrato como o quer a dogmática jurídica.

Nesta concepção de afastamento de um juízo eminentemente dogmático, Francisco Amaral afirma que o direito como ciência vai além do seu conceito de mero ordenamento legal.[137] O sistema normativo sob o ângulo dogmático tem a pretensão de, constituindo-se como um sistema completo e perene, estabelecer *a priori* respostas para a problemática que envolve *a posteriori* os fatos sociais. E essa noção do ordenamento jurídico como um sistema legal positivado não pode ser sustentado na medida em que, dados os avanços da sociedade como um todo, inúmeros são os fatos sociais que se impõem,[138] os quais podem não encontrar ressonância direta no texto legal, apresentando-se como uma problemática que derroga o mito da completude do sistema e expõe as lacunas do direito.[139]

---

[134] FACHIN, Luiz Edson. *Teoria crítica do direito civil* ..., p. 182.

[135] "O grande grito da contemporaneidade é o da igualdade." (PEREIRA, Rodrigo da Cunha. *Direito de família* ..., p. 101).

[136] Nesse sentido é o comando do artigo 3º, I e IV, da Constituição Federal do Brasil.

[137] "De um outro ponto de vista, o reconhecimento de efeitos de direito a uma situação de fato representa a tendência, mais uma vez paradoxal, tendo em vista o modelo monista a partir do qual foi engendrado, à admissão pelo próprio sistema jurídico de que nem todo o direito se encontra na lei". (RAMOS, Carmem Lucia Silveira. *Família sem casamento*: de relação existencial de fato à realidade jurídica. Rio de Janeiro: Renovar, 2000, p. 30)

[138] "O medievo que emoldura os institutos do *status quo* se mostra em pânico pois, à medida que o civilismo pretensamente neutro se assimilou ao servilismo burocrata doutrinário e jurisprudencial, não conseguiu disfarçar que não responde aos fatos e às situações que brotam da realidade contemporânea". (FACHIN, Luiz Edson. *Teoria crítica do direito civil* ..., p. 9).

[139] A esse respeito assevera Carmem Lucia Silveira RAMOS: "o direito é invadido pelos fatos, pela realidade das ruas, que o obriga a reformular-se, reconhecendo a existência de espaços por ele não abrangidos, ainda que buscando garantir sua própria sobrevivência e preservar os parâmetros em que se encontra organizado, tentando evitar uma fratura entre as duas esferas (direito posto e direito vivido)". (*Família sem casamento* ..., p. 30)

Diante de uma postura crítica do operador do direito, este pode também constatar que subjacente à norma que se pressupõe sempre justa e neutra,[140] numa análise mais cuidadosa é possível identificar um discurso pautado nos valores e normas ideológicas[141] e morais, os quais uma sociedade entende como adequados para um dado momento histórico, trazendo à tona outro mito que se transfigura no pressuposto da neutralidade e abstração das categorias e institutos jurídicos.

A abstração e a neutralidade são conceitos que possibilitam a implantação dos conceitos jurídicos da igualdade formal e da autonomia e liberdade do indivíduo, afastando a percepção do sujeito concreto e real, enfim, da pessoa a quem se dirige a ordem jurídica e a quem esta incumbe tutelar.[142]

Assim, o sistema jurídico mediante todas as suas categorias formais e abstratas acaba por refletir e dar validade a um determinado discurso social subjacente, que historicamente se confunde com o discurso da maioria desprestigiando, na quase totalidade dos casos, as reivindicações das minorias.

Ocorre que a sociedade como ser orgânico está em constante transformação[143] e a receber influxos de outros ramos do conhecimento, os quais vai pressionando a lógica jurídica e impondo ao Direito uma necessidade perene de adequação às novas necessidades dos cidadãos, ao mesmo tempo em que exige uma visão crítica por parte do operador jurídico.[144]

Esse processo de transformação social e de novas necessidades marca igualmente uma temporalidade dentro do discurso jurídico, qual seja, as

---

[140] Sobre essa tal neutralidade, importante o pensamento de Carmem Lúcia Silveira RAMOS, apoiando em Pietro Barcellona: "A origem da postura antitética, que vê o fato sob a ótica do direito e não vice-versa, encontra justificativa em um dos paradoxos presentes nos fundamentos teóricos do Estado de Direito liberal, que engendrou o modelo vigente de sistemas jurídicos: a concepção de um direito neutro, independente dos demais critérios de valoração da conduta humana, rejeitando sua historicidade e, em particular, a integração entre o fenômeno jurídico e social". (Ibidem, p. 31).

[141] "O fator mais forte não é a violência dos dominantes, mas o consenso ideológico dos dominados" (Godelier). (SOUSA, Edson Luiz André de; TESSLER, Elida; SLAVUTZKY, Abrão [orgs.]. A invenção da vida: arte e psicanálise. Porto Alegre: Artes e Ofícios, 2001, p. 83).

[142] "A existência concreta da pessoa não é reconhecida pelo fato de se atribuir a todos o status de sujeito de direito. Antes, significa tão-somente que todos podem ser titulares de direitos. Aqui reside a igualdade dos indivíduos, átomos de uma sociedade atomizada, átomos iguais – juridicamente- uns aos outros". (CORTIANO JR., Eroulths. O discurso jurídico da propriedade e suas rupturas: uma análise do ensino do direito de propriedade. Rio de Janeiro: Renovar, 2002, p. 55).

[143] "Acrescente-se que a evolução dos costumes possibilitou maior aceitação, por parte da sociedade, das pessoas com orientação homossexual, gerando uma mais ampla visualização e presença dessa condição no meio social". (MORAES, Maria Celina Bodin de. A união entre pessoas do mesmo sexo: uma análise sob a perspectiva civil-constitucional. Revista Trimestral de Direito Civil, Rio de Janeiro, a. 1, v. 1, p. 95, jan./mar. 2000)

[144] "Entre a resistência à transformação e as necessidades que se impõem pelos fatos, o papel a ser exercido, nesse campo, pelos operadores do Direito, poderá antecipar, em parte, aquilo que virá". (FACHIN, Luiz Edson. Teoria crítica ..., p. 16).

categorias e os conceitos jurídicos são inseridos num sistema legal porque num determinado momento histórico a sociedade, marcada pelas pressões e transformações sociais, elege valores que entende como essenciais e uma vez consagrados como direitos, tais valores poderão ser passíveis tanto de tutela como de reivindicação junto ao Estado.

Dentro desse contexto, importa analisar a amplitude do direito à orientação sexual, entendido como um direito personalíssimo, assegurado implicitamente pela aplicação do princípio constitucional da dignidade da pessoa humana, pois diz respeito diretamente à irradiação social da personalidade, bem como ao sentido de felicidade e realização de quem se percebe homossexual.[145]

Maria Celina Bodin de Moraes,[146] citando conceitos e recomendações da Organização Mundial de Saúde, entende que o sentido pleno de saúde inclui o bem-estar físico, mental e social; daí a importância de se reconhecer juridicamente um *direito à sexualidade*, pois o reconhecimento do livre exercício da opção sexual, em especial da homossexualidade, se prestaria também a abrandar o preconceito dos quais os homossexuais são vítimas, promovendo uma melhor inserção dos mesmos na própria família, no trabalho ou na vida social, melhorando a qualidade de vidas dessas pessoas, bem como, a sua estabilidade emocional.

Essa visão global de bem-estar importa reconhecer que o sistema jurídico, ao incorporar novos valores, reconhece novos direitos e novos sujeitos de direito, e, em especial, quanto ao reconhecimento do direito à orientação sexual, permite fazer a dissociação completa dos conceitos de genitalidade e sexualidade, definições estas que para a ciência do direito foram consideradas, quando não perfeitamente, idênticas, pelo menos uma como decorrente da outra, conforme ressalta Luiz Edson Fachin:

> [...] o sistema jurídico, cioso de seus mecanismos de controle, estabelece desde logo, com o nascimento, uma identidade sexual, teoricamente imutável e una. Essa rigidez não leva em conta dimensões outras, também relevantes, no plano das questões sociais e psicológicas. Desse modo, o papel de gênero com uma expressão pública da identidade. O atestado do nascimento é, dessa forma, um registro do ingresso da pessoa no universo jurídico, disposto a conferir segurança e estabilidade nas relações jurídicas. O registro civil exerce, nesse plano, uma chancela normalmente, imodificável, que marca o indivíduo em sua vida social. É um sinal uniforme e monolítico, incapaz de compreender a pluralidade psicossomática das pessoas.[147]

---

[145] Posição defendida pela então deputada federal Marta Suplicy no Projeto de Lei nº1.151/95 em trâmite no Congresso Nacional que versa sobre a Parceria Civil Registrada.

[146] MORAES, Maria Celina Bodin de. *A união entre pessoas do mesmo sexo* ..., p. 96.

[147] FACHIN, Luiz Edson. Aspectos jurídicos da união de pessoas do mesmo sexo. *Revista dos Tribunais*, São Paulo, a. 85, v. 732, p. 49, out. 1996.

Assim sendo, importa mencionar a importância de se pensar o direito e as premissas jurídicas a partir de um discurso interdisciplinar, pois outras ciências, mormente a psicanálise, derrogaram a máxima do sexo físico de nascimento, necessariamente, indicar a forma futura do exercício da sexualidade.

Prescrevendo esta máxima da identidade física determinar a futura orientação sexual, o direito desconsiderava uma verdade o que mais tarde a psicanálise e outras ciências afins, vieram descortinar, ou seja, a não identificação necessária entre sexo genital e exercício da sexualidade, pois a sexualidade é da ordem do desejo, e o desejo por essência está fora do normatizável. Com o reconhecimento[148] de formas não convencionais de exercício e vivência da sexualidade humana, abriu-se o caminho para a constatação da necessidade de se reconhecer o direito à orientação sexual, porque diretamente ligado à plena realização da personalidade do indivíduo e, como tal, inserto num contexto maior de promoção da essência pessoal de cada um, assegurado em última instância pelo princípio da dignidade da pessoa humana.

A noção jurídica de personalidade deve reconhecer a existência de direitos subjetivos inatos às pessoas. E, sendo assim, o sistema jurídico tem a função de tutelar tais direitos subjetivos cumprindo a máxima constitucional da promoção da pessoa.

Portanto, para os homossexuais um direito personalíssimo que visa a promover a ampla realização de tais direitos inatos, é a consagração jurídica do direito ao exercício livre da sexualidade. Direito este, que não significa simplesmente a exteriorização pública da natureza sexual dos homossexuais, mas sim o direito a não ser preterido, discriminado, distinguido dos demais cidadãos por conta da opção sexual exercida.

A opção sexual não pode ser elemento depreciativo ou valorativo para a (des)qualificação da pessoa. Essa assertiva tem implicações, por exemplo, ao se afirmar que os homossexuais enquanto pessoas que são, potencialmente, possuem capacidade e atributos jurídicos para, no caso de assim desejarem, poderem exercitar a faculdade, como direito subjetivo, a ter filhos. Aliada a essa possibilidade, dada por uma releitura do sistema jurídico, informado por novos conceitos e valores de ordem constitucional, como o princípio da igualdade e da liberdade vistos sob seus aspectos concretos e reais, tem-se a viabilidade de os homossexuais realizarem-se como pais, não somente por meio da adoção de crianças, mas também, pela geração biológica de filhos, dado que para a engenharia genética a concepção humana pode prescindir do ato sexual.

---

[148] "E todos nós sabemos da importância e interferência, real e simbólica, do Estado com um Grande-Pai, que autoriza, possibilita e facilita esta ou aquela relação". (PEREIRA, Rodrigo da Cunha. *Direito de família* ..., p. 48).

Essa constatação, sem dúvida, é importante na tomada de consciência, por parte dos operadores jurídicos da fragilidade do direito visto somente como sistema positivado e hermético, resultando ainda num olhar impertinente que não aceita a relação jurídica, como previsão universal e paradigma abstratamente considerado, vista como "se a resposta sempre estivesse formulada antes da elaboração da própria pergunta".[149]

Portanto, diante da constatação de entidades formadas por pais homossexuais e seus filhos, importa a reflexão sobre qual é o papel do direito frente a essas novas formas de organização familiar, na medida em que à ciência jurídica é dado o dever de regular a problemática social, não tendo tal ciência o poder de ignorar perenemente fatos que aos poucos vão a ela se impondo.

---

[149] (FACHIN, Luiz Edson. *Teoria crítica do direito civil* ..., p. 92). Tendo ainda consignado o referido autor que: "A relação paradigmática é aquela que estabelece uma moldura, em face da qual o desenho da realidade do vínculo estabelecido entre as pessoas deve se amoldar. No caso de enfocá-la com relação jurídica em concreto, esses vínculos são extraídos da realidade que se impõe por si só. No sistema clássico, a primazia é colocar acima do que se verifica concretamente a previsão do modelo da relação jurídica. Para evitar que isso turbasse a compreensão da relação jurídica abstratamente considerada, o que interessa é um paradigma abstrato, que recolhe a realidade e faz com a relevância jurídica dos dados se amoldem a essa ordem previamente estabelecida".

## 3. Homossexualidade: primeiro crime, depois doença, finalmente modo de ser

Não constitui uma preocupação do presente trabalho a identificação das possíveis causas e razões que levam à homossexualidade, na medida em que a presente perspectiva tem como contexto algumas implicações que a identidade sexual traz para o discurso jurídico. Parte-se, portanto, do contexto social,[150] onde a existência da identidade sexual é um fato e como tal pode ter relevância para o direito, muito especialmente para o direito privado, pois é a disciplina jurídica incumbida de regular e regulamentar as condutas e comportamentos que se estabelecem na vida privada da sociedade. Entretanto, julga-se necessária uma breve análise da evolução histórica que o conceito da homossexualidade sofreu desde o final do século XIX, passando pelo século XX até a contemporaneidade, pois é através da evolução histórica do seu conceito que se pode abordar "os elementos [que] estão sempre subjacentes aos juízos normativos de igualdade ou desigualdade de tratamento".[151]

A homossexualidade tida como a atração sexual e afetiva entre duas pessoas do mesmo sexo é um fato que percorre a história da humanidade, enaltecida e tolerada em algumas sociedades e culturas, repreendida e abominada em outras.

Para fins da presente análise, considera-se como o primeiro dado importante sobre a discussão da homossexualidade o que se deu em 1869,

---

[150] Adota-se para tanto a postura e o alerta do professor catedrático de Filosofia do Direito da Università Degli di Pisa, Itália, Domenico Corradini BROUSSARD, ao criticar a postura do jurista tradicional que deve ser vencida: "[...] é um jurista tradicional aquele que acredita que o direito seja um sistema auto-referencial, autopoiético, capaz de estar fechado em si mesmo, por ser um sistema absolutamente distinto dos outros sistemas: quase um sol entre os sóis. [...] o jurista tradicional vai além, consegue esquecer a relação entre o direito e a sociedade. Ele isola, separa o direito da direito da sociedade, dos problemas econômicos e políticos da sociedade, dos problemas de riqueza e pobreza [...]". (Os direitos fundamentais e o primeiro dever fundamental. *Revista da Faculdade de Direito da Universidade Federal do Paraná*, Curitiba, a. 30, n. 30, p. 13, 1998)

[151] RIOS, Roger Raupp. *O princípio da igualdade e a discriminação por orientação sexual. A homossexualidade no direito brasileiro e norte-americano.* São Paulo: RT, 2002, p. 99.

quando o médico húngaro Karoly Benkert se manifestou em defesa dos homossexuais que estavam sendo perseguidos por questões políticas na Alemanha do Norte. Na carta enviada ao Ministério da Justiça da Alemanha, Karoly Benkert defendia a idéia da homossexualidade como algo inato na pessoa, não podendo ser adquirido e assim desvinculado das questões de preferência pessoal, portanto, não merecedor de juízos condenatórios por ser classificado como contrário à ordem moral e religiosa.

A homossexualidade passou a partir dessa constatação médica a ser vista como um desvio da heterossexualidade. Dessa visão distorcida, mas avançada para a época, uma vez que dogmas religiosos foram vencidos pela mentalidade científica, decorreu sua classificação como algo anormal a merecer cuidados da ciência médica. Estava criado o termo homossexualismo e por seu diagnóstico como doença passava a homossexualidade a merecer tratamento. Diante dessa concepção, abandonou-se a perspectiva condenatória e sujeita à penalização para os homossexuais. Assim, o que até então era considerado imoralidade ou pecado passou a ser tido como uma doença possível de ser tratada.

A classificação da homossexualidade como doença evitou muitas atrocidades contra os homossexuais de então, que eram maltratados, torturados e até condenados à morte por conta desse padrão sexual. Essa classificação abriu um espaço de maior tolerância em relação às pessoas que possuíam tal inclinação sexual. Também, despertou no meio médico e científico um interesse em pesquisas sobre o comportamento e a sexualidade humana, descortinando uma nova perspectiva para o sexo que não somente os propagados fins procriativos.

Tendo o sexo com objeto de estudo à Karoly Benkert outro corpo de médicos se seguiu, interessados em investigar e compreender o que denominavam de perversões sexuais, ou seja, toda conduta e comportamento sexual que se afastasse do padrão da heterossexualidade. A homossexualidade considerada como doença inseria-se nas denominadas perversões sexuais.

Nesse contexto, recaía uma percepção social e um juízo público negativo em relação à homossexualidade até se chegar a Sigmund Freud, que em 1935, apesar de ver a homossexualidade como um estágio não evoluído da heterossexualidade, adotou uma postura de tolerância e defesa dos sujeitos homossexuais, ao ver em tal comportamento uma "certa imaturidade" do desenvolvimento sexual, e que não deveria ser nem motivo de vergonha para quem assim se percebesse, nem de intolerância por parte do meio familiar e social.[152]

---

[152] Roger Raupp RIOS, ao citar N. P. Cánovas, registra o pensamento de Freud para aquele tempo: "A homossexualidade não é, evidentemente, uma vantagem, mas nela não há nada de que se deva ter

Anos após, o relatório Kinsey de 1948, extraído de uma pesquisa empírica realizada nos Estados Unidos da América, tornou-se um novo marco para a discussão do tema na medida em que pôs em xeque uma sociedade que considerava a homossexualidade como doença, ou um comportamento anormal, desviante. Convencido pelas suas pesquisas de que a homossexualidade não se tratava de uma doença como até então pensado, afirmou Alfred Kinsey ao apresentar suas conclusões: "a idéia de que a orientação sexual é na realidade uma gama de comportamentos e identidades e não uma condição, de que a homossexualidade é uma das muitas variações normais do comportamento sexual humano restou comprovado pelos vários estudos realizados".[153] O relatório Kinsey abriu a discussão para a descaracterização da homossexualidade como doença passível de tratamento, abrindo um novo espaço de reivindicação social para os homossexuais livrarem-se da pecha de sujeitos sexualmente doentes e inferiorizados, que sofriam preconceitos e discriminações no meio familiar, na convivência do trabalho e no meio social.

Um segundo grande momento da história da homossexualidade veio em mais de duas décadas após, quando em 1973 a Associação Americana de Psiquiatria retirou a homossexualidade dos denominados distúrbios mentais. Essa "despatologização" da homossexualidade foi decorrência direta do movimento de liberação homossexual americano proeminente do final da década de 60 e início dos anos 70. "Esse movimento mudou toda a conceituação, tanto social como individual, da homossexualidade, contestou as atitudes sociais predominantemente negativas em relação a ela e desmascarou os falsos estereótipos e pressupostos errôneos a respeito da vida, dos sentimentos e das ações de indivíduos gays".[154]

Atualmente, as ciências médicas, em especial a área da psicologia, vêem "a homossexualidade como uma variação natural da expressão sexual humana e considera os gays indivíduos normais que, se experimentam alguma forma de sofrimento, é o originado pela intolerância e preconceito social injustificado".[155]

A classificação da homossexualidade como doença serviu num determinado momento histórico para "proteger" os homossexuais contra a tira-

---

vergonha; não é um vício nem um aviltamento e não se poderia qualificá-la como uma doença; nós a consideramos uma variação da função sexual, provocada por uma certa interrupção do desenvolvimento sexual. Perseguir a homossexualidade com um crime é uma grande injustiça e também uma crueldade [...]" . (*O princípio da igualdade ...*, p. 110)

[153] Apud HOPCKE, Robert H. *Jung, junguianos e a homossexualidade*. Trad. Cassia Rocha. São Paulo: Siciliano, 1989, p. 19.

[154] HOPCKE, Robert H. *Jung, junguianos e a homossexualidade*...., p. 44.

[155] *Ibidem*, p. 46.

nia estatal e religiosa que via no comportamento homossexual a tipificação de um pecado, e mais, de um crime. Assim, passaram os "criminosos" a ser tratados como "doentes", o que naquele momento lhes garantiu uma proteção, mas por seu reverso lhes impingiu o estigma preservado até a atualidade, inclusive em vários espaços jurídicos, da imagem de sujeitos doentes ou anormais a merecem discriminação e a sofrerem toda ordem de barbárie motivada pelo preconceito fruto de um ranço social ainda a ser dissolvido.

No que tange a esse preconceito social em relação à homossexualidade é, sobremaneira, importante ressaltar a relevância da contribuição jurídica no sentido de aplicar o tratamento igualitário aos homossexuais e às suas relações, porque o reconhecimento estatal que inclui esses marginalizados no laço social, não só dota-os de maior aceitação, como também, atribuindo-lhes valores de cidadania e demonstra ser o direito um mecanismo eficaz para aqueles que gravitam na periferia do sistema sociojurídico.[156] Esse também é o entendimento de Maria Celina Bodin de Moraes sobre o tema:

> Como se sabe, o papel do legislador numa sociedade democrática e pluralista é, substancialmente, o de proteção das minorias, através da tutela dos interesses dos mais fracos, desde que considerados aqueles interesses como direitos fundamentais, direitos esses que são postos para a proteção da pessoa humana em sua vida de relação, em sua liberdade, igualdade, participação política e social, bem como de qualquer outro aspecto que se refira ao pleno desenvolvimento de sua personalidade.[157]

Portanto, nosso tempo impõe a dissolução do estigma cultural de anormalidade que impede os homossexuais de serem livremente o que são nas suas relações afetivas e de se realizarem como pessoas no seio de uma sociedade plural, na medida em que oficialmente no Brasil, antes ainda da recomendação da Organização Mundial da Saúde[158] datada de 1995, a

---

[156] "O direito é um dos mais importantes instrumentos de inclusão e exclusão das pessoas no laço social. É o Estado, através de seu ordenamento jurídico, que prescreve as normas de apropriação ou expropriação à categoria de cidadão. A História já nos demonstrou que estes critérios de inclusão e exclusão trazem consigo um traço ideológico que não pode mais ser desconsiderado pelo Direito, sob pena de se continuar repetindo injustiças e reproduzindo ainda mais sofrimento. Basta lembrarmos, por exemplo, que a mulher no Brasil, só foi considerada cidadã pela Constituição em 1962, pela Lei 4.121 ( Estatuto da mulher casada). Foucault, em seu livro História da Loucura, já nos revelou há muito tempo o traço perverso da ideologia dos excluídos, quando por exemplo, eram encarcerados os heréticos, os leprosos, os feiticeiros etc.". (PEREIRA, Rodrigo da Cunha. *Uniões de pessoas do mesmo sexo* – reflexões éticas e jurídicas. Palestra proferida no Congresso Brasileiro de Direito Privado, Olinda, 2 out. 1997).

[157] MORAES, Maria Celina Bodin de. *A união entre pessoas do mesmo sexo ...*, p. 96.

[158] "Assinale-se que a Organização Mundial de Saúde – OMS – retirou, da última "Classificação Internacional de Doenças" (CID) divulgada, qualquer referência à homossexualidade. A mudança foi significativa. Com efeito, na CID 9, de 1975, o homossexualismo constava no capítulo das doenças

homossexualidade foi excluída do código de identificação de doenças. A partir dessa exclusão, passou a ser considerada como uma das múltiplas facetas da sexualidade humana e, por essa razão, a pessoa que segue os ditames da sua sexualidade não pode ter seu valor diminuído na sociedade e no direito.

Dir-se-ia ser essa a necessária transição do conceito para se transpor o sentido de homossexualismo (o sufixo "ismo" em medicina indica doença) para homossexualidade ("dade" quer dizer modo de ser), ou melhor, a compreensão de que a homossexualidade é somente um aspecto da vida dos homossexuais, que, por razões ainda desconhecidas, possuem desejo sexual voltado para as pessoas do mesmo sexo, o que não pode servir para lhes retirar ou mesmo diminuir a qualidade e a dignidade de pessoas que são.

Outro traço a reforçar o preconceito contra os homossexuais é o fato de a identidade sexual ou o direito de orientação sexual dos homossexuais ser vista como uma opção autônoma do sujeito, uma escolha que o indivíduo faz da forma como pretende exercitar e realizar seu desejo e a atração sexual.

Esse fato traz implicações para o direito, visto sob o primado clássico da autonomia da vontade, segundo a qual o sujeito de direito é livre, igual e dotado de racionalidade para determinar o que lhe seja conveniente, já que a homossexualidade é considerada como uma escolha, uma opção livre dos indivíduos. Entretanto, a identidade sexual do sujeito não se situa no plano da consciência na qual poderia haver certa liberdade de escolha, mas sim no inconsciente em que não há escolha,[159] não há autonomia de vontade, portanto nele não se pode racionalmente fazer a opção por a pessoa ser ou não homossexual, como se todos os indivíduos em determinada fase de sua vida pudessem decidir por essa ou aquela orientação sexual.

A psicologia, mais especificamente a disciplina da sexologia, revela que as manifestações da sexualidade humana se dão no plano do inconsciente e vão se externando num processo em construção e, neste, o indivíduo ao longo de seu crescimento se depara com sua homossexualidade.

---

mentais (como 'Desvios e Transtornos Sexuais', sob o código 302), com diagnóstico psiquiátrico. Em 1985, numa das revisões periódicas, a OMS publicou circular na qual o homossexualismo, por si só, deixava de ser considerado doença. Deveria passar por isso, do capítulo das doenças mentais da CID para o capítulo dos 'sintomas decorrentes de circunstâncias psicossociais. Desde 1995, porém, quando da divulgação da CID 10, referências à homossexualidade não mais aparecem. Os psiquiatras, incumbidos da tarefa de revisão da CID, concluíram não existirem sinais que justifiquem considerar a orientação homossexual como doença ou mesmo como sintoma, tratando-se apenas de uma manifestação do ser humano". (*Ibidem*, p. 95-96)

[159] José Carlos Teixeira GIORGIS afirma: "[...] a homossexualidade não é opção livre, é determinismo psicológico inconsciente." (A relação homoerótica e a partilha de bens. *Revista Brasileira de Direito de Família*, Porto Alegre, n. 9, p. 143, abr./jun. 2001).

Marta Suplicy, então deputada federal na justificativa do seu projeto de Lei nº 1.151/95 da Câmara dos Deputados, denominado Parceira Civil Registrada, assim elucidou a questão da chamada opção sexual: "primeiro que as pessoas não decidem de um dia para o outro que vão se tornar homossexuais. Elas se percebem homossexuais durante o desenvolvimento e construção de sua sexualidade".[160]

Registre-se, ainda, que desde 1991 a Anistia Internacional considera como violação dos direitos humanos a proibição da homossexualidade e as agressões por conta da orientação sexual, e nosso país encontra-se neste cenário, como alerta Maria Celina Bodin de Moraes "no Brasil, o Conselho Nacional de Defesa dos Direitos Humanos atribui especial vulnerabilidade aos homossexuais, e, com efeito, o país, não obstante se apresentar como ambiente de liberação dos costumes e de tolerância às mais variadas formas de expressão sexual, é também campeão mundial de assassinatos de homossexuais".[161]

Diante dessas constatações, o que importa referir sobre a homossexualidade e o direito é a necessidade de ser afastada a identificação sociomoral[162] das pessoas por conta de suas inclinações sexuais. Deve-se, na afirmação de Rodrigo da Cunha Pereira, abandonar a pretensão de se "colocar um selo de legitimidade ou ilegitimidade em determinadas relações sexuais",[163] uma vez que a sexualidade por sua essência escapa ao normatizável.

Também a desvinculação do sexo do seu caráter meramente reprodutivo para o recreativo[164] acelerou o processo de desqualificação da homossexualidade como um comportamento a ser banido do meio social, por não estar vinculada à procriação da espécie.

---

[160] Material fornecido pela assessoria da então deputada federal Marta Suplicy por meio do seguinte endereço eletrônico: martasuplicy@solar.com.br. Acesso em: 25/05/1999.

[161] MORAES, Maria Celina Bodin de. *A união entre pessoas do mesmo sexo* ..., p. 90.

[162] Nas palavras de Jurandir Freire citado por Rodrigo da Cunha PEREIRA: "Quando e de que maneira poderemos ensinar, convencer, persuadir as novas gerações de que classificar sociomoralmente pessoas por suas inclinações sexuais é uma estupidez que teve, historicamente, péssimas conseqüências éticas. Muitos sofreram por isso; muitos mataram e morreram por esta crença inconseqüente e humanamente perniciosa". (*Uniões de pessoas do mesmo sexo*: reflexões éticas e jurídicas. In: CONGRESSO BRASILEIRO DE DIREITO PRIVADO. Olinda, 2 out. 1997)

[163] PEREIRA, Rodrigo da Cunha. *Uniões de pessoas do mesmo sexo* ..., op. cit.

[164] Referência feita a João Batista Villela, que afirma ter o sexo outro papel nas sociedades atuais, deixando a finalidade de procriação refletindo um fundamental processo de "desdemonização" da sexualidade na cultura ocidental afirmando ao citar o teólogo Doms que "os órgãos e atos do sexo não estão a serviço exclusivo da espécie. De outra parte não lhe toca seguramente tal finalidade precedente e imediatamente: ao contrário, devem servir em prioridade ontológica à realização das pessoas concretas e reais, em cada situação comprometidas". E, ao citar Alice Rossi, afirmou: "Em termos sociológicos: atualmente o sexo recreativo prevalece sobre o procriativo e a paternidade". (VILELLA, João Baptista. Liberdade e família. *Revista da Faculdade de Direito da UFMG*, Belo Horizonte, v. 3, n. 2, p. 24, 26, 1980)

Descortinado esse universo que vê na homossexualidade simplesmente mais um modo de ser, vários sistemas jurídicos vêm adotando a regulamentação das uniões homossexuais conferindo um tratamento igualitário em relação a tais uniões, que assemelhadas a casamentos heterossexuais com estes não se confundem, mas que, por outro lado, merecem o respeito da sociedade e igual tratamento jurídico, o que se verifica como um processo em construção no cenário jurídico brasileiro na medida em que inúmeras são as decisões judiciais conferindo reconhecimento às relações homossexuais, bem como os direitos delas decorrentes.[165]

Percebe-se que as questões envolvendo os direitos dos homossexuais estão diretamente vinculadas ao crescimento de valores sociais de igualdade, liberdade, pluralidade social e esse fenômeno se acentua quanto mais evoluído for o conceito de cidadania que uma sociedade tem em relação a todos, pois a proteção dos direitos das minorias está correlata e diretamente ligada à evolução da consciência social da maioria.

O tratamento igualitário da homossexualidade é um processo ainda em construção, mesmo porque é fácil tratar igualmente os iguais, mas a verdadeira igualdade reside no tratamento isonômico da diferença.

---

[165] A esse respeito julga-se extremamente importante a perspectiva dada pelo Ministro César Asfor Rocha quando do pronunciamento de seu voto no Recurso Especial nº 148897/MG da 4ª Turma do STJ que tratou do reconhecimento da sociedade de fato entre parceiros homossexuais, ao lembrar o reconhecimento e a construção jurisprudencial trazida pelos casos da união estável, então chamada concubinato, tendo assim se manifestado o Sr. Ministro ao se referir ao papel do direito: "Colaciono tais considerações porque elas, a meu sentir, se ajustam, com acurada harmonia, ao tema ora posto em tablado, tendo em conta que o reconhecimento da partilha do patrimônio adquirido pelo esforço comum dos concubinos significou, à época, uma posição progressista, uma tomada de consciência daquela Colenda Corte para com os fatos da vida, que, de tão nítidos e freqüentes, já não mais podiam ser tangenciados, sob pena de deixar o magistrado na desaconselhável posição de julgar com as janelas fechadas para a realidade. Agora, tirante o fato relevantíssimo, é certo, de que a sociedade de que se cogita é formada por pessoas do mesmo sexo, tudo o mais tem os mesmos contornos em que se inseriu, à época, aquela situação dos concubinos inspiradora do verbete sumular acima enunciado: a sociedade de fato, o patrimônio formado pelo esforço comum e o afeto recíproco que parecia haver entre os agora recorrente e recorrido. [...] Creio já ser chegada a hora de os Tribunais se manifestarem sobre essa união, pelo menos nos seus efeitos patrimoniais, uma vez que não podemos deixar de reconhecer a freqüência com que elas se formam, por isso mesmo que tenho como de bom alvitre sinalizarmos para a sociedade brasileira – e especialmente para os que vivem em vida semelhante à que tiveram recorrente e recorrido – quais os direitos que possam ser decorrentes dessa sociedade de fato". (BRASÍLIA. Superior Tribunal de Justiça. Sociedade de Fato. Homossexuais. Partilha do bem comum. O parceiro tem o direito de receber a metade do patrimônio adquirido pelo esforço comum, reconhecida a existência de sociedade de fato com os requisitos previstos no art. 1.363 do CCvil. Responsabilidade Civil. Dano moral. Assistência ao doente com AIDS. Improcedência da pretensão de receber do pai do parceiro que morreu com AIDS a indenização pelo dano moral suportado sozinho os encargos que resultaram da doença. Dano que resultou da opção de vida assumida pelo autor e não da omissão do parente, faltando o nexo de causalidade. Art. 159 do CCvil. Ação possessória julgada improcedente. Demais questões prejudicadas. Recurso conhecido em parte e provido. REsp148897/MG. Rel. Min. Rui Rosado Aguiar. 10 fev. 1998. *DJ* 6 abr. 1998)

### 3.1. O princípio jurídico da igualdade e a homossexualidade

A questão da igualdade é uma preocupação permanente do direito, pois está intimamente ligada ao próprio sentido de justiça.[166]

A igualdade como valor tem sua construção no discurso jurídico como um dos fins e também um dos fundamentos da concepção moderna do Estado de Direito. Entretanto, sua gênese não está vinculada ao Estado Moderno iniciado com a célebre Revolução Francesa quando a burguesia estabeleceu os valores da Liberdade, Igualdade e Fraternidade. A questão da igualdade, portanto da isonomia entre os homens, já era indagava pelo pensamento de Platão e de Aristóteles, os quais apontavam para a existência de duas formas de igualdade: a absoluta tida como impossível, e a relativa que era considerada a verdadeira igualdade, como ressalta Carlos David Aarão Reis:

> Há uma primeira – e mais incisiva – distinção a ser feita: entre igualdade absoluta ou igualitarismo e igualdade relativa, a verdadeira igualdade. São duas classes de igualdade, homônimas, é certo, mas de fato quase opostas entre si por muitos modos', na observação platônica. Embora com o risco de parecer tedioso, convém insistir na diversidade humana, decorrente de fatores naturais ou sociais (ou de ambos). Os indivíduos são diferentes entre si em capacidades físicas e intelectual, em inteligência e caráter, em preferências e aptidões, não tendo qualquer *Declaration des Droits* o condão de aplainar estas desigualdades. Portanto a igualdade absoluta não é possível, pois contraria a natureza das coisas e do ser humano [...].[167]

A verdadeira igualdade, a igualdade relativa, resulta na possibilidade do tratamento igualitário, considerando-se, para tanto, as diferenças presentes, pois, do contrário, o princípio da igualdade tomado por seu conceito formal e absoluto quase sempre resulta em grandes desigualdades,[168] as quais acirram o abismo entre os não-iguais ao invés de equipará-los a partir das diferenças a estes inerentes.

Tendo em vista a possibilidade de uma igualdade relativa, esta impõe necessariamente uma realidade relacional, ou seja, se estabelece e torna-se possível de aferição a partir de um juízo de comparação, decorrendo desse fato a importância da qualificação material do princípio da igualdade, e da mitigação, especialmente, diante do caso concreto a ser tratado pelo

---

[166] "No universo clássico grego, irromperam inúmeras manifestações e reflexões acerca do papel capital da igualdade na ordenação da vida social. [...] No campo jurídico, a idéia de igualdade, desde então, apresenta relevo tão eminente a ponto de equiparar-se à noção de justiça". (RIOS, Roger Raupp. *O princípio da igualdade* ..., p. 25-26).

[167] REIS, Carlos David Aarão. *Família e igualdade*. A chefia da sociedade conjugal em face da nova constituição. Rio de Janeiro: Renovar, 1992, p. 25.

[168] "Se compreendida absolutamente, a igualdade degenera-se pelos abusos, que a desfiguram, e uma ou outra direção, transformando-se na fonte das piores desigualdades. A igualdade absoluta, matemática é, de fato, o paradoxo da igualdade, uma desigualdade pelo avesso. [...]". (*Ibidem*, p. 26)

direito, do princípio da igualdade como conceito mecânico e meramente formal.

A conquista da igualdade formal, no sentido de igualdade de todos perante a lei, configurou-se como um passo histórico e político importante do direito moderno diante da natural desigualdade perpetrada no medievo e particularmente no sistema político-econômico do feudalismo. A razão toma o lugar da superstição e no campo jurídico se estabelece o estatuto jurídico da igualdade de todos.[169] A igualdade formal funda e ao mesmo tempo representa a conquista do Estado de Direito, decorrendo dessa concepção também a possibilidade da partição, ou melhor, da dicotomia conceitual do princípio da igualdade sob seus aspectos formal e material.

A igualdade formal refere-se ao Estado de Direito visto sob sua natureza formal, no sentido de ser a igualdade perante a lei a preocupação e o comando legal do tratamento igualitário sem aferições sobre qualidades ou atributos pessoais e explícitos dos destinatários da norma. A igualdade formal resulta da perspectiva política do Estado de Direito que é fundado na lei, no sentido da lei igual para todos. Assim, todos são iguais perante a lei como forma de garantia dos direitos fundamentais estabelecidos por este Estado legal.[170]

O princípio da igualdade formal no Estado de Direito decorre e realiza-se na perspectiva de ser vedado às autoridades estatais negar o direito vigente em favor ou às custas de algumas pessoas. Ou, no dizer de Roger Raupp Rios, "neste sentido negativo, a igualdade não deixa espaço senão para a aplicação absolutamente igual da norma jurídica, sejam quais forem as diferenças e as semelhanças verificáveis entre os sujeitos e as situações envolvidas".[171]

Denota-se, portanto, ser a questão da igualdade perante a lei importante vitória e conquista da Estado moderno, na medida em que até então vigiam os critérios da desigualdade, favorecendo e marcando a sociedade

---

[169] Silvana Maria CARBONERA em trabalho não publicado, intitulado "Algumas considerações acerca das relações jurídicas de família: seus sentidos e conteúdos", apresentado perante o Grupo de Pesquisa da Pós-Graduação em Direito da UFPR – Virada de Copérnico – Diálogos de Direito Civil, Curitiba, 2000, assim assinalou ao citar Francisco dos Santos Amaral Neto: "Além do racionalismo, 'que considerava a razão como guia infalível da sabedoria' e no campo do direito foi denominado de jusracionalismo, também o iluminismo, enquanto 'movimento filosófico, que defendia a ciência, a racionalidade crítica contra a fé, a superstição, o dogma religioso' e o individualismo, que em sua concepção jurídica compreende o indivíduo 'como a única finalidade ou a fonte das regras ou mutações jurídicas', foram idéias informadoras do processo de construção do sistema jurídico moderno, especialmente da codificação".

[170] Visto sob o conceito material do Estado de Direito, salienta Roger Raupp RIOS: "O Estado material de direito implica, concretamente, a garantia e realização dos direitos fundamentais enquanto decisões basilares intocáveis na ordem constitucional; eles convertem-se em limites e parâmetros orientadores da ação estatal". (*O princípio da igualdade...*, p. 50)

[171] RIOS. *O princípio da igualdade* ..., p. 38.

feudal pelas ordens de favoritismos e privilégios indesejáveis, dado que a sociedade feudal era marcada pela desigualdade sociopolítica e econômica das pessoas. Assim, a igualdade formal como princípio do Estado de Direito vem universalizar o tratamento isonômico de todos diante da lei.

Oriundo desse contexto universalizante da norma, a fim de possibilitar o tratamento igualitário formal, surge a categoria do sujeito de direito como elemento central da relação jurídica, dotado de total abstração[172] e universalidade, abarcando em si (tendo como conteúdo) todas as pessoas como possíveis detentoras de direitos e aptas a contrair obrigações.[173]

A categoria do sujeito de direito neutro e abstratamente considerado foi o mecanismo legal encontrado pela sociedade burguesa para viabilizar o tratamento igualitário e superar as distinções e desigualdades inerentes aos homens daquele cenário político. Este sujeito de direito foi concebido juridicamente como sendo livre e igual, embasado na autonomia de sua vontade para estabelecer as relações jurídicas que entendesse convenientes. Assim, este sujeito de direito, na verdade, o burguês, foi concebido para um Código patrimonialista e como ensina Luiz Edson Fachin:

> [...] coerente com o sentido do individualismo jurídico, ou seja, um tipo cuja preocupação é a de dar conta do indivíduo, ou ainda, do sujeito de direito em relação a cada um desses três pilares; isto é, do sujeito que contrata, que se obriga, que vai adimplir com as obrigações assumidas, que pode estar em mora, que vai responder pela mora na *perpetuatio obligationis*, enfim, com todas as conseqüências das obrigações; o sujeito que contrata e se obriga, é senhor de titularidades que pode realizar um projeto parental, e ao cabo de sua vida, tem a possibilidade também de transmitir, mediante o legado ou a deixa testamentária, o patrimônio [...]. É um conceito superado por sua própria insuficiência, denunciada pela tentativa de captar, atemporalmente, pessoas, nexos e liames.[174]

Tem-se, pois, que o sistema jurídico cria mecanismos e forja categorias chamando para si a definição de quem é o sujeito de direito, ou seja, aquele que, atingindo a maioridade que é dada pelo sistema, contrata, compra e vende, casa-se com quem o sistema também define que pode se casar e, ao morrer, pode testar e transmitir seu patrimônio. Nesse contexto está embutida a igualdade formal, ou seja, com base na autonomia da vontade, todos podem contratar, comprar, contrair matrimônio e transmitir

---

[172] Luiz Edson FACHIN alerta: "E que a pretensão de cientificidade, como a de neutralidade, exige certo distanciamento da realidade social. [...] O sujeito de direito e as pessoas são captadas por uma abstração do mais elevado grau. O sujeito *in concreto*, o homem comum da vida, não integra esta concepção, e o Direito imagina um sujeito *in abstrato* e cria aquilo que a doutrina clássica denominou de 'biografia do sujeito jurídico'". (*Teoria crítica do direito civil* ..., p. 55)

[173] "Com efeito, é direta a relação entre a idéia de igualdade formal e a constituição de uma categoria única, abstrata, de sujeito de direito". (RIOS. *O princípio da igualdade*...., p. 40)

[174] FACHIN, Luiz Edson. *Teoria crítica do direito civil* ..., p. 25-26.

patrimônio. Percebe-se, pois, que a igualdade formal de todos perante a lei migra para o sistema jurídico positivado como uma conquista política que não realiza concretamente a igualdade de todos, mas só daqueles que detêm patrimônio e interesses patrimoniais.

Por isso, o princípio da igualdade visto somente sob seu aspecto meramente formal, ou seja, igualdade universal, genérica e abstratamente considerada frente à lei, tem como seu reverso o não-reconhecimento das particularidades dos destinatários do norma. Cumpre, nesse sentido, destacar o alerta de Roger Raupp Rios ao afirmar: "O resultado que daí advém é a regulação igual de situações subjetivas e objetivas desiguais: eis a aplicação formal da igualdade, contrariando materialmente a consagrada máxima segundo a qual ser justo é tratar igualmente os iguais e desigualmente os desiguais na medida de suas desigualdades".[175]

Esta constatação exsurge na medida em que o caso em concreto é posto diante do sistema jurídico quando, não raras vezes, ocorre o choque entre o princípio da igualdade e as diferenças oriundas da realidade social, tornando aparente a não-conformação fato social/norma jurídica, deixando exposta a fratura e insuficiência de conceitos jurídicos clássicos para tratar de problemas contemporâneos, especialmente no que perquire a categoria do sujeito de direito, pois não há igualdade real entre as pessoas que a norma positivada pretende igualar.

Por outro lado, a igualdade formal, ainda que insuficiente, muitas vezes, para tratar do caso em concreto, exige o tratamento igualitário, isto é, proíbe por sua ampla incidência no sistema jurídico, como princípio constitucional que é, tanto o tratamento não isonômico quanto a implícita discriminação por qualquer traço de diferença.

Entretanto, as cartas constitucionais dos países democráticos, onde se inclui o nosso sistema jurídico, que tem como objetivo e fim do Estado, mais que declarar a igualdade, a persecução concreta e eficaz desta, instituem a persecução da igualdade considerando para tanto, além da vigência dos valores da isonomia, a proibição da utilização de critérios diferenciadores, vetando expressamente toda e qualquer forma de discriminação como estabelece o artigo 3º inciso IV da Constituição Federal brasileira no sentido de "promover o bem de todos, sem preconceitos de origem, raça, sexo, cor, idade e quaisquer outras formas de discriminação". Portanto, o princípio da igualdade constitucionalmente informa o sistema para a busca da igualdade material, ou seja, da promoção da isonomia no contexto da diferença, proibindo a discriminação.

A proteção constitucional contra a discriminação reflete a preocupação com o tratamento igualitário de todos quanto ao exercício dos direitos

---

[175] RIOS. *O princípio da igualdade...*, p. 41.

historicamente consagrados no texto constitucional, ao mesmo tempo em que proíbe favoritismos ou privilégios em decorrência desses critérios diferenciadores.

Olhando a questão sob esse prisma da não-discriminação, verifica-se que a aplicação da igualdade material aponta a insuficiência da concepção burguesa do sujeito de direito como categoria universal e abstrata para reconhecer na realidade do cotidiano as diferenças sociais, culturais, econômicas, étnicas, sexuais, etc., que mesclam e formam a organização social, exigindo do sistema jurídico a consideração do sujeito de direito de carne e osso, que no dizer de Jussara Meirelles representa o *"sujeito real*, que corresponde à pessoa verdadeiramente humana, visto sob o prisma de sua própria natureza e dignidade, a *pessoa gente"*.[176]

Dessa forma, a concepção contemporânea do direito e do avanço da ciência jurídica para ficar rente ao fato social necessita e pressupõe perceber e valorar a diferença, o que implica, necessariamente, em se repensar e portanto, reconstruir o conceito jurídico de sujeito de direito, onde se possa perceber a diferença e a partir dela implantar a igualdade de tratamento.[177]

A aplicação concreta do princípio da igualdade implica, pois, um juízo necessário de comparação entre duas ou mais pessoas, categorias ou situações, possibilitando a partir desse juízo de comparação o tratamento diferenciado de um em relação ao outro sempre que a situação concreta assim o exigir.

Resta, no entanto, a atenção para que esse tratamento diferenciado não se revista de discriminação, ou seja, para que não se preste a manter ou acirrar a desigualdade, desvelando em tais situações, sutilmente, um valor negativo em relação à diferença. E esse é um dado facilmente constatado sob o viés da identidade sexual, na medida em que ainda não se romperam completamente as barreiras que entendem a hegemonia da sexualidade sob o prisma da heterossexualidade, como constatou Rodrigo da Cunha Pereira ao afirmar: "Nas culturas ocidentais contemporâneas, a homossexualidade tem sido, até então, a marca de um estigma. Relega-se sempre à marginalidade aqueles que não têm suas preferências sexuais de acordo com determinados padrões de moralidade. Esta estigmação não é

---

[176] MEIRELLES, Jussara. *O ser e o ter na codificação civil brasileira* ..., p. 91. (grifos do autor)

[177] "A tendência contemporânea é o abandono dessas concepções abstratas e genéricas, e isso também se mostra não apenas em relação aos que são titulares de direito, como também em relação àquilo que pode ser o objeto dessa titularidade. Há situações em que a noção clássica, tanto de pessoa quanto de coisa, não mais corresponde ao sentido que o Código Civil imprima a esse tipo de realidade. Nos dias correntes, a relação jurídica está passando por uma transformação significativa, a partir de uma nova formulação, que deixa o cunho da abstração e da generalidade de lado e que leva sempre em conta a situação concreta do sujeito e do objeto da relação jurídica". (FACHIN, Luiz Edson. *Teoria crítica do direito civil* ..., p. 88-90)

só em relação à homo ou heterossexualidade, mas para qualquer comportamento sexual 'anormal', como se isso pudesse ser controlado e colocado dentro de um 'padrão normal'".[178]

Tendo-se a heterossexualidade como o único padrão para se exercer a sexualidade, automaticamente, as referências a outras formas ou identidades sexuais são impingidas de "anormais" e, conseqüentemente, de depreciação e de um juízo de desqualificação do sujeito que a elas pertence, o que reforça, nas palavras de Luiz Edson Fachin, um "sinal uniforme e monolítico, incapaz de compreender a pluralidade psicossomática das pessoas".[179]

Daí a importância de se pensar o direito pelo prisma da interdisciplinariedade, pois os conceitos rumam para o sistema jurídico a partir da influência que este recebe das outras áreas do saber. E, no tocante à sexualidade humana, mostra-se extremamente sensível à transformação de categorias e à ruptura de conceitos fechados, impregnados de ignorância que as ciências biológicas, em especial a medicina e a psicologia, vêm descortinando.

A história mostra a evolução do homem, do conhecimento, dos conceitos sobre si e sobre a natureza que o cerca. A ciência vem, muito especialmente na última década, marcando uma verdadeira "revolução copérnicana" em conceitos médicos, biológicos e psicológicos, constatando que a natureza humana é complexa, e plurais são as formas de sua exteriorização no tocante à sexualidade.

A alteração de conceitos e verdades das ciências biológicas, em geral, vêm penetrando no sistema jurídico, exigindo tanto interpretações dotadas de novo sentido e conteúdo, como também a criação de novas normas a possibilitar o enlace jurídico dessa alteração.

Para o direito, fora as questões de ordem moral que impregnaram os conteúdos jurídicos, o sexo sempre esteve atrelado à procriação, sendo legitimado na geração de filhos no seio da família matrimonializada. Entretanto, dada a fantástica evolução da genética e das modernas técnicas de inseminação artificial, esvaziou-se de significado o conceito do sexo meramente procriativo, abrindo-se um novo horizonte para o conceito da sexualidade também na ótica jurídica. O tema da sexualidade está latente no discurso jurídico e aponta intrigantes problemáticas sociais para as quais deve voltar-se o tratamento legal, ou seja, a tutela jurídica do Estado.

---

[178] PEREIRA, Rodrigo da Cunha. *Direito de família*: uma abordagem psicanalítica. Belo Horizonte: Del Rey, 1997, p. 43.
[179] FACHIN, Luiz Edson. Aspectos jurídicos da união de pessoas do mesmo sexo. *Revista dos Tribunais*, São Paulo, a. 85, v. 732, p. 49, out. 1996.

No que concerne ao tema da sexualidade, mencionam-se as considerações médico-psicológicas quanto ao transexualismo. Assim, a partir da constatação da incompatibilidade entre anatomia física da pessoa e sua percepção psíquica correlata, o direito transformou-se para permitir legalmente as intervenções cirúrgicas para a mudança do sexo.[180] Já, em relação à homossexualidade, as pesquisas que a desqualificam como doença, ou como desvio comportamental a merecer tratamento no sentido do reestabelecimento à normalidade, ou seja, a heterossexualidade, tem demonstrado ao direito que tal identidade sexual é somente mais um outro modo de se exercer a sexualidade humana e de possibilitar àqueles que assim se percebem o direito da busca da plena felicidade[181] individual, que somadas formam o bem comum perseguido como o fim do Estado Democrático de Direito.

O Estado Democrático de direito pressupõe a inclusão[182] das minorias e seus anseios, ainda que o sejam sob o predomínio das maiorias. O Estado de Direito Democrático permite a conformação das diferenças, abrindo espaço para reivindicações das minorias com base na igualdade de todos e com sustentação no princípio constitucional da dignidade humana intrínseca a todas as pessoas, quer formem o contexto da maioria ou das minorias sociais.

O Estado Democrático de direito material implica o respeito e a garantia de realização dos direitos fundamentais para todos os cidadãos individualmente considerados, e na questão atinente aos homossexuais implica, além da possibilidade do reconhecimento dessa identidade sexual, na proibição de discriminação ou de tratamento diferenciado oriundo única e exclusivamente da identidade, ou da orientação sexual das pessoas.

Por isso, ou seja, para realizar o Estado Democrático de Direito, no qual haja espaço para as minorias e para a pluralidade social, o tratamento isonômico, visto sob sua aplicação concreta, deve excluir um nivelamento automático entre pessoas diversas e respeitar as diferenças e desigualdades.

---

[180] O presente trabalho não trata destas questões. Para tanto, remete-se o leitor para três outras obras que tratam desse tema sob o enfoque jurídico. (SZANIAWSKI, Elimar. *Limites e possibilidades do direito de redesignação do estado sexual*. São Paulo: RT, 1999; ARAÚJO, Luiz Alberto David. *A proteção constitucional do transexual*. São Paulo: Saraiva, 2000; PERES, Ana Paula Ariston Barion. *Transexualismo*: o direito a uma nova identidade sexual. Rio de Janeiro: Renovar, 2001).

[181] Luiz Alberto David de ARAÚJO define felicidade como "[...] um estado de ventura, que atende à multiplicidade de valores e anseios do ser humano, individualmente considerado. Não se pode falar de felicidade geral, mas da felicidade de cada ser humano. A felicidade geral é a soma das felicidades individuais atendidas." (*A proteção constitucional do transexual ...*, p. 106).

[182] Rodrigo da Cunha PEREIRA, na palestra proferida no Congresso Brasileiro de Direito Privado em outubro/97 em Olinda-PE, afirma ser "O direito [...] um dos mais importantes instrumentos de inclusão e exclusão das pessoas do laço social. É o Estado, através de seu ordenamento jurídico quem prescreve as normas de apropriação ou expropriação à categoria dos cidadãos. [...] E um dos principais critérios de expropriação da cidadania sempre foi o de desconsiderar o diferente".

Entretanto, essas diferenças não podem ser frutos de uma cultura preconceituosa, mas devem ter justificativa e fundamentação jurídica relevantes, pois não se pode permitir que o tratamento juridicamente diferenciado se preste como mecanismo a acirrar as desigualdades, mas sim a permitir o exercício legítimo da diferença. O tratamento diferenciado não deve e não pode se prestar para reduzir a gama dos direitos das minorias, mas sim para ampliá-los, daí por que para se justificar um tratamento diferenciado que, ao invés de promover, reduza a abrangência do princípio isonômico e dos direitos fundamentais, é preciso se estar diante de uma fundamentação jurídica rigorosa.

Roger Raup Rios, ao tratar do tema da igualdade, alerta para a possibilidade do tratamento desigual ou diferenciado legítimo, residindo nessa possibilidade a questão central de se saber quando se está diante de uma situação que reclame o tratamento juridicamente diferenciado. Alerta esse autor que para haver justificativa do tratamento desigual ou diferenciado é preciso se estar diante de um fundamento racional, lógico,[183] pois, do contrário, ao invés de um tratamento legitimamente diferenciado, poderia se estar diante de uma arbitrariedade, o que contraria o princípio da igualdade tido sob seu aspecto material e também formal.[184]

Assim, diante da ausência de uma justificação racional lógica, o que exige um alto grau de fundamentação[185] para embasar o tratamento diferenciado, a obrigatoriedade do tratamento isonômico se impõe na medida em que essa aplicação pode significar restrição e mesmo afronta direta ao direito fundamental da igualdade. "A igualdade formal estabelece uma interdição para a diferenciação de tratamento: as desigualdades só poderão ser toleradas se fundadas em motivos racionais, em indagação que, por ser pertinente à dimensão material do princípio da igualdade, ultrapassa o âmbito da igualdade formal".[186]

Olhando a questão da homossexualidade pelo prisma do princípio da igualdade da lei, não há como se negar a quem possui identidade homos-

---

[183] "[...] As discriminações são recebidas como *compatíveis com a cláusula igualitária apenas e tão somente quando existe um vínculo de correlação lógica* entre a peculiaridade diferencial acolhida por residente no objeto, e a desigualdade de tratamento em função dela conferida, *desde que tal correlação não seja incompatível com interesses prestigiados na Constituição*". (MELLO, Celso Antônio Bandeira de. *Conteúdo jurídico do princípio da igualdade*. 3. ed. São Paulo: Malheiros, 1999, p. 17)

[184] E como alerta Celso Antonio Bandeira de Mello citado por Luiz Alberto David ARAÚJO: "Violar um princípio é muito mais grave do que transgredir uma norma. A desatenção ao princípio implica ofensa não apenas a um específico mandamento obrigatório mas a todo o sistema de comandos". (*A proteção constitucional do transexual ...*, p. 83)

[185] Sobre a obrigatoriedade de um alto grau de fundamentação para permitir um tratamento desigual, remete-se o leitor à obra de Roger Raupp RIOS (*O princípio da igualdade ..., op. cit.*) e à discriminação por orientação sexual em especial às páginas 76 a 83 ao tratar, deste tema, no direito norte-americano.

[186] RIOS. *O princípio da igualdade...*, p. 129.

sexual os mesmos direitos concedidos aos heterossexuais, unicamente por causa da orientação sexual daqueles.[187] De fato, o princípio da igualdade será violado sempre que o fator diferencial utilizado para embasar o tratamento diferenciado for única e exclusivamente a orientação sexual do indivíduo. Ou seja, quando este fator diferencial não guardar conexão lógica com a disparidade de tratamento jurídico dispensado, estar-se-á diante de uma arbitrariedade, e não de um tratamento legitimamente diferenciado. O princípio isonômico em relação aos homossexuais estará violado quando a homossexualidade for utilizada como um critério discriminatório, sem justificativas racionais, as quais encontram sua base nos valores estabelecidos na ordem constitucional, especialmente nos direitos fundamentais.[188]

Em relação à faculdade de exercício da paternidade, aqui estendido também à maternidade, considerado como um direito subjetivo de todo e qualquer cidadão, assegurado pelo princípio da igualdade estabelecido nos moldes do artigo 5º da Constituição Federal de 1988, resta juridicamente possível que os homossexuais busquem na adoção de crianças a forma de conformar o faculdade de exercer a paternidade ao mesmo tempo que tal direito subjetivo viabiliza a concretização do princípio constitucional da criança ou adolescente à convivência familiar e comunitária, ou seja, efetiva um direito que a sociedade entendeu como fundamental a toda criança, que é o direito a pertencer a uma família nos moldes estabelecidos pelo art. 227 da Constituição Federal de 1988.[189]

Não parece sustentável sob o ponto de vista ético e também jurídico que se negue o direito à formação de uma família tanto a uma criança quanto a um indivíduo ou casal somente por conta da orientação sexual destes, na medida em que o artigo 5º da Constituição Federal veda a discriminação por conta do sexo, neste entendido todo o contexto da sexualidade. Sendo este também o entendimento trazido pelos Desembar-

---

[187] "[...] em cada uma das questões onde surgir a indagação sobre a possibilidade da equiparação ou da diferenciação em função da orientação sexual, é de rigor a igualdade de tratamento, a não ser que fundamentos racionais possam demonstrar suficientemente a necessidade de tratamento desigual, cujo ônus de argumentação será tanto maior quanto mais intensa for a distinção examinada. No caso da homossexualidade [...] constata-se que o estágio do conhecimento humano que hoje compartilhamos desautoriza juízos discriminatórios com base exclusiva no critério da orientação sexual". (*Ibidem*, p. 136)

[188] Ou como ensina Celso Antônio Bandeira de MELLO: "[...] tem-se que investigar, de um lado, aquilo que é erigido em critério discriminatório e, de outro lado, se há justificativa racional para, à vista do traço desigualador adotado, atribuir o específico tratamento jurídico construído em função da desigualdade afirmada". (*Conteúdo jurídico ...*, p. 38)

[189] "*CF* – Artigo 227. É dever da família, da sociedade e do Estado assegurar à criança e ao adolescente, com absoluta prioridade, o direito à vida, à saúde, à alimentação, à educação, ao lazer, à profissionalização, à cultura, à dignidade, ao respeito, à liberdade e à convivência familiar e comunitária, além de coloca-los a salvo de toda forma de negligência, discriminação, exploração, violência, crueldade e opressão".

gadores da Câmara Especial do Tribunal de Justiça do Estado de São Paulo ao julgarem pedido de adoção formulado por uma mulher com orientação homossexual ao asseverarem:

> Não procede o inconformismo externado pelo digno Promotor de Justiça, que, a despeito das conclusões favoráveis dos relatórios social e psicológico, pede o indeferimento do pedido de adoção formulado somente em virtude da homossexualidade da requerente. [...]. Conforme bem ressaltou a lúcida Procuradora de Justiça oficiante, referindo-se à instrução do feito, às pessoas ouvidas discorreram sobre a relação entre a menina e a apelada e entre esta e sua companheira em extensos depoimentos, dos quais depreende-se que: a relação entre a menina e a requerente é de mãe e filha, com o reconhecimento desses papéis (inclusive uma das testemunhas é psicóloga), a requerente tem conduta ilibada, tem seu próprio trabalho e casa e é bem vista pela comunidade onde reside e trabalha [...]. Conclui, corretamente, que a opção sexual da requerente, que no caso presente não interfere na educação a ser ministrada à criança, não pode servir para, isoladamente, afastar a possibilidade da adoção. Entendimento diverso poderá ser considerado discriminatório.[190]

### 3.2. Da paternidade e da descendência

Uma questão extremamente polêmica e ainda bastante incerta no ordenamento jurídico atual quanto à homossexualidade é a que diz respeito à possibilidade de a paternidade biológica ou adotiva ser uma faculdade a ser exercida pelos homossexuais.

O tema que envolve a possibilidade da adoção por homossexuais ou até por casais homossexuais é uma problemática que inquieta vários os operadores, pois não só o direito como também as demais ciências sociais se preocupam com o sujeito e com as entidades familiares a eles inerentes. Entretanto, a existência de lares compostos por homossexuais e filhos é um fato social, como revela a revista Veja em uma reportagem intitulada "Meu pai é gay. Minha mãe é lésbica", ao constatar que "ganha corpo um novo tipo de família: a composta de homossexuais assumidos, que são pais por adoção, inseminação e até mesmo pelo método biológico tradicional".[191]

---

[190] SÃO PAULO. Tribunal de Justiça. Adoção – Pedido efetuado por pessoa solteira com a concordância da mãe natural – Possibilidade – Hipótese onde os relatórios social e psicológico comprovam condições morais e materiais da requerente – Circunstância que, por si só, não impede a adoção que, no caso presente, constitui medida que atende aos superiores interesses da criança, que já se encontra sob os cuidados da adotante há mais de 3 (três) anos- Recurso não provido. Ap. Cível n. 51.111-0/5-00. Câm. Especial. Rel. Des. Oetterer Guedes com a participação dos Des. Djalma Lofrano e Yussef Cahali, votação unânime. 11 nov. 1999.

[191] *Revista Veja*, São Paulo, ed. 1.708, a. 34, n. 27,P. 66-70, 11 jul. 2001. Fato também abordado pela *Revista Veja*, ed. 1.636, a. 33, n. 7, p. 107, 16 fev. 2000, e pela *Revista Marie Claire*, Rio de Janeiro, n. 68, p. 112, nov. 1996.

A verificação da existência de famílias formadas por homossexuais e filhos desnuda a importância de se refletir tanto sobre as conseqüências legais que essas relações podem trazer para o direito, como sobre a perspectiva de se reconhecer o direito que os homossexuais devem ter de formar uma família não somente no eixo da conjugalidade do par, mas também por meio da consecução de um projeto parental, assegurando-lhes portanto a possibilidade plena da adoção de crianças, onde a orientação sexual não se mostre um entrave revelado ou não para a habilitação do adotante.

Cumpre esclarecer que, para fins da presente análise, foram adotados os conceitos de projeto parental, paternidade e filiação entendidos sob o ângulo do vínculo jurídico entre pais e filhos que, além de não fazer distinção entre as várias formas de filiação (consangüínea, adotiva, oriunda do casamento, etc.), abarca igualmente o direito à maternidade das mulheres.

No que diz respeito às mulheres homossexuais parece haver certa "vantagem" destas sobre os homens no sentido de realizarem o projeto parental dadas as questões biológicas que permitem a própria gestação, quer mediante a fecundação através de ato sexual heterossexual, quer mediante a utilização de material genético de um doador para possível reprodução assistida. Isso, obviamente, não acontece com os homens homossexuais, os quais necessitam de uma participação mais ativa de uma mulher, pois, além da eventual doação do material genético, há a necessidade da colaboração feminina na gestação da criança, o que sem dúvida implica inúmeros problemas éticos e jurídicos, cuja discussão está fora dos limites deste trabalho.

Parte-se, portanto, da constatação empírica no sentido de atualmente, dadas as conquistas já consagradas da engenharia genética, ter-se dado a completa dissociação do ato sexual possível, mas não necessário, da fecundação humana, o que torna plausível no plano dos fatos a existência de prole por pais biológicos homossexuais.

Entretanto, a dissociação do ato sexual da procriação que pressupõe e necessita da diversidade de sexos não é o enfoque do presente trabalho. Acredita-se que a obrigatoriedade de pessoas homossexuais manterem relacionamento heterossexual ou se submeterem às inseminações artificiais para poderem exercer a faculdade a ter filhos e a constituir uma família não deve ser o caminho necessariamente percorrido. Primeiramente, por tal obrigatoriedade violar o princípio fundamental da dignidade e da igualdade. Também por poder descortinar um possível caráter eminentemente egoístico dessa paternidade, porque, ao menos em tese, poderia sugerir um interesse individual preponderante do homem ou da mulher para se realizarem como pai ou como mãe, em detrimento da criança a ser gerada. Ela estaria à mercê dessa realização, portanto esse filho poderia ser considerado como mero objeto egoístico do desejo paterno/materno.

A perspectiva adotada para o que se entende de projeto parental é que a criança de objeto tão-somente passe a sujeito do vínculo paterno-filial, pois na construção desse laço afetivo é que ocorre tanto a realização da pessoa e da personalidade do pai (ou da mãe) quanto do filho.[192]

Não que esse encontro afetivo entre pai e filho não ocorra ou possa se dar quando a filiação aqui referida provenha da consangüinidade, ou seja, quando os pais homossexuais possam utilizar as modernas técnicas de reprodução humana assistida,[193] ou mediante a consecução de ato sexual com pessoa de outro sexo. Melhor dizendo, a homossexualidade não tem qualquer vinculação com o potencial de fecundidade humana para a geração de filhos, ou seja, a capacidade de fecundação e reprodução não está relacionada com a forma do exercício da sexualidade, ou com o chamado sexo recreativo.[194]

Parte-se, portanto, da verificação da realidade social, que é o fato de os homossexuais, independentemente do que assevere o sistema jurídico, poderem gerar filhos, quer seja utilizando-se da moderna engenharia genética, quer seja mediante a colaboração consentida ou não de terceiro (homem, no caso da mulher homossexual, ou mulher no caso do homem). Fala-se, nesta hipótese, em colaboração consentida, pois tais terceiros, no caso da mulher mais facilmente, poderem vir a ser "utilizados" para a consecução de um projeto parental unilateral, sem que assim o saibam ou na realidade o queiram. Isto é, não se advoga aqui a realização dessa faculdade à paternidade a todo e qualquer custo, em que a desconsideração do outro seja a regra, quer esse outro seja a criança desejada, a mulher que será a mãe ou o homem que biologicamente será o pai. Mas, sim, do direito dos homossexuais poderem optar por qual forma pretendem livremente tornarem-se pais, sendo a adoção uma destas possibilidades, quando atender os interesses da criança ou do adolescente.

É justamente na perspectiva de não incentivar a utilização egoísta e individualista do outro, quando esse outro possa ser colocado a serviço

---

[192] Como afirmam José Lamartine Corrêa de OLIVEIRA e Francisco José Ferreira MUNIZ: "O amor entre pais e filhos conduz a um profundo enriquecimento da vida do adulto e é irrenunciável pressuposto do desenvolvimento do filho". (*Direito de família* ..., p. 33).

[193] Entre nós, a partir da Lei nº 9.263 de 12.01.96, que institui o planejamento familiar, há autores que defendem a possibilidade da adoção das técnicas de reprodução humana assistida por uma pessoa solteira.

[194] Sobre esta constatação, asseverou Luiz Carlos de Barros FIGUEIRÊDO: "Embora pareça óbvio, é preciso que se registre que não existe nenhuma lei no país que vede ou restrinja que alguém possa adotar por ser homossexual, até porque seria ela inconstitucional, sem se falar que materializaria erro de percepção da realidade, na medida em que homens e mulheres homossexuais também podem gerar filhos biológicos". (*Adoção para homossexuais*. Curitiba: Juruá, 2002, p. 71)

desse egoísmo e ter, assim, mitigada sua dignidade de pessoa, que se entende deva ser juridicamente assegurado e passível de efetivação o direito à paternidade dos homossexuais mediante a adoção de crianças ou adolescentes. No que concerne à adoção, mais do que um interesse e exercício superior da paternidade, estaria sendo assegurado à criança – que ainda não o tenha – o direito constitucional a uma família, que por outra via, além do acesso ao afeto, valor fundamental à estruturação psíquica de toda e qualquer pessoa, trará como conseqüência para esse universo infantil o acesso a uma teia maior de direitos fundamentais, tais como educação, saúde, lazer, etc. Direitos estes certamente não encontrados na maioria das casas de abrigo para crianças abandonadas no Brasil.

Também, não se trata de atrelar o direito subjetivo à paternidade dos homossexuais a qualquer caráter beneficente do instituto da adoção, mas trata-se do fato de se verificar que a adoção por homossexuais possibilita o encontro de dois direitos de personalidade extremamente relevantes a todo e a qualquer ser humano que são: a faculdade jurídica a ter filho e o direito a ter pais. Direitos estes que percorrem a história da humanidade através dos tempos e como arquétipos[195] de ancestralidade e de descendência atuam sobre o complexo feixe de emanações da personalidade humana.[196]

---

[195] Adotou-se o conceito de arquétipo dado pelo psicólogo e psicanalista suíço (1875-1961) Carl Gustav Jung, segundo o qual arquétipos são imagens psíquicas do inconsciente coletivo, que são patrimônio comum a toda a humanidade. (Novo dicionário Aurélio, p. 167). Claude LATRY esclarece esse conceito junguiano da seguinte forma: "Como acontece com os animais existe nos humanos certos comportamentos que são predeterminados e esperam momento propício para se colocar em ação. Eles são comuns a toda a espécie humana e representam os programas de base de uma vida e são estimulados pelos contatos com o meio ambiente. Estes comportamentos são chamados instintos. Da mesma forma que estes instintos comandam nossos comportamentos existem fenômenos que governam nosso modo de sentir e de pensar. Jung lhes deu o nome de ARQUÉTIPOS. Estas tendências do psiquismo para pré-modelar seus conteúdos se manifestam em nós sob a forma de imagens ou idéias. Por exemplo, o pensamento humano procede geralmente comparando os opostos tais como o calor, o frio, o alto e o baixo, o yin e o yang, ou ainda os humanos se comportam da mesma maneira diante da necessidade de segurança ou diante do perigo sem que ninguém tenha lhes ensinado estas formas de reação. Os arquétipos, como tudo aquilo que é coletivo, são impessoais e têm necessidade de serem personalizados, isto é, experimentados por meio de uma relação. A relação de amor com seu cortejo de fantasmas de emoções e idealizações que a acompanha é um exemplo". (O pai. Trad. Vitor Pedro Calixto dos Santos. Disponível em: http://www.symbolon.com.br/o_pai.htm. Acesso em: 01/12/98, p. 3).

[196] Para Edgar MORIN "A identidade individual e colectiva afirma-se, já não na pertença imediata a um grupo determinado como na sociedade primária, mas pelo e no conjunto dos fios noológicos que ligam o indivíduo a sua parentela real e mítica, e que dão a uma cultura a sua identidade singular. O nome liga a identidade individual a uma filiação sociocultural: estabelece ao mesmo tempo a diferença e a pertença: é-se 'filho de', não só dos genitores, mas descendentes do antepassado, filho da sociedade. O mito mantém a recordação, o culto, a presença do antepassado, mantendo por isso a identidade colectiva-individual. Este tema do antepassado, das origens, da genealogia, repete-se, obsessivamente, nos símbolos, nas tatuagens, nos emblemas, nos enfeitos, nos ritos, nas cerimónias, nas festas". (O paradigma perdido: a natureza humana. 5. ed. [s.l.]: Europa-América, [s.d.], p. 164)

Não se trata apenas de defender a possibilidade da filiação, quer biológica, quer adotiva, obtida pelas pessoas de orientação homossexual, mediante subterfúgios naturais ou até legais,[197] mas sim garantir a possibilidade jurídica outorgada pelo sistema positivado, que confere o direito subjetivo à paternidade estendido a todas as pessoas que pretendam se realizar como pais, independentemente da orientação sexual que possuam, pois a realidade social só faz comprovar as palavras de Adauto Suannes: "Quem trabalhou ou trabalha em Vara de Família ou em Vara de Infância e Juventude sabe muito bem que a heterossexualidade dos pais não é garantia de quase nada".[198] Ou seja, não é a opção sexual dos pais que vai garantir a integridade das crianças, mas a personalidade deles e a forma como lidam com as necessidades infantis e seu sensível mundo em construção.

Nesse sentido, necessário se faz abordar o sistema jurídico brasileiro sob a perspectiva de uma hermenêutica que atente para a realidade social do mundo contemporâneo onde o conceito de justiça exige a percepção e o respeito à diferença, na medida em que hoje vários são os modos de se buscar a felicidade e de se constituir uma família. Buscando, portanto, ser assegurado o direito à paternidade como um direito subjetivo decorrente da personalidade dos homossexuais, é que se entende ser possível no contexto jurídico brasileiro a adoção de crianças ou adolescentes por homossexuais.

Sob o enfoque eminentemente legal da possibilidade da adoção de uma criança ou adolescente por um homossexual não há no ordenamento jurídico brasileiro nem norma objetiva que proíba nem que expressamente a autorize. Exceção feita ao Projeto de Lei da Parceria Civil Registrada,

---

[197] Registre-se ainda a possibilidade da chamada "adoção à brasileira" como ressalta o juiz Luiz Carlos de Barros FIGUEIRÊDO: "Diante da visão radical do aparelho estatal, onde o simples fato de alguém solteiro (principalmente se for homem) pleitear adotar, já coloca sua sexualidade em 'xeque'; a alternativa tem sido a chamada 'adoção à brasileira', registrando a criança diretamente em cartório, como se fosse seu filho biológico, o que consubstancia o tipo penal do artigo 242 do Código Penal, levando o agente em tese ao risco de uma apenação de até 6 (seis) anos de reclusão. Tal circunstância nos remete a traçar um paralelo com o trabalho do eminente Boaventura de Souza SANTOS no original trabalho 'Notas sobre a história jurídico-social de Passárgada, a respeito dos 'direitos' dos favelados na medida em que aqui também se observa a exclusão à cidadania aos homossexuais, de sorte que a ilegalidade 'existencial' a que alude Boaventura permitiria que qualquer deles que pretendesse adotar tivesse dito as frases colhidas pelo referido autor: 'nós éramos e somos ilegais', ou 'os juízes têm de aplicar o código, e pelo código não temos direito algum'. Ou, por outras palavras, ao promoverem 'adoções à brasileira' nada mais estão a fazer do que organizar suas vidas lateralmente, de acordo com aquilo que consideram justo. Provam, com isso, que o direito não pode ser visto como monopólio do Estado, quando exclui uma parcela ponderável da população que culmina por realizar o ato sem o julgamento do 'Estado – juiz' e, na prática, estão criando uma instituição jurídica rápida e eficaz". (FIGUEIRÊDO, Luiz Carlos de Barros. *Adoção para homossexuais* ..., p. 57-58)

[198] *Apud* Maria Berenice DIAS (*União homossexual* – o preconceito e a justiça ..., p. 101).

da então deputada federal Marta Suplicy, Projeto n° 1.151/95, que aguarda votação no Senado Federal, o qual expressamente veta aos casais homossexuais, cuja relação seja registrada sob os efeitos da Parceria Civil, a possibilidade de adotarem crianças conjuntamente.[199]

Entende-se que o fato de o Projeto de Lei da Parceria Civil registrada vetar a adoção de crianças por casais homossexuais deriva de uma questão estratégica no sentido de se buscar construir um primeiro espaço de jurisdicização para a homossexualidade, para a partir daí assegurar aos homossexuais outros direitos. Nessa perspectiva de assegurar-lhes um mínimo de direito, o Projeto da Parceria Civil Registrada tem como finalidade e motivação legislativa a perspectiva de regulamentação dos possíveis efeitos patrimoniais oriundos das relações homossexuais, visto que a possibilidade de os casais homossexuais registrarem legalmente sua relação e os possíveis efeitos dela decorrentes elevam a homossexualidade a outro patamar e *status* social, prestando-se o direito como um instrumento e mecanismo para abrandar o preconceito social que sobre os homossexuais recai.

Entretanto, mesmo nesta perspectiva eminentemente patrimonial a qual o projeto se destina, muitas são as resistências por parte das bancadas mais conservadoras do Congresso Nacional, pois sabem os congressistas que este projeto, sob a via de regular as uniões homossexuais, implicitamente se propõem a reconhecer outras formas de organização da família e, se sendo vitorioso, iniciará uma trajetória crescente para a conquista dos demais direitos dos homossexuais, porque a regulamentação das uniões insere os homossexuais progressivamente na gama de outros direitos a que legalmente têm acesso os heterossexuais. O Projeto da Parceria Civil Registrada pretende regulamentar juridicamente direitos oriundos da vinculação entre o par, vetando expressamente a possibilidade de o casal homossexual adotar crianças, por uma questão política, dadas as naturais dificuldades que esse projeto, por tratar de tema tão estigmatizado, enfrentou e continua enfrentando no cenário legislativo.[200]

---

[199] "Como o legislador brasileiro se nega a emprestar juridicidade às relações homoeróticas, nenhuma previsão legal há autorizando ou vedando a adoção. A primeira tentativa legiferante – o projeto de regulamentação da união civil, de autoria da então deputada Marta Suplicy- omitiu-se em abordar tal questão, sob a justificativa de que o tema possui foro próprio de abordagem. No substitutivo aprovado pela Comissão de Constituição, Justiça e Redação, foi introduzido o § 2º ao artigo 3ª do seguinte teor: 'São vedadas quaisquer disposições sobre adoção, tutela ou guarda de crianças ou adolescentes em conjunto, mesmo que sejam filhos de um dos parceiros'".

[200] Maria Celina Bodin de MORAES traz relevantes considerações e uma primorosa síntese da pretensão do Projeto da Parceria Civil Registrada, Projeto de Lei 1151/95 as quais entende-se conveniente serem transcritas. Alega a autora sobre o Projeto de Lei 1151/95: "De um lado, procurou evitar, cuidadosamente, qualquer menção aos termos família, entidade familiar, relações familiares ou casamento, na tentativa de fazer com que o vínculo jurídico a ser estabelecido entre duas pessoas do mesmo sexo pareça ter natureza exclusivamente obrigacional; de outro, previu a atribuição de efeitos essencialmente, não patrimoniais, próprios de um projeto de vida conjunto formado na comu-

Ainda que o Projeto da Parceria Civil Registrada não trate especificamente a questão da adoção por homossexuais, não há no sistema jurídico brasileiro positivado norma que vede a adoção por uma só pessoa homossexual, nem há inferência exclusiva de ser a identidade sexual do adotante empecilho ou requisito qualificador para que se dê ou não a adoção por homossexual, o que se houvesse seria imposição flagrantemente inconstitucional, como bem ressaltou Luiz Carlos de Barros Figueirêdo, ao afirmar: "qualquer interpretação impeditiva de que alguém possa adotar fundada apenas em sua opção sexual é grosseiramente inconstitucional".[201]

No entanto, importa destacar que no universo da paternidade se descortina o mais acentuado preconceito contra a homossexualidade, pois persiste o forte estigma que vincula a "boa paternidade" ao exercício da sexualidade heterossexual, desqualificando, automaticamente, o valor da paternidade na presença de outras formas de exercício da sexualidade, daí a discriminação referida e à violação ao direito de os homossexuais ser pai ou mãe, quer seja ele(a) genitor(a) biológico ou não.[202]

---

nhão de afetos". As linhas-mestras da parceria civil registrada, segundo o Projeto n. 115/95, são as seguintes. Como principais efeitos patrimoniais encontram-se previstos efeitos sucessórios, através do usufruto legal, ao parceiro sobrevivente, nos mesmos moldes em que hoje é reconhecido tal direito ao cônjuge supérstite (art. 13 do projeto); benefícios previdenciários na condição de dependente do parceiro assegurado (art.10); qualificação de dependente ao parceiro, para os fins da legislação tributária (art. 17); composição de rendas dos parceiros para aquisição da casa própria e todos os direitos relativos a planos de saúde e seguros em grupo (art. 16); constituição de bem de família sobre o imóvel residencial dos parceiros, assegurando sua impenhorabilidade, ressalvadas as exceções previstas na Lei n. 8009/90 (art. 9º). Além disso, embora não haja disposição expressa, pode-se inferir, pela interpretação global do projeto, que o regime de bens entre os contratantes seria equivalente ao regime da comunhão parcial que vigora para o casamento. Como efeitos pessoais, o Projeto prevê no art. 3º que os parceiros criem para si deveres e impedimentos, de caráter estritamente pessoal. Poderão, ou não, dispor sobre coabitação, fidelidade, obrigação alimentar. No que diz respeito a esses deveres, a serem livremente pactuados, o projeto determina que a sua infração será causa de rompimento do contrato (art. 5º, I). Prevê, ainda, que se dará curatela ao parceiro, com prioridade sobre os membros da família de origem, em caso de incapacidade superveniente do outro (art. 14) e a aquisição da nacionalidade brasileira, através de procedimento facilitado, existindo parceria que vincule brasileiro a estrangeiro (art. 15). Por outro lado, o Projeto não permite, por falta de disposição legal em propósito, a aquisição de sobrenome do parceiro e proíbe, expressamente, a adoção, a tutela e a guarda conjunta aos parceiros, mesmo que se trate de criança ou adolescente filho de um deles, bem com a alteração do estado civil durante a vigência do contrato". (A união entre pessoa do mesmo sexo: uma análise sob a perspectiva civil-constitucional. *Revista Trimestral de Direito Civil*, Rio de Janeiro, a. 1, v. 1, p. 103-104, jan./mar. 2000).

[201] FIGUEIRÊDO, Luiz Carlos de Barros. *Adoção para homossexuais* ..., p. 71.

[202] A esse respeito, a notícia veiculada no jornal Gazeta do Povo em que o juiz de direito da Vara Criminal e de Menores de Santa Luzia, comarca esta localizada na região metropolitana de Belo Horizonte, concedeu a guarda judicial da filha biológica de um deles, ao casal formado pelo pai homossexual e seu companheiro travesti. A referida reportagem traz a declaração do juiz Marcos Henrique Caldeira Brant, prolator da sentença nos seguintes termos: "É uma questão singular, delicada e controvertida. Não se trata de adoção, guarda ou tutela conforme preconiza o Estatuto da Criança e do Adolescente, já que um deles é pai biológico. A justiça está reconhecendo a dois homens que vivem em uma relação homoafetiva, sendo um deles travesti, a garantia de que poderão ficar com a criança. É o reconhecimento da paternidade gay." (GÓIS, Anselmo. Justiça reconhece direito de casal

A questão do exercício de faculdade à paternidade por homossexuais, salvo raras exceções, é quase sempre posta de forma maniqueísta, na base do tudo ou da nada: ou é homossexual ou é pai, pois esses dois atores não podem co-existir numa mesma pessoa. Revela-se dessa forma o discríminem em relação à orientação sexual, já que todos os demais atributos do pai ou da mãe normalmente são totalmente desconsiderados, fixando-se a (des)qualificação da paternidade única e exclusivamente na orientação sexual, dispensando-se todo o potencial humano e os demais atributos afetivos que esta pessoa – pai ou mãe – poderia dar a uma criança, daí o traço e a presença do preconceito e do estigma maior da homossexualidade.

Abordando-se a temática da filiação dos homossexuais por esse prisma do preconceito, parece ficar evidente a violação do princípio da isonomia quando traçado um paralelo com pais biológicos, ou não, que tenham orientação heterossexual. Nessa linha de raciocínio, segue o promotor de justiça do Estado de São Paulo José Luiz Mônaco da Silva, ao afirmar:

> O Estatuto da Criança e do Adolescente não contém dispositivo legal tratando de adoção pleiteada por homossexuais. Por causa dessa omissão, é possível que alguns estudiosos entendam inviável a adoção por homossexuais. A nosso ver o homossexual tem o direito de adotar um menor, salvo se não preencher os requisitos estabelecidos em lei. Aliás, se um homossexual não pudesse adotar uma criança ou adolescente, o princípio da igualdade perante a lei estaria abertamente violado, E mais: apesar da omissão legal, o ECA não veda, implícita ou explicitamente a adoção por homossexuais. O que importa, no substancial, é a idoneidade moral do candidato e a sua capacitação para assumir os encargos decorrentes de uma paternidade (ou maternidade) adotiva.[203]

Entretanto, além da questão do tratamento igualitário que se entende, deve ser deferido aos pais homossexuais, ou àqueles que pretendam realizar-se como pais pela adoção de crianças, procura-se buscar no horizonte jurídico um direito que assegure a todos, que assim o desejem, o exercício da paternidade responsável, ou seja, a tutela do direito à descendência inerente à maioria das pessoas independentemente da sua orientação ou inclinação sexual.[204]

---

gay criar filha. *Gazeta do Povo*, Curitiba, p. 23, 24 out. 2001). Cumpre esclarecer que, apesar de contatos com a assessoria do referido magistrado, bem como com a advogada do casal Rosa Werneck, não foi possível o acesso à sentença e às demais peças processuais (relatórios sociais e psicológicos, parecer da promotoria, etc.) porque, além do segredo de justiça inerente ao feito, houve um compromisso entre as partes e os diversos operadores jurídicos no sentido da não liberação de quaisquer peças dos autos.

[203] SILVA, José Luiz Mônaco da. Adoção: mitos e verdades. *Revista Panorama da Justiça*, São Paulo, a. 5, n. 29, p. 44, [s.d.].

[204] Julga-se necessário trazer as considerações feitas por Marcos Alves da SILVA ao demonstrar que a parentalidade não decorre simplesmente de uma ordem natural das coisas como se dá, no mundo

A perspectiva de reivindicação do exercício da paternidade remete à noção dos direitos que emanam da personalidade, ou melhor, aos direitos subjetivos do ser que em última instância asseguram e concretizam o princípio da dignidade da pessoa humana sob um universo que considera a pessoa, em particular, vinculada ao todo coletivo.

*3.2.1. O direito subjetivo à paternidade*

A partir do momento em que a Constituição Federal de 1988 assegurou a proteção jurídica e *status* familiar às comunidades formadas por um dos pais e filhos, de forma implícita acabou reconhecendo que todas as pessoas podem realizar-se como pais independentemente da constituição prévia de um casamento ou união afetiva permanente. Assim, com o reconhecimento das famílias monoparentais, ocorreu a completa dissociação do estatuto jurídico do casamento e da união estável do estatuto da filiação, pois, classicamente, para o ordenamento legal, este último seria decorrência imperativa dos primeiros.

Logicamente, a Constituição Federal de 1988, ao estender essa tutela de entidade familiar às famílias monoparentais, não teve como finalidade primeira prescrever esse direito individual e subjetivo de as pessoas realizarem-se como pais, mas sim assegurar tutela e *status* constitucional àquelas famílias conformadas sob a monoparentalidade, quer fossem inicialmente oriundas somente de mães ou pais e seus filhos, ou derivadas de eventos como a morte de um dos pais ou de casamentos e uniões desfeitas.

Entretanto, no "avesso da norma constitucional", torna-se possível identificar a proteção de uma faculdade de exercício da paternidade demonstrada pela possibilidade de as pessoas realizarem-se como pais e, assim, formarem uma família somente sobre o eixo da filiação adotiva, em

---

da natureza onde os animais são programados biologicamente e "trazem inscrita nos limites de seus corpos a sua história". A parentalidade para os seres humanos está inscrita na ordem da cultura, ou seja, não um mundo dado com o é a natureza, mas um sistema aberto, em constante e ininterrupta aprendizagem. "Se os animais quase nada precisam aprender, porque seu saber está traçado nos limites de seu corpo, os humanos têm que tudo aprender pela tradição, isto é, pelo que se transmite de geração a geração e se acumula, se nega, se refaz. [...] Muito mais que a proteção das crias e preservação da espécie, os laços que se forma entre pais e filhos visam à transmissão do *saber*, na acepção mais ampla que se possa dar a esse termo [...]". (*Do pátrio poder à autoridade parental*: repensando fundamentos jurídicos da relação entre pais e filhos. Rio de Janeiro: Renovar, 2002, p. 15-19). E também, como afirma o jurista português Eduardo dos SANTOS, para o homem pode haver a completa cisão entre mundo natural dado pela biologia e o mundo cultural pois, "O parentesco é [...] em muitas sociedades, mais uma relação social do que uma relação genética ou consagüínea. O *pater* não é necessariamente o genitor. Como a mãe não é necessariamente a *genitrix*". (*Direito de família*. Coimbra: Almedina, 1985, p. 16).

que a prole realiza na pessoa do pai sua necessidade de autotrascedência[205] do mundo individual ao mesmo tempo que proporciona à criança entrega e devotamento, os quais conduzem esse frágil e pequeno ser ao encontro de sua própria identidade.

Dir-se-ia que, no que diz respeito à formação de uma família monoparental, a Constituição Federal de 1988 foi além do direito à família consagrado pela Declaração Universal dos Direitos do Homem, que no seu artigo 16° prescreve o direito de todas as pessoas fundarem uma família, entretanto fazendo menção à família fundada no casamento.[206]

A Constituição Federal de 1988 voltou-se, em realidade, para o que prescreve o terceiro item do mencionado artigo 16°, reconhecendo e tutelando a família natural, ou seja, aqueles arranjos familiares, fundados pela consangüinidade, mas também na afetividade, e não somente no ato formal do casamento. Esta é a redação do mencionado artigo da Declaração: "1. Os homens e mulheres de maior idade, sem qualquer restrição de raça, nacionalidade ou religião, têm o direito de contrair matrimônio e fundar uma família. Gozam de igual direitos em relação ao casamento, sua duração e sua dissolução. 2. (...). 3. A família é o núcleo natural e fundamental da sociedade e tem direito à proteção da sociedade e do Estado".

Prescreve ainda nossa Carta Constitucional que o planejamento familiar deverá fundar-se na dignidade da pessoa humana e na paternidade responsável, sendo proibido ao Estado qualquer controle ou interferência

---

[205] Ao tratar de alguns aspectos que envolvem o tema da homossexualidade, Wunibald MÜLLER constatou: "A instabilidade de muitas relações homossexuais e a falta de uma família, para cujo sustento, moldagem, aprofundamento e enriquecimento por via de regra os casais heterossexuais empregam muito esforço e criatividade, tornam necessário que exatamente na fase da meia idade adulta as pessoas homossexuais encontrem uma maneira adequada de fazer alguma coisa em favor de sua necessidade de dar carinho e atenção, algo que os transcenda e que transcenda também seu pequeno mundo. Neste contexto o teólogo Gregory Braum fala de autotranscendência, sob este conceito entendendo ser a prontidão e a capacidade para empenhar-se de maneira especial por alguém ou por alguma coisa, o que leva a pessoa a esquecer-se de si própria e a se ultrapassar. Isso lembrar o que Erick Erickson chama de 'generatividade', uma capacidade que é imprescindível para evitar a estagnação na idade adulta. Generatividade abrange geração, produtividade e criatividade e se aplica a novas criações, novos produtos e novas idéias. Da generatividade emerge, por assim dizer como uma virtude nova, o compromisso autotranscendente de envolver-se com outras pessoas, de cuidar delas. No que diz respeito à nova geração, isto se refere em primeiro lugar, embora não apenas, à própria descendência, como é válido também para a generatividade, que significa mais que cuidar da própria prole". (*Pessoas homossexuais*. Petrópolis: Vozes, 2000, p. 67).

[206] No entanto, ainda não se alcançou a nitidez da Constituição da República Portuguesa que prescreve em seu artigo 36° o direito de todos, em condições de igualdade, à constituição de uma família. Ou nas palavras de Antunes VARELA: "A todos se garante, por conseguinte, no plano constitucional, a faculdade de fundar uma família, de instituir uma sociedade familiar; e a todos se assegura tal faculdade em condições de plena igualdade." (VARELA, Antunes. *Direto da família*. 3. ed. Lisboa: Perony, 1993, p. 145)

sobre o exercício desse direito, aí subentendido um direito fundamental à reprodução.[207]

Assim, da interpretação sistematizada dos §§ 4º e 7º com o *caput* do artigo 226 da Constituição da República Federativa do Brasil,[208] entende-se ser possível a defesa da existência de um direito de personalidade[209] ligado à noção de um interesse juridicamente tutelado à paternidade que tem raiz de direito subjetivo essencial, porque atrelado ao conceito particular de felicidade, compreendido e derivado do princípio maior de dignidade da pessoa humana.[210] Ou, como ensina Guilherme Calmon

---

[207] A Lei nº 9.263, de 12.01.96, publicada no Diário da União em 15.01.96 regulamentou o artigo 226, § 7º da Constituição Federal de 1988 ao tratar do tema do planejamento familiar.

[208] "*CF* – Art. 226. A família, base da sociedade, tem especial proteção do Estado.
§ 4º. Entende-se, também, como entidade familiar a comunidade formada por qualquer dos pais e seus descendentes.
§ 7º. Fundado nos princípios da dignidade da pessoa humana e da paternidade responsável, o planejamento familiar é livre decisão do casal, competindo ao Estado propiciar recursos educacionais e científicos para o exercício desse direito, vedada qualquer forma coercitiva por parte das instituições oficiais ou privadas."

[209] Para Pietro PERLINGIERI, os direitos da personalidade caracterizam-se como situações subjetivas existenciais, em que a pessoa não se realiza por meio de um esquema de situações subjetivas tipificado, mas sim mediante uma complexidade de situações que se apresentam como poder jurídico, como interesse legítimo, com direito subjetivo, faculdade e poderes. Por isso, o autor italiano assinala que: "A essa matéria não se pode aplicar o direito subjetivo elaborado sobre a categoria do 'ter'. Na categoria do 'ser' não existe dualidade entre sujeito e objeto, porque ambos representam o ser, e a titularidade é institucional, orgânica. [...]. Onde o objeto de tutela é a pessoa, a perspectiva deve mudar; torna-se necessidade lógica reconhecer, pela especial natureza do interesse protegido, que é justamente a pessoa a constituir ao mesmo tempo o sujeito titular do direito e o ponto de referência objetivo de relação. [...] A personalidade é, portanto, não um direito, mas um valor (o valor fundamental do ordenamento) e está na base de uma série aberta de situações existenciais, nas quais se traduz a sua incessantemente mutável exigência de tutela. Tais situações subjetivas não assumem necessariamente a forma dos direitos subjetivos e não devem fazer perder de vista a unidade do valor envolvido". (*Perfis do direito civil* ..., p. 155-156).

[210] Cumpre trazer as considerações de Guilherme Calmon Nogueira da GAMA a esse respeito, quando está a tratar do tema das reproduções humanas assistidas: "No direito brasileiro, há norma constitucional que expressamente cuida do planejamento familiar, estabelecendo liberdade de decisão do casal acerca deste assunto, desde que respeitados os princípios da dignidade da pessoa humana e da paternidade responsável, e impondo o dever estatal de fornecer recursos educacionais e científicos para o exercício de tal direito. É proibida a adoção de qualquer mecanismo coercitivo por parte das instituições oficiais ou privadas para que se implemente o planejamento familiar. Tais regras estão previstas no § 7º, do artigo 226, do texto constitucional, sendo que em 1996 sobreveio a Lei 9.263, que passou a regular em nível infraconstitucional, normas a respeito do planejamento familiar, não mais restrita ao casal, mas também ao homem e à mulher, individualmente considerados. De acordo com o tratamento normativo fornecido por esta Lei, pode-se depreender o reconhecimento da existência do direito de qualquer pessoa (homem ou mulher) ao planejamento familiar, incluindo a adoção de técnicas de fertilização para que haja a reprodução humana, o que conduz à constatação de que a lei autoriza a monoparentalidade obtida via procriação assistida. Na dicção de Flávia PIOVEZAN, '*todas as pessoas têm assim o direito fundamental à saúde sexual e reprodutiva*', e, desse modo, o Estado não pode interferir na vida sexual e reprodutiva da pessoa, inadmitindo-se coerção, discriminação e violência na opção individual". (Filiação e reprodução assistida. Introdução ao tema sob a perspectiva civil-constitucional. In: TEPEDINO, Gustavo [coord.]. *Problemas de direito civil-constitucional*. Rio de Janeiro: Renovar, 2000. p. 525-526.)

Nogueira da Gama ao falar das novas posturas do direito contemporâneo de família: "Cuida-se de adotar posturas que sejam coerentes com o significado da própria existência do homem na Terra, elucidando os mistérios e segredos da pessoa humana e do meio que a circunda, tentando atingir o bem existencial mais desejado: o bem-estar social ou, mais individualmente, a felicidade".[211] E, uma vez que o projeto de felicidade de uma pessoa envolva o desejo de tornar-se pai ou mãe mediante a adoção de uma criança, essa faculdade não pode ser negada somente por conta da orientação sexual exercida pelo pretenso adotante, na medida em que o direito à descendência porque inato ao ser humano é também tutelado pelo direito sob o manto de direitos subjetivos essenciais à realização da sua personalidade.

Os direitos subjetivos são classicamente caracterizados como o poder de se exigir de outrem um determinado comportamento que o ordenamento legal garante. Considerados, portanto, como uma faculdade de agir – *facultas agendi* – enquanto o direito objetivo é tido como a norma de ação – *norma agendi*. *Facultas agendi* é entendida como um aspecto derivado do direito subjetivo, que não tem vida própria e o sucede logicamente, podendo deixar de ser exercida sem afetar a existência do direito. A faculdade de agir – *facultas agendi* – é parte componente do direito subjetivo que o coloca em exercício, mas quando inerte e não exercida em nada o afeta ou restringe o direito do qual decorre.

Os juristas paranaenses José Lamartine Corrêa de Oliveira e Francisco José Ferreira Muniz asseveram que:

> quando falamos em Direito, em sentido objetivo, estamos pensando na ordenação da vida social e no conjunto de regras gerais e abstratas que fazem o conteúdo dessa ordenação. [...] Quando, ao contrário, utilizamos a palavras direito em seu sentido subjetivo, estamos querendo referir-nos a um outro conjunto de realidades, que significam a posição de uma pessoa determinada em face do Direito Objetivo, posição esta que pode ser favorável ao sujeito (e então surgirá a noção de direito subjetivo) ou desfavorável (então surgirá a noção de dever jurídico, ou pelo menos de sujeição).[212]

Para a concepção jusnaturalista, os direitos subjetivos são tidos como preexistentes ao direito objetivo, porque o direito objetivo cumpriria a função mediante coação de garantia dos direitos subjetivos. Já para a

---

[211] GAMA, Guilherme Calmon Nogueira da. *Filiação e reprodução assistida* ..., p. 515.

[212] Esclarecem os autores que: "No plano da teoria das fontes, o emprego aqui feito da palavra 'regra' não significa uma opção legalista ou positivista: pelo contrário, admitimos não ser a lei a única fonte do Direito, admitimos o caráter de fonte que tem, por exemplo, a jurisprudência e admitimos ainda a existência de fones não-estatais, como é o caso do costume. Mas de todas essas fontes emanam regras que ordenam a vida social". (OLIVEIRA; MUNIZ. *Direito de família*: direito matrimonial. Porto Alegre: Fabris, 1990, p. 27).

doutrina positivista, ao contrário, os direitos subjetivos só existem porque são derivados do direito objetivo. Entretanto, apesar dessa divergência entre as teorias jusnaturalista e positivista acerca dos direitos subjetivos/objetivos, é fato que um não pode existir sem o outro, pois não se pode imaginar uma ordem jurídica sem direitos subjetivos, assim como não é possível a concepção de direitos subjetivos sem uma ordem jurídica.

Para Orlando Gomes, o direito subjetivo não é "só poder da vontade, como não é apenas interesse, senão poder atribuído à vontade do sujeito para a satisfação de seus próprios interesses protegidos legalmente".[213] Assim, esse autor define o que entende por direito subjetivo: "um interesse protegido pelo ordenamento jurídico mediante um poder atribuído à vontade individual".[214]

Para Pietro Perlingieri, direito subjetivo é o poder reconhecido pelo ordenamento a um sujeito para a realização de um interesse que lhe é próprio, que pode ser patrimonial ou extrapatrimonial.[215] Para Adriano De Cupis, os direitos subjetivos absolutos como o são os direitos da personalidade constituíram-se como uma categoria autônoma dos direitos subjetivos. Essa autonomia, segundo o mestre italiano, derivaria tanto do caráter de essencialidade de que se revestem os direitos da personalidade, quanto da configuração especial do seu objeto que recai sobre a própria pessoa e os prolongamentos dela decorrentes.[216]

Direitos subjetivos absolutos são os dotados de eficácia universal *erga omnes*. Ou seja, o titular pode opô-los a qualquer pessoa e são assim classificados: *a)* os direitos individuais do homem, *b)* os direitos de família e *c)* os direitos reais. Dessa forma, entende-se que o direito subjetivo à paternidade decorre e situa-se no âmbito dos direitos da personalidade da pessoa humana espraiando-se para o âmbito do direito de família, na medida em que decorre de um desejo pessoal da personalidade da pessoa, mas realiza-se e efetiva-se na proporção que realiza os interesses da pessoa do filho. Daí decorrendo, entre outras, também a característica de correspectividade dos diversos estados de família, ou como afirma Eduardo dos Santos: "De um modo geral, o estado de família é correspectivo ou correlativo de um outro. Assim, o estado de *pai* é recíproco do de *filho*; o de

---

[213] GOMES, Orlando. *Introdução ao direito civil* ..., p. 112.

[214] *Ibidem, loc. cit.*

[215] Quanto aos direitos subjetivos, alerta o jurista italiano: "No ordenamento moderno, o interesse é tutelado se, e enquanto for conforme não apenas ao interesse do titular, mas também àquele da coletividade. Na maior parte das hipóteses, o interesse faz nascer uma situação subjetiva complexa, composta tanto de poderes quanto de deveres, obrigações, ônus. É nesta perspectiva que se coloca a crise do direito subjetivo. Este nasceu para exprimir um interesse individual e egoísta, enquanto que a noção de situação subjetiva complexa configura a função de solidariedade presente ao nível constitucional". (PERLINGIERI, Pietro. *Perfis do direito civil* ..., p. 120-121)

[216] DE CUPIS, Adriano. *Os direitos da personalidade*. Lisboa: Morais, 1961, p. 31.

*marido*, do de *mulher* (casada); o de *tio*, do de *sobrinho* e assim sucessivamente".[217]

A classificação dos direitos de família como direitos subjetivos puros não é uma unanimidade na doutrina, pois, ao contrário, há juristas, entre nós Silvio Rodrigues, que acompanham a civilística italiana e doutrinadores portugueses, os quais entendem que os direitos de família não seriam direitos subjetivos puros porque reduzidos à conotação de deveres para com outrem. Essa corrente doutrinária, da qual se afasta o presente trabalho, vê os direitos subjetivos de família como *officio-munus* entendido este como atribuição a um sujeito do encargo de cuidar de determinados interesses alheios.[218]

Em sentido contrário encontra-se o posicionamento de José Lamartine Corrêa de Oliveira e Francisco José Ferreira Muniz ao conceberem os direitos de família, aqui entendidos tanto o exercício da paternidade quanto o direito próprio a ter e pertencer a uma família, como direito subjetivos verdadeiros na medida em que esse conceito de direito subjetivo comporta a noção de poder assim como a idéia de interesse próprio do titular do poder. Posicionamento este que é presentemente o adotado.

Os direitos subjetivos, ainda que se caracterizem como poderes-deveres, e sejam concedidos a seus titulares não exclusivamente em função dos interesses pessoais destes, mas sim atrelados a um dever para com outrem, não perdem sua natureza de típicos direitos subjetivos diante da possibilidade de serem exercidos também em benefício e satisfação dos interesses do próprio titular. Nesse sentido afirmam os referidos civilistas paranaenses:

> Portanto, a idéia de que os direitos pessoais servem a interesse de pessoa distinta da do titular pode e deve ser aceita com uma reserva: a de que o direito pessoal de família também serve a interesse próprio de seu titular. Quer isso dizer que a idéia de *Fremdnützigkeit*, utilidade do exercício revertendo em favor da pessoa que não o titular, não pode ser aceita se quiser com isso excluir que os direitos pessoais de família são *eigennützige*, isto é, exercidos no interesse do próprio titular.[219]

---

[217] SANTOS, Eduardo dos. *Direito de família* ..., p. 84.

[218] Fonte trazida por José Lamartine Corrêa de OLIVEIRA, Francisco José Ferreira MUNIZ (*Direito de família* ..., p. 30). Destacam-se ainda as seguintes considerações de Eduardo dos SANTOS sobre os direitos subjetivos familiares: "Com efeito, os direitos subjetivos familiares não são concedidos aos seus titulares para que eles os exerçam no seu interesse pessoal, mas para que sejam cumpridos os deveres familiares. 'O exercício do direito só pode fazer-se conforme ao dever que lhe correlativo e na medida das suas finalidades éticas e sociais'. Em suma, os direitos pessoais de família constituem mais um *officium* que um direito. 'Não são direitos que o titular possa exercer como queira. Pelo contrário, o seu titular é obrigado a exercê-los; e é obrigado a exercê-los de certo modo, do modo que for exigido pela função do direito, pelos interesses que ele exerce'". (*Direito de família* ..., p. 78).

[219] De acordo com os referidos autores, "O exemplo do pátrio poder permite compreensão mais clara do conteúdo e da relevância do que estamos afirmando. Assim, seria incorreto afirmar-se que a idéia de fim domine todo o conteúdo do pátrio poder, reduzindo-o a mero conjunto de deveres. Neste

Nessa perspectiva de considerar os direitos de família como direitos subjetivos típicos e por a filiação poder proporcionar o enriquecimento da personalidade humana é que se defende o direito subjetivo de os homossexuais realizarem-se como pais, tendo a possibilidade da adoção de crianças ou adolescentes, respeitados os requisitos instituídos pelo Estatuto da Criança e do Adolescente, Lei 8.069/90, devendo ser afastada de qualquer conotação valorativa a orientação e identidade sexual do pretendente à adoção. Pois se é verdade que a paternidade representa o cumprimento de deveres para com o filho, é verdade que ao cumpri-los não só são satisfeitos os interesses do filho, mas também os dos pais.

Daí novamente a referência de José Larmartine Corrêa de Oliveira e Francisco José Ferreira Muniz, ao expressarem a idéia trazida pela doutrina da Alemanha Oriental: "'O amor entre pais e filhos conduz a um profundo enriquecimento da vida do adulto e é irrenunciável pressuposto do desenvolvimento do filho'. Por isso mesmo Lüderitz louva a posição do Tribunal Federal suíço, que considera o direito paterno à educação dos filhos uma decorrência do direito de personalidade dos pais".[220]

Tanto é assim que o Código Civil Alemão (BGB), ao tratar do direito de família (*Familienrecht*), assegura a assistência e educação dos filhos como direito fundamental dos pais. Esse é o entendimento de Wilfried Schlüter ao afirmar: "Assistência e educação dos filhos, são segundo o Art. 6. Al. 2 GG, direito natural dos pais e primeira e principal obrigação dos mesmos. [...] O direito parental de educação, como direito natural dos pais, não é concedido pelo Estado ou pela sociedade, ao contrário, é um direito inato reconhecido pelo Estado. Isso resulta da ordem natural da vida, a qual o legislador não cria, mas que já preexiste e já está presente sem ele".[221]

Assim, entende-se que a idéia de deixar descendentes, afastada desta a conotação da família liberal burguesa de cunho patriarcal que tinha na filiação e no casamento a função de transmitir e perpetuar o nome e o patrimônio familiar, a descendência estrutura-se no desejo e no direito de transmissão dotado de outro sentido que é representado pela possibilidade de um legado pessoal, de identidade, de cultura, pois *quem dá aos seus*

---

sentido mostra Lüderitz que estar presente ao desenvolvimento da personalidade do filho, fiscalizá-la e protegê-la corresponde, também, à necessidade psicológica dos pais, o que mostra que o pátrio poder lhes é concedido também em seu interesse, e não apenas no interesse dos filhos. O autor argumenta com a jurisprudência do BGH e também do Tribunal Constitucional da Alemanha Federal, quando esta reconhece que o direito do pai divorciado (que não tenha ficado com a guarda dos filhos) a manter contato com seus filhos e a tê-los em sua companhia em determinadas ocasiões corresponde também à satisfação de necessidades vitais do genitor, encarada como finalidade justificativa desse direito ao contato pai-filhos". (OLIVEIRA; MUNIZ. *Direito de família* ..., p. 31).

[220] *Ibidem*, p. 33.

[221] SCHLÜTER, Wilfried. *Código civil alemão*: direito de família. Porto Alegre: Fabris, 2002, p. 62.

*não degenera.* Sem ser descuidado que, além desse conforto mítico sobre a morte que a filiação ancestralmente permite à humanidade,[222] o direito à descendência permite aos homossexuais a construção afetiva e a vivência do significado emocional que a relação entre pais e filhos traz aos envolvidos. Ou nas palavras de João Baptista Vilella: "Conviria, por outro lado, conscientizar-se de que as gratificações mais profundas da paternidade não defluem do que Hegnauer chamou 'a voz mítica do sangue' e, portanto, da procriação biológica, mas do serviço e do empenho, que conduzem quem os recebe ao crescimento e à autonomia".[223]

---

[222] Sobre o fato de a filiação servir também para a superação do medo da morte, Gabriela CASELLATO afirma: "Antes de nos questionarmos sobre o que leva alguém a adotar uma criança, devemos refletir sobre o que motiva alguém a ser pai ou mãe e a desejar ter filhos. Woiler (1987) relata em sua tese de mestrado que ter um filho é, *a priori*, não morrer. Neste sentido, a motivação para ser pai é a motivação individual na luta contra a morte". (Adoção, algumas considerações sobre a motivação dos casais requerentes. In: COUTO, Sergio. *Nova realidade do direito de família*: doutrina, jurisprudência, visão interdisciplinar, noticiário. Rio de Janeiro: COAD, 1998. p. 86.)

[223] VILELLA, João Baptista. Liberdade e família. *Revista da Faculdade de Direito da UFMG*, Belo Horizonte, v. 3, n. 2, p. 29, 1980.

# Parte II
# FILIAÇÃO NA FAMÍLIA ADOTIVA PLURAL

## 4. O filho, a criança e o adolescente como sujeitos de direitos

Com os novos contornos que recebe o conceito contemporâneo de família, sua função de lugar para o desenvolvimento amplo da personalidade de seus membros assume um relevante papel e constitui-se na sua razão de existência. No dizer de Luiz Edson Fachin, "Na transformação da família e do seu Direito, o transcurso apanha 'uma comunidade de sangue' e celebra, ao final deste século, a possibilidade de uma 'comunidade de afeto'".[224]

Com os auspícios da família contemporânea de característica plural, fundada na plena igualdade entre os membros, diárquica quanto à sua direção, ao contrário do modelo anterior que tinha na figura do pai e marido o chefe absoluto da sociedade conjugal, e eudemonista[225] porque seus membros possuem um direito moral à felicidade, surge um novo personagem com voz e fala nesse cenário qual seja: o filho, a criança, o adolescente, a pessoa ainda em desenvolvimento.

O surgimento da criança como sujeito de direitos tornou-se possível em grande parte devido ao aprofundamento afetivo que ocorreu no interior

---

[224] E, assim, prossegue o autor: "[...] Mosaico de diversidade, ninho de comunhão no espaço plural da tolerância. Tripé de fundação, como se explica. Diversidade cuja existência do outro torna possível, funda a família na realização da pessoa do indivíduo, que respeitando o outro edifica o seu próprio respeito e sua individualidade no coletivo familiar. Comunhão que valoriza o afeto, afeição que recoloca novo sangue para correr nas veias de um renovado parentesco, informado pela substância de sua própria razão de ser e não penas pelos vínculos formais ou consangüíneos. Tolerância que compreende o convívio de identidades, espectro plural, sem supremacia desmedida, sem diferenças discriminatórias, sem aniquilamentos. Tolerância que supõe possibilidade e limites. Um tripé que, feito desenho, pode-se mostrar apto a abrir portas e escancarar novas questões. Eis, então, o direito ao refúgio afetivo". (*Elementos críticos do direito de família* ..., p. 305-306).

[225] Vale aqui consignar a distinção trazida por João Baptista VILELLA ao referir sobre os conceitos de eudemonista e hedonista, posto que não há entre elas mais que uma semelhança de palavras: "Equivocar-se-ia profundamente quem tomasse a nova idade da família por uma celebração do prazer e da inconseqüência. O novo modelo, ainda em estado de formação, contém um forte apelo ao exercício da responsabilidade na sua mais radical expressão, vale dizer, aquela em que a instância ética não se situa fora, mas dentro da pessoa mesma e, portanto, não a dispensa de decidir, isto é, de percorrer o penoso caminho da autodeterminação". (*Liberdade e família* ..., p. 15)

do grupo familiar. Ou seja, a família como unidade política e econômica na qual os filhos cumpriam papéis predeterminados sob a autoridade paterna servindo à economia familiar como mão-de-obra alterou-se para a família atual formada por um grupo de companheirismo e um lugar de acolhimento e afeto.[226]

É com base nesse novo horizonte traçado e construído pela organização familiar contemporânea, em que estão privilegiados os relacionamentos intersubjetivos e a igualdade entre os componentes familiares, seja quanto à perspectiva conjugal, seja quanto à filiação, que merece atenção a sentença de João Baptista Vilella: "Em família ninguém cresce sem fazer crescer, nem destrói sem se autodestruir: a solidariedade aqui tudo impregna e tudo alcança".[227]

A revelação sociológica da significativa contribuição da prole para o crescimento e satisfação pessoal dos pais ajudou a abrir espaço no cenário familiar para o reconhecimento do filho (criança ou adolescente) como sujeito de direitos dotado de autonomia pessoal e ética, pois, na medida em que merece e recebe especial atenção dos demais membros familiares como ser em desenvolvimento, ao crescer e expandir-se vai transformando a família à qual pertence e dotando a vida dos pais de novos sentidos e significados.

Tão significativo é o reconhecimento do filho como o novo interlocutor e como pessoa dotada de dignidade e autonomia ética, que o Capítulo VII da Constituição Federal de 1988, destinado às relações familiares, intitula-se "*da família, da criança, do adolescente e do idoso*", estando prescrito no art. 227, parágrafos e incisos, da Carta Constitucional, a absoluta prioridade a ser dada pela família, pela sociedade e pelo Estado à criança e às circunstâncias a ela inerentes por ser pessoa na peculiar condição de desenvolvimento.

A Constituição Federal de 1988, com os conteúdos principiológicos e normativos trazidos pelo art. 227, parágrafos e incisos, lançou a base para o reconhecimento jurídico da criança e do adolescente como sujeitos de direitos.

A igualdade de tratamento a ser dado aos filhos previsto pelo § 6º do mencionado artigo 227 da Carta Constitucional,[228] mais do que reafirmar o direito fundamental à igualdade de tratamento estabelecido pelo artigo 5º da mesma Carta Política, revelou o princípio da inocência que subja-

---

[226] *Ibidem*, p. 11.
[227] *Ibidem, loc. cit.*
[228] "§ 6º. Os filhos, havidos ou não da relação do casamento, ou por adoção, terão os mesmos direitos e qualificações, proibidas quaisquer designações discriminatórias relativas à filiação."

cente à norma acompanha todas as origens da filiação,[229] pois é na inocência e na fragilidade que se funda a infância.

Acompanhando a perspectiva internacional prevista pela Organização das Nações Unidas (ONU), através da Declaração Universal sobre os Direitos da Criança de 1959 e da Convenção Internacional sobre os Direitos da Criança de 1989,[230] o Estatuto abandonou a doutrina do "menor em situação irregular" trazida pelo Código de Menores de 1979 para adotar a doutrina da Proteção Integral da criança.[231] A partir do Marco Constitucional de 1988, o Estatuto da Criança e do Adolescente promulgado em 13 de julho de 1990, Lei nº 8.069, ao expressamente revogar as Leis nºs 4.513/64 e 6.697/79, que formavam o conhecido Código de Menores, trouxe, além de uma nova dogmática para a infância, também uma contribuição simbólica ao substituir legislativamente a palavra "menor" pela denominação "criança e adolescente", visto que o termo "menor" consta no imaginário social um sentido negativo, ao contrário das palavras crian-

---

[229] Referindo-se ao princípio da igualdade e ao artigo 20 do ECA, Gustavo TEPEDINO afirma: "O preceito, reproduzido no art. 20 da Lei n. 8.069, de 13 de Julho de 1990, o chamado Estatuto da Criança e do Adolescente, constitui o último patamar de uma longa e tormentosa evolução legislativa, que altera radicalmente o tratamento diferenciado conferido pelo legislador civil aos filhos, segundo a espécie de relação existente entre seus pais". (A disciplina jurídica da filiação. In: TEIXEIRA, Sálvio de Figueiredo [org.]. *Direito de família e do menor*. Belo Horizonte: Del Rey, 1993, p. 225). E ainda Heloísa Helena BARBOZA: "Considere-se, ainda, em igual ou maior grau de importância, que, ao promover a plena equiparação dos filhos (art. 227, §6º), a Constituição Federal alcançou significado além da igualdade, se feito o confronto com o sistema até então vigente: a situação jurídica dos pais deixou de ser pressuposto determinante da filiação, ou seja, o estado de filho independe do estado civil dos pais. Observe-se que os filhos, até 1988, a rigor não tinham 'vida jurídica própria', uma vez que seu *status* jurídico encontrava-se atrelado à situação civil-familiar dos pais: se esses fossem casados, os filhos eram legítimos, tendo plenos direitos; se não casados os genitores, ilegítimos eram os filhos, com diferentes direitos, vedada em alguns casos (filiação adulterina e incestuosa) a própria aquisição do estado de filho". (O princípio do melhor interesse da criança e do adolescente. In: PEREIRA, Rodrigo da Cunha [coord.]. *A família na travessia do milênio ...*, p. 208).

[230] Convenção Internacional dos Direitos da Criança foi aprovado por unânimidade na Assembléia Geral das Nações de 20 de novembro de 1989, por representantes de 43 países-membros da Comissão de Direitos Humanos que trabalharam sobre o tema por longos 10 anos. A Convenção foi promulgada em meio à comemoração dos 30 anos da promulgação da Declaração Universal dos Direitos da Criança os quais se completavam nesse ano. Entre nós foi ratificada pelo Decreto 99.710/90, dando origem posterior à edição do ECA, estatuto que, ao cumprir *vacacio legis*, passou a vigorar na data em que comemora-se, entre nós, o Dia da Criança (12 de Outubro de 1990). (PEREIRA, Tânia da Silva. O princípio do melhor interesse da criança: da teoria à prática. In: PEREIRA, Rodrigo da Cunha [coord.]. *A família na travessia do milênio ...*, p. 215).

[231] O Ministro Sálvio de Figueiredo TEIXEIRA esclarece a posição doutrinária das três escolas que se formaram em torno do direito menorista. Segundo ele, "[...] a doutrina da Proteção Integral teria [o direito] uma abrangência maior, voltado para a criança e suas necessidades quanto à educação, à cultura, à saúde, ao trabalho, etc. Pela doutrina do Direito Penal do Menor, seria contemplado apenas o ato de delinqüência eventualmente praticado pelo menor. Desprezando essas duas teorias, o legislador brasileiro de 1979 adotou a doutrina do menor em situação 'irregular', exposta exaustivamente no art. 2º do Código, e limitado, por outro lado, aos etiquetamentos de 'menor abandonado', 'infrator', 'delinqüente, 'exposto', etc.". (O direito e a justiça do menor. In: *Direitos de família e do menor*. Belo Horizonte: Del Rey, 1993. p. 321)

ça e adolescente,²³² as quais nos remetem a contextos mais suaves do mundo infantil e juvenil.

Refletindo o reconhecimento da criança e do adolescente como sujeitos de direitos, Gustavo Tepedino acrescenta: "O Estatuto da Criança e do Adolescente traz como principal novidade, [...] a caracterização do filho como alvo de tutela prioritária por parte do ordenamento, protagonista do próprio processo educacional".²³³

Demonstrando ainda essa autonomia conceitual da criança e do adolescente, é que se verifica a incidência da ampla proteção e tutela destes independentemente da existência ou não de núcleo ou organização familiar, como preconiza o artigo 15° do referido Estatuto legal: "A criança e o adolescente têm direito à liberdade, ao respeito e à dignidade como pessoas humanas em processo de desenvolvimento e como sujeitos de direitos civis, humanos e sociais garantidos na Constituição e nas leis". Também merece destaque três outros aspectos relevantes constatados por Gustavo Tepedino:

> Três aspectos colhidos da Lei 8.069/90 servem a demonstrar e exemplificar a tese ora proposta: a) o legislador fixa como critério interpretativo de todo o Estatuto a tutela incondicionada da formação da personalidade do menor, mesmo se em detrimento da vontade dos pais; b) a criança e o adolescente são chamados a participar com voz ativa na própria educação, convocados a opinar sobre os métodos pedagógicos aplicados, prevendo-se, expressamente, em algumas hipóteses, a sua "oitiva" e até o seu "consentimento"; c) a lei determina um controle ostensivo dos pais e educadores em geral, reprimindo não só os atos ilícitos mas também o abuso de direito.²³⁴

A constatação desses três aspectos, segundo o mencionado autor carioca, decorrerem das bases hermenêuticas trazidas pelo artigo 6° do Estatuto da Criança e do Adolescente, que prescreve: "Na interpretação desta Lei levar-se-ão em conta os fins sociais a que ela se dirige, as exigências do bem comum, os direitos e deveres individuais e coletivos, e condição peculiar da criança e do adolescente como pessoas em desenvolvimento". E a esse preceito legal está atrelado o julgador ao aplicar o direito sempre que a situação fática envolva direitos e interesses de uma criança ou adolescente.

O Estatuto da Criança e do Adolescente, ao tratar de vários assuntos que envolvem a problemática do mundo infanto-juvenil, estabelece no

---

²³² O Estatuto da Criança e do Adolescente, conhecido como ECA, em seu artigo 1°, afirma que para efeitos legais considera-se criança a pessoa até 12 (doze) anos de idade incompletos e adolescente aquela entre 12 (doze) e 18 (dezoito) anos de idade, havendo a possibilidade, nos casos expressos pelo próprio ECA, de sua aplicação para a faixa etária entre os 18 (dezoito) e 21 (vinte e um) anos (art. 2° do referido Estatuto).

²³³ *A disciplina jurídica da filiação* ..., p. 233.

²³⁴ *Ibidem*, p. 234.

decorrer do seu corpo normativo diversos outros dispositivos legais que revelam o reconhecimento da criança e do adolescente como sujeitos de direitos dotados de individualidade e autonomia no seio familiar, inclusive podendo opor-se judicialmente contra a vontade de seus pais. São exemplos dessa afirmativa o artigo 16º do ECA, que confere à criança e ao adolescente o direito à liberdade, incluindo nele o direito à opinião e expressão e de participação na vida comunitária e familiar em pé de igualdade com os demais componentes. O artigo 53º do ECA estabelece o direito da criança e do adolescente à educação com a possibilidade de contestação dos métodos e critérios pedagógicos a eles ministrados. E ainda a respeito da autônoma manifestação pessoal da criança e do adolescente como protagonista e co-partícipes do processo de desenvolvimento da sua personalidade, os artigos 161, § 2º, e 45, § 2º, do ECA permitem a oitiva e manifestação da criança ou adolescente nos processos judiciais que tenham por objeto adoção, perda ou suspensão do pátrio poder.[235]

Esse reconhecimento da criança e do adolescente como sujeitos de direitos acabou por mitigar o aspecto autoritário contido no instituto do pátrio poder. Tanto que a civilística contemporânea não se refere mais a esse instituto jurídico como o poder dos pais sobre os filhos, mas sim, como um conjunto de deveres para com a pessoa do filho. O importante, nas palavras de Ricardo César Pereira Lira, é o reconhecimento de que "Não há poder dos pais sobre os filhos. Há deveres, e há faculdades – que são instrumentos desses deveres [...]".[236]

Luiz Edson Fachin, ao delinear os novos contornos do instituto jurídico do chamado "pátrio poder", esclarece:

> A autoridade parental revela um conjunto de circunstâncias que vão informar as características do exercício desses direitos e a assunção de correspectivos deveres. Não se trata de "poder", nem propriamente de função. Não há relação de subordinação [entre pais e filhos]. É mais que um "direito-dever", expressão híbrida equivocada. [...] Os filhos não são (nem poderiam ser) objeto da autoridade parental. Em verdade, constituem um dos sujeitos da relação derivada da autoridade parental, mas não sujeitos passivos, e sim no sentido de serem destinatários do exercício deste direito subjetivo, na modalidade de uma dupla realização de interesses do filho e dos pais.[237]

---

[235] Ibidem, em especial, p. 235-239.

[236] LIRA, Ricardo César Pereira. Breve estudo sobre as entidades familiares. In: PEREIRA, Rodrigo da Cunha [coord.]. *Repensando o direito de família* ... p. 85.

[237] E prossegue o autor: "As características da autoridade parental: 1ª) É um *munus*, significado que transcende o interesse pessoal, e o exercício da autoridade parental não consiste necessariamente no atendimento do interesse privado. O direito respectivo também está submetido a certos limites, por exemplo, o respeito à liberdade religiosa ou crenças; 2ª) É irrenunciável, mas pode ser destituído do exercício do direito; 3ª) É inalienável, não suscetível de ser transferido; 4ª) é Imprescritível". (*Elementos críticos do direito de família* ..., p. 222-223, 225).

O novo Código Civil brasileiro, Lei nº 10.406/2002, buscando acompanhar a evolução das relações paterno-filiais, altera o nome do instituto e também seu conceito e definição, abrandando-o para "poder familiar", diluindo assim a autoridade preconizada pela codificação de 1916, paterna e absoluta, para ser relativizada e funcionalizada na perspectiva do melhor interesse da criança e estendido para o âmbito do pai e da mãe.[238]

O Estatuto da Criança e do Adolescente, ao propor novos paradigmas para o tratamento das crianças e dos adolescentes, também assegurou específica e expressamente um conjunto de direitos fundamentais destinados a garantir com absoluta prioridade todos os mecanismos para o desenvolvimento integral da criança e do adolescente, os quais, segundo Marco Aurélio Viana, mais do que nunca "[...] assumem foro de sujeitos de direito, deixando de ser objeto de medidas judiciais e procedimentos policiais".[239]

O conjunto de direitos fundamentais consagrados às crianças e aos adolescentes brasileiros, entre os quais o direito à vida, à saúde, à alimentação, à educação, ao lazer, à profissionalização, à cultura, ao respeito e à liberdade, à convivência familiar e comunitária, bem como a imposição legal de colocá-los a salvo de toda forma de negligência, discriminação, exploração, violência, crueldade e opressão, revela o reconhecimento que Heloísa Helena Barboza chamou de *direitos* próprios da criança porque esta deixou "de ocupar o papel de apenas *parte integrante* do complexo familiar para ser mais um *membro individualizado* da família humana que, em virtude de sua falta de maturidade física e mental, necessita de proteção e cuidados especiais".[240]

E quanto aos direitos fundamentais assegurados às crianças e adolescentes, revela-se sobremaneira importante o direito à convivência familiar e comunitária prevista a partir do artigo 19º do Estatuto infanto-juvenil, pois pela manutenção (família de origem) ou da inserção (família substituta) da criança no seio familiar e comunitário, os demais direitos fundamentais a ela assegurados (saúde, alimentação, educação, cultura, respeito, etc.) certamente também estarão sendo atendidos e efetivados.[241]

---

[238] O instituto do poder familiar está regulado pelo novo Código Civil dos artigos 1.630 a 1.638. E nas palavras de Rosana FACHIN esse poder familiar reside na idéia de proteção e é conferido tanto ao pai quanto à mãe igualitariamente. (Da filiação. In: PEREIRA, Rodrigo da Cunha [coord]; DIAS, Maria Berenice. *Direito de família e o novo Código civil*. Belo Horizonte: Del Rey, 2001. p. 123).

[239] A tutela da criança e do adolescente. In: TEIXEIRA, Sálvio de Figueiredo [coord.]. *Direitos de família e do menor*. Belo Horizonte: Del Rey, 1993. p. 292.( grifo do autor).

[240] *O princípio do melhor interesse da criança e do adolescente* ..., p. 203.

[241] Heloísa Helena BARBOZA, ao citar, Norberto Bobbio alerta sobre a efetividade dos direitos constantes dos diplomas de cunho universal: "o problema que temos diante de nós não é filosófico, mas jurídico, e num sentido mais amplo, político.[...] Não basta, portanto, admitir ou reconhecer a existência de novos direitos. Como reiteradamente salienta o mesmo autor, 'o problema fundamental

## 4.1. O Direito à convivência familiar e comunitária

No conjunto dos direitos fundamentais consagrados à criança e ao adolescente, encontra-se nos termos do artigo 227, *caput*, da Constituição Federal o direito à convivência familiar e comunitária. Esse direito de natureza constitucional impõe-nos duas ordens de reflexões: *a)* convivência familiar e comunitária saudáveis à criança e ao adolescente e *b)* a proibição do abandono familiar e social da criança e do adolescente, chaga social esta com a qual o Brasil parece ter se acostumado a conviver.

Sem sombra de dúvida, o lugar ideal para uma criança é na sua família.[242] O ideal para uma criança é ser desejada e gestada pelos pais e, ao nascer, receber em gestos de cuidados e amor toda a alegria que seu nascimento pode representar. A psicanalista e psicóloga forense Fernanda Otoni de Barros trata do significado desse contexto ao afirmar:

> Na verdade, bem antes de nascermos já fomos imaginados. Já nos compraram roupinhas, já nos arrumaram um lugar para dormir e um nome. A relação entre os genitores está organizada pelo simbólico. As circunstâncias que marcam o encontro deste pai e desta mãe, a história própria deles, formam uma rede que antecede a concepção. [...]. A criança vai debater para poder se encontrar com essa história que a precede, mas que, no entanto, é sua.
> Ideal, também, é que a criança permaneça ao longo de seu desenvolvimento no lar com seus pais, pois "O entorno desta criança vai formar sua base de referências para o alguém que vai ser na vida. Essa base referencial é o alicerce de seu sistema de valores, de seu olhar para o mundo, de sua racionalidade, de seu futuro proceder com os demais.[243]

O Estatuto da Criança e do Adolescente no seu art. 19 captou essa cultura idealizada para a infância, a qual, uma vez concretizada mediante a permanência da criança na família, sinaliza que os demais direitos da criança e do adolescente serão certamente efetivados. Nessa ordem de idéias, o art. 19 do ECA assegurou como direito da criança e do adolescente o direito à convivência familiar e comunitária na sua família de origem ou numa família substituta, visando a garantir, uma vez ausente a situação ideal acima esboçada, possa tanto a criança, quanto o adolescente,

---

em relação aos direitos do homem, hoje, não é tanto o de justificá-los, mas o de protegê-los'. O primeiro passo para que se alcance tal proteção é sem dúvida passar da teoria à prática, do direito somente pensado para o direito realizado". (*Ibidem*, p. 212).

[242] Neste sentido o acórdão do TJSP nº 51.111/05-00, Rel. Oetterer Guedes ao tratar da adoção por: "Corretamente ressaltado que a situação não é ideal, como asseverou a sentença, mas a lei também diz que o ideal seria a manutenção da criança no seio familiar, o que também não é possível no caso presente". (SÃO PAULO. Tribunal de Justiça. Apelação civil 51.111-0/5-00 ..., *cit.*)

[243] BARROS, Fernanda Otoni. *Um pai digno de ser amado*. In: II CONGRESSO BRASILEIRO DE DIREITO DE FAMÍLIA. Anais, p. 235.

reivindicar esse direito posto que, estatutária e constitucionalmente a eles assegurados.

Entretanto, a persecução da convivência familiar e comunitária, mais do que um direito constitucional da criança e do adolescente, reveste-se de dever das organizações familiares, sociais e do Estado para com esse sujeito de direito emergente que é a pessoa da criança e do adolescente. É o que prescreve o artigo 4º do ECA, a saber: "É dever da família, da comunidade, da sociedade em geral e do Poder Público assegurar com absoluta prioridade a efetivação dos direitos referentes à vida, à saúde [...] e à convivência familiar e comunitária".

Essa prescrição legal deriva, em grande parte, da concepção internacional que se tem sobre as necessidades fundamentais para o bom e pleno desenvolvimento da criança e do adolescente. Ou seja, busca-se assegurar como um direito os cuidados e necessidades inatas ao crescimento físico e socioafetivo de uma criança, que é o direito de nascer numa família, nela ocupar o espaço de filho e nela ser mantido em harmoniosa convivência com seus pais até a idade de sua independência moral e material.

O direito à convivência familiar e comunitária no estágio contemporâneo da história da criança tem ares de obviedade, entretanto nem sempre assim o foi, basta ver as referências trazidas por juristas e historiadores, os quais se referem a uma fase em que a completa ausência dos traços afetivos nas relações paterno-filiais era o comum. A promotora de justiça Lucia Maria Teixeira Ferreira, ao fazer uma digressão a respeito da história do tema, com base no historiador Philippe Ariès, constata ser a ausência de convivência, por conta da separação da criança ainda em tenra idade da casa dos pais, a razão dessa falta do vínculo e da afetividade. Segundo essa autora:

> [...] o vínculo mantido entre as famílias e as crianças era muito tênue. Como a criança escapava muito cedo à família ao ser enviada para outra família (ou para os cuidados de um mestre) a fim de que iniciasse o seu processo de aprendizagem, era compreensível que os pais não alimentassem um sentimento existencial profundo pelos filhos. A criança não tinha um papel marcante na família nem um vínculo afetivo com os pais. A família era mais uma realidade moral e social do que sentimental. [...] Em razão dessa separação tão precoce das crianças de suas famílias, não era possível a criação de um sentimento existencial muito profundo entre pais e filhos.[244]

Basicamente, a partir do momento em que a família passa a ser constituída pelo núcleo pais e filhos é que a energia familiar se direciona para a criança e suas necessidades essenciais, bem como para a educação

---

[244] FERREIRA, Lucia Maria Teixeira. Tutela da filiação. In: PEREIRA, Tânia da Silva [coord.]. *O melhor interesse da criança*: um debate interdisciplinar. Rio de Janeiro: Renovar, 2000. p. 271-272.

e a preocupação com a carreira e o futuro dos filhos.²⁴⁵ A proximidade leva à afetividade, o que só faz confirmar a tese jurídica contemporânea da supremacia da paternidade socioafetiva, sobre a meramente biológica quando se trata da formação do elo paterno-materno-filial, pois a paternidade/maternidade e, conseqüentemente, a filiação, "*não é um dado, e sim um construído*", na medida em que é estruturada e engrandecida pelos cuidados e trocas ministrados na intimidade dos contatos do cotidiano e não por uma determinação puramente genética.²⁴⁶

No entanto, quando a Lei 8.069/90, Estatuto da Criança e do Adolescente, prescreve como direito da criança e do adolescente, portanto como dever do Estado, o direito à convivência familiar e comunitária, traz à luz o lado sombrio que está no cerne desse direito: nem todas as crianças possuem uma boa e saudável convivência familiar, e mais, muitas crianças não desfrutam de qualquer grau de relacionamento e convivência familiar, pois vivem excluídas, permanecendo em abandono.

### 4.1.1. Crianças institucionalizadas e o abandono

O direito à convivência familiar e comunitária envolve muito mais do simplesmente viver numa família, seja ela organizada de que forma for. A convivência familiar envolve um feixe de circunstâncias que possibilitam o desenvolvimento saudável da fase infantil e juvenil. Isso permite à criança a percepção de que é amada, de que alguém dela se ocupa e com ela se preocupa. Envolve esse direito mais do que a possibilidade de ter pai e/ou mãe, a prerrogativa de receber deles atenção, cuidados e carinho. Importa na possibilidade de ter espaço para se ser criança, ou seja, para

---

[245] *Ibidem*, p. 273. E prossegue a autora na p. 274: "A família moderna se volta para a promoção das crianças, para os cuidados de saúde e educação. Trata-se de um grupo solitário e reduzido que não mais se confunde com a sociedade. O espaço da casa encontra-se delimitado e a antiga sociabilidade é substituída por novas consciências das zonas de intimidade física e moral que não existiam antes".

[246] Sobre essa afirmação, afirma Paulo Luiz Netto LÔBO: "Impõe-se a distinção entre origem biológica e paternidade/maternidade. Em outros termos, a filiação não é um determinismo biológico, ainda que seja da natureza humana o impulso à procriação. Na maioria dos casos, a filiação deriva da relação biológica; todavia, ela emerge da construção cultural e afetiva permanente, que se faz na convivência e na responsabilidade. [...] O afeto não é fruto da biologia. Os laços de afeto e de solidariedade derivam da convivência e não do sangue". (Princípio jurídico da afetividade na filiação. In: PEREIRA, Rodrigo da Cunha [coord.] *A família na travessia do milênio* ..., p. 252). Assim, é também a opinião da psicanalista e psicóloga forense Fernanda Otoni de BARROS: "Nossa experiência ordinária basta para nos mostrar que a biologia não dá uma resposta suficiente. O pai não é aquele que apenas deu uma célula germinal de 70 milésimos de milímetros e a mãe não é nem um ventre nem a Virgem Santíssima. A biologia pode responder sobre a maternidade e a paternidade como a relação aos animais, mas para o homem, que é um ser de linguagem, a história é bem outra e bem mais complexa". (Um pai digno de ser amado. In: PEREIRA, Rodrigo da Cunha [coord.]. *A família na travessia do milênio* ... p. 252).

brincar, pois essa é a forma salutar de o mundo infantil se desenvolver e compreender o que o cerca e também de se fazer por ele compreender.

A convivência familiar e comunitária efetiva, no campo social, circunscreve o reconhecimento de que aquela criança pertence, é tida, considerada e amada por uma família, que a ela se dedica e com o seu progresso e crescimento sonha, porque, ao ser assim reconhecida, se fortalece e se estrutura como filho.

A convivência familiar e comunitária saudável importa da mesma forma, a inserção da criança nos mais diversos espaços sociais sem que ela perca o referencial e o lugar de filho por ela, criança ou adolescente, ocupado. É a socialização da criança e do adolescente permitindo-lhes o crescimento e desenvolvimento harmonioso de sua personalidade numa atmosfera de afeição, segurança e acolhida material e moral.

Significa, ainda, que a criança e o adolescente receberão atendimento de suas necessidades físicas e emocionais de forma personalizada[247] e que sobre ela, criança ou adolescente, paira um ambiente de expectativas, o que proporciona ao seu desenvolvimento psíquico uma sensação de segurança e de perspectiva em relação ao futuro.[248] Significa e importa, em

---

[247] Sobre a importância dessa forma de atendimento ensina Maria Tereza MALDONADO: "[...] bebês criados em orfanatos em geral recebem estimulação deficiente em termos de contato humano: muitas pessoas cuidam dos nenês de modo impessoal, não falam nem brincam com eles e os alimentam mecanicamente. A imensa maioria dos bebês criados nessas condições cresce com problemas emocionais graves em geral caracterizados por uma recusa ao contato com pessoas, completa apatia e incapacidade de formar vínculos afetivos. Tratar o bebê com amor, e carinho, aconchegá-lo, sorrir para ele, brincar e oferecer-lhe brinquedos apropriados é essencial para um desenvolvimento saudável". (*Como cuidar de bebês e crianças pequenas*. 3. ed. São Paulo: Saraiva, 1996, p. 64).

[248] Entende-se que essa perspectiva em relação ao futuro também surge na criança quando nos relacionamentos familiares, estes criem fantasias criativas em relação a ela criança e seu futuro. Para esclarecer melhor essa ordem de idéias, entende-se válida a seguinte constatação de um psicólogo junguiano ao tratar do significado dos relacionamentos: "O relacionamento envolve sempre algo de criativo. Ao empregar a palavra 'criativo', quero dizer o seguinte: a psique humana está sempre cheia de novas possibilidades. Ela se cria sempre, por assim dizer, e é permanentemente recriada. O potencial psíquico de um indivíduo é obviamente limitado, mas altamente diversificado e multifacetado. Não é nada criativo ou propício ao relacionamento encontrar alguém e vê-lo como uma foto instantânea ou uma imagem fixa. Encontrar uma pessoa de modo criativo significa tecer fantasias em redor dela e circundar seu potencial. Surgem, então, várias imagens sobre a pessoa e o relacionamento potencial. Em geral, essas fantasias criativas estão bem longe da assim-chamada realidade; são tão irreais, ou tão verdadeiras, como contos de fato e mitos. [...] Mesmo se não expressas, as fantasias também influenciam a outra pessoa, despertando nela suas potencialidades. [...] as fantasias criativas que descrevi se relacionam à natureza da outra pessoa e representam, de forma simbólica-mitológica, seu potencial de vida. [...] Certas fantasias dos pais talvez sirvam de exemplo. Freqüentemente os pais se permitem, consciente ou semiconscientemente, fantasiar o futuro de seus filhos [...]. Muitas vezes, porém, essas fantasias derivam de uma visão basicamente correta, representando uma figuração criativa de um potencial latente.[...] Estas fantasias criativas, ou circum-ambulação imaginativa do parceiro, são da maior importância em qualquer relacionamento humano.[...] Todo mundo tem necessidade de fantasiar sobre si mesmo, de circundar e despertar seu próprio potencial de forma mitológica ou como num conto de fada. Uma das tragédias da vida de crianças de orfanato é que ninguém tece tais fantasias em torno delas, de modo que quase nunca seu potencial é despertado. Essas crianças

primeira e última instância, ser chamado e tratado de filho e ter alguém para chamar de pai e com ele formar um núcleo de vivência para a este se referir como sua família.

Para Jason Albergaria, o sexto princípio enunciado pela Assembléia Geral da Declaração dos Direitos da Criança está na base no artigo 19 do ECA ao enunciar:

> A criança, para o harmonioso desenvolvimento de sua personalidade, tem necessidade de amor e de compreensão. Deve crescer sob a salvaguarda e responsabilidade dos pais, numa atmosfera de afeição e segurança, material e moral; a criança de tenra idade, salvo circunstância excepcional, não deve ser separada da mãe. A sociedade e o Estado têm o dever de tomar particular cuidado das crianças sem família ou das que não têm meios de existência suficientes. É desejável que sejam concedidas às famílias numerosas subsídios do Estado ou outros para a manutenção das crianças.[249]

Assim, entende esse autor que, "realmente, a família é o primeiro agente de socialização do ser humano, e a carência de afeto e de amor do lar marcará para sempre o futuro da criança".[250]

Entretanto, não é necessário aprofundar na temática social para se perceber os efeitos deletérios que tanto o lado patológico de uma convivência familiar quanto a solidão do abandono em instituições trazem para uma criança e adolescente dada a peculiar situação de pessoas em desenvolvimento que são.

Em que pese a má convivência familiar e comunitária também infringir o direito constitucional da criança e do adolescente, doravante se buscará fazer referências somente ao abandono sofrido pelas crianças e adolescentes institucionalizados, pois a convivência familiar danosa, tecnicamente, conduz à retirada da criança do seio de sua família de origem e a coloca na situação de criança institucionalizada nos chamados "lares ou unidades de abrigo". O conceito do abandono, porque se está tratando dele no contexto maior da adoção, é aqui verticalizado para ser tomado como aquele vivenciado pelas crianças e adolescentes institucionalizados, deixando-se *a latere* inúmeras outras questões que envolvem o abandono emocional vivido por crianças inseridas em um contexto familiar,[251] tanto quanto o abandono dos chamados "meninos de rua".

---

poderão tornar-se adultos bem comportados, mas psiquicamente só estão vivas pela metade". (GUGGENBÜL-GRAIG, Adolf. *O abuso do poder na psicoterapia* – e na medicina, serviço social, sacerdócio e magistério. Trad. Roberto Gambini. Rio de Janeiro: Achiamé, 1978, p. 54-56, *passim*)

[249] ALBERGARIA, Jason. *Comentários ao Estatuto da Criança e do Adolescente*. Rio de Janeiro: Aide, 1991, p. 41.

[250] *Ibidem, loc. cit.*

[251] Somente a título exemplificativo e reflexivo traz-se ao leitor informação prestada pessoalmente à autora pelo médico psiquiatra Dr. Martinus Vanderbildt ao comentar o fato de uma criança instada pela professora a desenhar sua família, desenhou como tal as figuras de sua babá e de seu motorista particular (setembro/2002, São Paulo).

Parece até estranho se falar de abandono quando as crianças são mantidas em lares e instituições de abrigo. Entretanto, efetivamente essas crianças são e estão abandonadas, trazendo em suas vidas a marca de uma vivência sem referenciais familiares mais próximas, sem a intimidade de uma vida pessoal que lhes permita um desenvolvimento afetivo digno e estável.

A psicóloga paranaense Lídia Natália Dobrianskyj Weber traz essa realidade do abandono das crianças e adolescentes institucionalizados ao relatar:

> Pesquisas [...] revelam que a maioria dessas crianças chega às instituições através de suas próprias famílias, geralmente monoparentais (nas quais só a mãe está presente) e desfavorecidas economicamente. A maioria, a partir do momento em que chega às instituições, não recebe mais visitas de sua família e passa a fazer parte de um contingente especial da população: os filhos de ninguém. As famílias, que em princípio pensam em utilizar a instituição como um colégio interno, desaparecem. As famílias, no entanto, continuam detentoras do pátrio poder e as crianças nem sequer têm o direito de serem colocadas em uma família substituta. [...] Porque as crianças crescem nesses abrigos? Ninguém duvida que é uma violência a destituição do pátrio poder, mas não é uma violência uma criança crescer sem referência familiar? [...][252]

A partir dessa realidade, pode-se constatar que no verso da folha que inscreve o direito à convivência familiar e comunitária e da sua necessidade de afirmação jurídica enquanto direito constitucional se encontra o que o jusfilósofo Dal Vechio chamaria de "o tordo do direito", ou seja, o abandono das crianças e adolescentes que crescem em lares coletivos onde a impessoalidade dos contatos e a falta de uma vinculação afetiva mais forte é a marca de suas vidas. Ausência de vinculação esta, por vezes, até conscientemente desejada por aqueles que dessas crianças se ocupam, pois

---

[252] WEBER, Lídia Natália Dobrianskyj. Quero que alguém me chame de filho: ou do direito à convivência familiar e comunitária. In: COUTO, Sérgio [coord.]. Nova realidade do direito de família: jurisprudência, visão interdisciplinar e noticiário. Rio de Janeiro: Jurídica, 1998, p. 101. t. 1). Ou, ainda, como se manifestou a representante do Ministério Público de 2ª instância do Estado do Rio de Janeiro ao exarar parecer favorável a habilitação de um homem, declarado homossexual, para a adoção, ao contrário das procuradoras de justiça de 1ª instância que recorreram da sentença de primeiro grau: "Deixar uma criança desde o nascimento entregue à solidão dos orfanatos, sem ninguém para estancar-lhe o pranto na hora da dor ou do medo, entregá-lo ao desprezo público ao completar 18 anos, até que ela ceda ao clima da tentação e acabe aumentando a população carcerária. Pouca coisa é necessária para transformar inteiramente uma vida. Há tantas pessoas que ainda são más, porque até agora não foram suficientemente amadas. Não se pode abafar o clamor de milhares de crianças pedindo um lar. Melhor seria que não existissem crianças abandonadas, mas se existem e podemos diminuir o sofrimento de algumas, devemos permitir que a caridade social determine a justiça a ser aplicada ao caso". (RIO DE JANEIRO. Tribunal de Justiça. Adoção. Elegibilidade admitida, diante da idoneidade do adotante e reais vantagens para o adotando. Absurda discriminação por questão de sexualidade do requerente, afrontando sagrados princípios constitucionais e de direito humano e da criança. Apelo improvido, confirmada a sentença positiva da Vara da Infância e Juventude Ap. Cív. n. 14.979/98. Rel. Des. Severiano Ignácio Aragão. J. 21/01/99 (Acórdão remetido pela assessora do juízo da 1ª Vara da Infância e Juventude do Rio de Janeiro)

sabem da temeridade e da fragilidade dessa convivência. Explicando melhor: as crianças institucionalizadas podem a qualquer tempo vir a serem colocadas à adoção ou efetivamente serem adotadas, o que gera uma atmosfera de efemeridade e um mito de temporariedade marcado por um avistado fim das relações entre os atendentes dessas instituições e as respectivas crianças e adolescentes dos quais se ocupam.[253]

Sem dúvida, o abandono é uma marca indelével na personalidade das crianças institucionalizadas, como já puderam constatar as psicólogas da Universidade Federal do Paraná, Lídia Natália Dobrianskyj Weber e Lúcia Helena Milazzo Kossobudzki, ao conduzirem minuciosa pesquisa a respeito do tema referente ao abandono e às crianças institucionalizadas no Estado do Paraná. Na referida pesquisa, afirmaram as pesquisadoras:

> Todos nós, psicólogos e profissionais afins, sabemos da importância de uma família e de um lar protetor para o desenvolvimento de uma personalidade forte. [...] Então como uma criança pode desenvolver sua individualidade, sua personalidade, seus vínculos afetivos que carregará consigo pelo resto da sua vida, seus gostos pessoais numa instituição onde existem mais 150 crianças com ela. [...] Como desenvolver o seu próprio repertório comportamental se a instituição exige que todas camas sejam arrumadas do mesmo modo, sem uma ruga nas colchas? Se não tem ninguém para quem contar os seus pequenos segredos, se é que conseguem desenvolver segredos e histórias pessoais. [...]. Sem dúvida, crianças institucionalizadas são privadas de seu espaço subjetivo, dos seus conteúdos individuais, da realidade dos vínculos afetivos. São despojadas de experiências sócio-psicológicas. São abandonadas, mesmo quando as famílias as deixam nas instituições "só por algum tempo até arranjar emprego", e depois "somem do mapa".[...] Permanecerá, então, até os dezoitos anos na instituição, vivendo numa realidade totalmente artificial e afetivamente carente, e em seguida, deverá deixar a instituição e procurar um emprego. Sair para a vida. Quais são as chances desse ser humano, não mais uma criança, o que talvez nunca tenha sido, e ainda não um adulto, o que poderá nunca ser?[254]

---

[253] Contexto esse trazido pelo psicólogo João Seabra DINIZ ao constatar: "[...] Com efeito, a vida em internatos, ou numa colocação familiar, mesmo quando tudo se processa de forma positiva, deixa sempre o menor numa situação de assistido, privado dos direitos concretos e da real inserção numa família, que são prerrogativas do adotado legalmente. A própria precariedade destas situações, que implicam uma ligação afetiva que a todo momento pode ser interrompida, condiciona fortemente, como não poderia deixar de ser, o investimento afetivo que os adultos fazem na criança e conseqüentemente as reações desta ao ambiente humano que a rodeia". (Adoção para uma visão global. In: FREIRE, Fernando [org.]. *Abandono e adoção*: contribuições para uma cultura da adoção. Curitiba: Terres des Hommes, 1991, p. 15. v. 2). Ou, ainda, nas palavras da promotora de justiça Henriqueta Sharf VIEIRA: "[...] por melhor que seja o estabelecimento, nada se compara a uma família constituída. Aliás, qualquer instituição proporcionará à criança laços efêmeros e frágeis para com seus servidores. Laços esses insuficientes para um desenvolvimento harmonioso e equilibrado. Daí a necessidade de conscientização da sociedade em geral para a importância das diversas formas de colocação em famílias substitutas, em especial da adoção". (Abandono e adoção: princípios gerais. In: FREIRE, Fernando [org.]. *Adoção e abandono*. Curitiba: Terres dês hommes. p. 205).
[254] WEBER, Lídia Natália Dobrianskyj; KOSSOBUDZKI, Lúcia Helena Milazzo. Abandono e institucionalização de crianças no Paraná. In: FREIRE, Fernando [org.]. *Adoção e abandono* ..., p. 32-33.

Entretanto, é a ferida do abandono que, paradoxalmente, possibilita que uma criança ou adolescente seja adotado e por meio da adoção desfrute ou até mesmo volte a desfrutar do seu direito de viver em família e conviver na comunidade, direito que a sociedade deseja e que a Constituição Federal de 1988 assegura a esses "pequenos" e frágeis cidadãos.

## 5. O instituto e o discurso jurídico da adoção

Para a civilística clássica, o instituto jurídico da adoção apresenta-se para o direito como uma ficção legal[255] que permite a constituição dos vínculos entre pais e filhos independentemente do fato natural da procriação.[256] Este contexto da adoção remonta à Antiguidade, quando a filiação cumpria e desempenhava função relevante na continuidade patrimonial, moral e religiosa da família. Em verdade, o sentido de perpetuidade da família ligava-se, sobretudo, ao culto da religião familiar e à permanência da chama acesa do fogo sagrado, os quais não poderiam jamais se extinguir, pois extinta estaria a família, recaindo, esse encargo, sobre os ombros da descendência. Vinculado a esse contexto religioso estava também encarregada a descendência de garantir a felicidade do homem no pós-morte, como afirmar Fustel de Coulanges na sua obra clássica A cidade antiga:

> [...] julgavam [os povos antigos, gregos, romanos, hindus] que a felicidade do morto não dependeria da conduta do homem durante a vida, mas daquela de seus descendentes em relação a ele, depois da sua morte. Por isso, cada pai espera de sua posteridade aquela série de banquetes fúnebres que assegurasse aos seus manes repouso e felicidade.[...] Daí derivou a regra, de deverem, todas as famílias, perpe-

---

[255] Antunes VARELA discorda desta definição ao afirmar: "É, no entanto, inexacta a ideia de que, pelos simples facto de não ter um suporte *biológico* na sua raiz, como a filiação, adopção assenta numa ficção legal. Ela não procede de um facto *biológico*, mas nasce de uma realidade *sociológica, psicológica e afectiva,* que merece em termos incontestáveis a tutela da lei, desde que não sacrifique os interesses superiores da família natural" [...]. (*Direto da família.* 3. ed. Lisboa: Perony, 1993. v. 1, p. 95). Também, afasta este entendimento, Luiz Edson FACHIN ao alegar: "Dizer da adoção no espelho jurídico como ato solene apto a estabelecer o vínculo da filiação é compreender menos. Apreender o mai é relegar a idéia segundo a qual o adotivo vem na condição de filho e assim é aceito por alguém que lhe é estranho. Nada disso. É na adoção que os laços de afetos se visibilizam desde logo, sensorialmente, superlativando na base do amor verdadeiro que nutrem entre si pais e filhos."(*Elementos críticos do direito de família* ..., p. 216). E ainda nesta linha pensamento os civilistas José Lamartine Corrêa de OLIVEIRA e Francisco José MUNIZ: "A filiação adotiva, por definição, não repousa, ao contrário, em qualquer dado da natureza biológica. Repousa, isso sim, sobre dado psicológico e social". (*Direito de família*: direito matrimonial ..., p. 38)

[256] GOMES, Orlando. *Direito de família.* 13. ed. rev. atual. Rio de Janeiro: Forense, 2000, p. 369.

tuarem-se para todo o sempre. Os mortos precisariam que a sua descendência nunca se extinguisse.[257]

Essa imposição religiosa determinava o dever da procriação, pois a filiação não estava ligada aos desejos e questões pessoais dos membros da família, mas sim circunscrita à função da perpetuidade do culto e da religião doméstica. Neste sentido prossegue Fustel de Coulanges ao aferir: "Todos tinham, pois, enorme interesse em deixar um filho, convencidos de que, com isso, teriam uma imortalidade feliz. Era mesmo um dever do homem para com os antepassados, pois que a sua felicidade devia durar tanto quanto a família".[258]

Constata-se, dessa forma, que o traço característico da família antiga era o dever da perpetuidade, pois a maior desgraça que poderia ocorrer a uma família seria a interrupção de sua linhagem e, conseqüentemente, o esquecimento dos seus ancestrais. Essa função de garantir a continuidade real e simbólica da família cumpria à filiação.[259]

Porém, apesar de vários mecanismos utilizados pelas famílias para evitar o perecimento da linhagem quando os filhos naturalmente não adviessem no casamento, tais como: a possibilidade do divórcio na hipótese da esposa estéril, assim como o dever de esta se deitar com parente de seu marido para, ao gerar filhos deste, indicar a prole como sendo do esposo, persistiam as situações nas quais somente a criação jurídica do instituto da adoção viria a preencher esse dever de continuidade da família. Tanto que a adoção de filhos foi concebida com essa natureza e tão estrito era o seu uso que só era permitida àqueles que não tivessem filhos, daí a possibilidade de se anularem as adoções conferidas na presença de demais filhos por tais adoções, contrariar o direito religioso.[260] Assim, a adoção só se justificava, portanto, na necessidade de se prevenir a extinção de um

---

[257] FUSTEL DE COULANGES, Numa Demis. *A cidade antiga*. Trad. Jean Melville. São Paulo: Martin Claret, 2002, p. 53.

[258] *Ibidem*, p. 54.

[259] Esclareça-se que não se tratava de qualquer filho, pois como afirma FUSTEL DE COULANGES, "Gerar um filho, porém, não era o bastante. Aquele que perpetuaria a religião doméstica devia ser fruto do casamento religioso. O bastardo, o filho natural, aquele que os gregos denominavam *nothos*, e os latinos, *spurius,* não podiam desempenhar o papel que a religião determinava ao filho legítimo". E ainda mais adiante, afirma esse mesmo autor: "O nascimento da filha não satisfazia ao fim do casamento. Com efeito, a filha não podia continuar o culto, porque no dia em que se casasse renunciaria à família e ao culto de seu pai, passando a pertencer à família e à religião do marido. Tanto a família como o culto só teriam continuidade por meio dos varões;[...]". (*Ibidem*, p. 55, 57).

[260] Entendimento extraído da obra de FUSTEL DE COULANGES ao citar o texto de Cícero contra a adoção de Clódio ao afirmar o imperador romano: "'Que direito rege a adoção? Não será preciso que o adotante esteja em idade de já não gerar filhos, e que antes de adotar procurasse tê-los? Adotar é pedir à religião e à lei aquilo que não se pode obter da natureza'." E conclui FUSTEL DE COULANGES: "Cícero ataca a adoção de Clódio, argumentando que o homem que o adota já tem um filho, e alega que essa adoção é contrária ao direito religioso". (*Ibidem*, p. 59).

culto de determinada família e só era permitida a quem comprovadamente não pudesse gerar filhos próprios.

Nesse sentido, pode-se dizer que o direito antigo privilegiava mais os laços religiosos do que os laços naturais, tanto que havia a figura da emancipação que, diferentemente do direito atual, não implicava o acesso ao estatuto da capacidade civil, mas sim a ruptura completa dos laços e vínculos de um filho – que seria o emancipado – com sua família de origem, inclusive para fins patrimoniais e sucessórios, para ser inserido em outro núcleo, doravante, sua nova família.[261]

Percebe-se, pois, nos moldes anteriormente expostos, que o foco de a adoção não estava dirigido nem à figura do pai, nem era instituída em benefício do filho na medida em que se originava e se vinculava inexoravelmente à função de perenidade do culto familiar. Dizia respeito à família enquanto instituição e não aos interesses das pessoas que a ela pertenceiam.

A adoção foi muito utilizada entre os povos orientais, tendo estado muito presente na Grécia onde exerceu importante função social e política. Entretanto, foi no direito romano que recebeu maior compilação e sistematização jurídicas, expandindo-se nesse período histórico de maneira notória. Mesmo após a invasão do Império Romano pelos bárbaros, a adoção permaneceu como de uso corrente, motivada, porém pelo desejo de um guerreiro valente perpetuar seus feitos de guerra e das armas na pessoa do adotado. Já para o direito germânico tinha a adoção a finalidade de suprir a falta de testamento. O direito canônico que valorizava somente a família cristã porque oriunda do matrimônio religioso desprezou completamente o instituto da adoção, chegando tal instituto jurídico a desaparecer no período da Idade Média.[262]

Dessa apertada síntese sobre as razões e finalidades da antiga adoção, chega-se ao direito civil clássico. Nele o foco do instituto jurídico da adoção não está mais ligado, necessariamente, à função de continuidade dos ritos e cultos religiosos da instituição familiar, mas ainda não está totalmente voltado para o horizonte da criança e dos seus melhores interesses como atualmente determina o direito civil contemporâneo.

De forma muito clara e precisa, diversos diplomas de origem internacional, entre os quais a Declaração dos Direitos da Criança e a Convenção Internacional sobre os Direitos da Criança, bem como no nosso

---

[261] "[...] o direito antigo se amoldava às regras religiosas. O filho excluído do culto paterno pela emancipação, era igualmente excluído da herança. Pelo contrário, o estranho que, pela adoção havia sido incorporado ao culto de uma família e se tornava filho desta, continuava o culto e herdava bens". (FUSTEL DE COULANGES. *A cidade antiga* ..., p. 87).
[262] PEREIRA, Caio Mário da Silva. *Instituições de direito civil* ..., v. 5, p. 211-212.

sistema legal interno por meio do artigo 227 *caput* e § 6º da Constituição Federal, assim como de todo o conteúdo principiológico e mesmo normativo do Estatuto da Criança e do Adolescente, Lei 8.069, de 13 de julho de 1990, o instituto da adoção volta-se única e exclusivamente para atender os melhores e superiores interesses da criança.[263]

O instituto jurídico da adoção chegou até o direito codificado a partir de sua origem no direito romano abandonando, logicamente, a finalidade de culto aos antepassados e perenidade familiar, voltando-se, nesse momento da codificação, para os interesses paternos e mais tarde com fins de estimular a solidariedade social e um melhor ambiente para a infância abandonada.[264]

No nosso sistema legal clássico, o instituto da adoção teve pela primeira vez seu estudo sistematizado com a promulgação do Código Civil de 1916. O legislador brasileiro, de 1916, visava com esse instituto jurídico a dar filhos a quem, biologicamente, não os podia ter. No dizer de Silvio Rodrigues: "O Código Civil disciplinou a adoção na forma porque era tradicionalmente regulada alhures, isto é, como instituição destinada a dar filhos, ficticiamente, àqueles a quem a natureza os havia negado".[265]

---

[263] A preservação dos melhores interesses da criança é visível na nossa jurisprudência mais recente, inclusive para suplantar eventuais óbices legais, como se pode aferir no voto do rel. Min. Aldir Passarinho no Recurso Especial nº 100.294/SP: "A dispensa do consentimento paterno e materno para a adoção de menor somente tem lugar quando os genitores sejam desconhecidos ou quando destituídos do pátrio poder. 2. Não se configurando expressa anuência da mãe, esta, para desfazer-se, depende, então da destituição da genitora, o que se opera mediante ação própria, obedecido o devido processo legal previsto na Lei 8.069/90, inservível, para tanto, o aproveitamento de mero requerimento de jurisdição voluntária. 3. Caso, todavia, em que a adoção perdurar por longo tempo – mais de dez anos- achando-se o menor em excelentes condições, recebendo de seus pais adotivos criação e educação adequadas, como reconhecido expressamente pelo Tribunal estadual e *parquet* federal, a recomendar, excepcionalmente, a manutenção da situação até aqui favorável à criança, cujo bem-estar constitui o interesse maior de todos e da justiça". (BRASÍLIA. Superior Tribunal de Justiça. Civil. Adoção. Consentimento da genitora. Ausência. Destituição do pátrio poder. Procedimento próprio. Inobservância. Lei n.8.069/90 (ECA), arts. 24,25§ 1º, 155, 166, e169. Situação fortemente consolidada no tempo. Preservação do bem estar do menor. Manutenção excepcional, do *status quo*. Recurso Especial nº 100.294/SP. Rel. Min. Aldir Passarinho. 28 jun. 2001. *DJ* 19 nov. 2001)

[264] Antunes VARELA relata que o instituto da adoção grassou novamente na legislação portuguesa, da qual estava ausente mesmo com o advento do Código Civil de 1867, assim como em demais países europeus por conta do grave problema social decorrente do pós-guerra (1914-1918), que deixou em orfandade e completo abandono milhões de crianças, crise social esta agravada substancialmente pela crise econômica de 1928 que, inclusive, atingiu países socialmente desenvolvidos. Sobre esses fatos afirma o jurista português: "Na luta contra o flagelo da criminalidade juvenil, muitos dos estudiosos dos problemas da infância desvalida reconheceram na adopção, apesar do seu limitado alcance prático, uma das melhores armas de combate ao s estados de carência moral e afectiva em que as crianças abandonadas se encontravam. A ressurreição do instituto encontrou assim, a partir do segundo quartel do século, ambiente francamente favorável por parte do Estado, em virtude da gravidade social crescente que em numerosos países passou a ter a situação da infância desvalida [...]". (*Direito de família* ..., p. 97).

[265] RODRIGUES, Silvio. *Direito civil*: direito de família. 17. ed. atual. São Paulo: Saraiva, 1991, v. 6, p. 339.

A adoção regulamentada nessa fase pelo Código Civil só era permitida a quem, não tendo filhos, também contasse com idade superior a 50 (cinqüenta) anos, pois este requisito legal era entendido pelo legislador tanto como prova da impossibilidade da geração de prole natural, como garantia de que não adviriam filhos naturais supervenientes à adoção. Esses requisitos legais da época marcavam o caráter do instituto voltado para suprir uma falta que a natureza havia criado. Seu vértice, portanto, eram os interesses dos adotantes.

A adoção, na forma originariamente tratada pelo Código Civil de 1916, mantinha algumas raízes do direito romano, entre elas a manutenção de vínculos jurídicos entre o adotado e sua família consangüínea, o que, segundo Caio Mário da Silva Pereira,[266] culminava por desestimular a sua prática.

A primeira grande modificação jurídica do instituto ocorreu com a promulgação da Lei nº 3.133, de 08 de maio de 1957, que alterou tanto os requisitos exigidos para a habilitação dos adotantes, quanto à própria finalidade e natureza do instituto da adoção. O legislador nesse momento abandona o cunho de "dar filhos a quem a natureza os negou" para instituir o viés assistencialista do instituto, ou seja, de se constituir, a adoção, num modo de melhorar as condições morais e materiais do adotado.[267] Tanto assim que a adoção regulada por essa nova lei permitia que tal adoção fosse concedida aos adotantes com idade de 30 (trinta) anos e não mais 50 (cinqüenta) anos, e os adotantes podiam, também, já ter tido filhos consangüíneos ou vir a tê-los mesmo após a adoção. O cunho assistencialista desta forma de adoção revela igualmente a face patrimonialista do direito liberal burguês da época, que se mantinha nela também presente ao proibir o filho adotivo, na presença de prole biológica, anterior ou posterior à adoção, a igualdade de direitos no campo da sucessão.

Essa lei de maio de 1957 deu nova redação ao artigo 368 *caput* e parágrafo único, e aos subseqüentes artigos 369, 372, 374, 377 da codificação de 1916. Nesse momento, a adoção era tida pela doutrina como um negócio jurídico solene, porque o cumprimento dos requisitos legais era o que conferia validade e até mesmo existência ao ato (art. 375 CC/16).

---

[266] PEREIRA, Caio Mário da Silva. *Instituições de direito civil* ..., v. 5, p. 213.

[267] Silvio RODRIGUES nos relata essas alterações ao afirmar: "A primeira importante modificação trazida pelo legislador, no campo da adoção, ocorreu com a Lei nº. 3.133, de 8 de maio de 1957. Tal lei, reestruturando o instituto, trouxe transformações tão profundas à matéria que se pode afirmar, sem receio de exagero, que o próprio conceito de adoção ficou, de certo modo, alterado. Isso porque, enquanto, dentro de sua estrutura tradicional, o escopo da adoção era atender ao justo interesse do adotante, de trazer para sua família e na condição de filhos uma pessoa estranha, a adoção (cuja difusão o legislador almejava), passou a ter, na forma que lhe deu a lei de 1957, uma finalidade assistencial, ou seja, a de ser, principalmente, um meio de melhorar a condição do adotado". (*Direito civil* ..., p. 340).

Esses requisitos consistiam em: *a)* ter os adotantes mais de 30 anos (art. 368 CC/16); *b)* se casados, deveriam sê-lo por mais de 5 anos (parágrafo único do art. 368 CC/16); c) ser o adotante pelo menos 16 anos mais velho do que adotado (art. 369 CC/16) e, ainda, a exigência que permaneceu nos moldes já consagrados pelo Código Civil, que era *d)* o fato de ninguém poder ser adotado por mais de uma pessoa, a não ser que fossem os adotantes marido e mulher (art. 370 CC/16).

Os efeitos mais importantes dessa modalidade da adoção e que servem para comprovar o caráter assistencialista e patrimonialista do instituto verificam-se principalmente na não-ruptura dos vínculos jurídicos entre adotando e seus pais naturais e, conseqüentemente, nas obrigações e direitos a eles inerentes. Essa manutenção do vínculo jurídico entre adotando e pais biológicos, bem como o estreito liame do parentesco só estabelecido entre adotante e adotando, terão enorme repercussão no que diz respeito aos efeitos patrimoniais decorrentes das relações de parentesco, tais como o direito aos alimentos e, principalmente, o direito sucessório.

Essa adoção prescrita pela Lei de 1957 mais tarde passou a ser tratada pela doutrina com sendo a adoção simples, pois limitava o vínculo do parentesco entre o adotado e adotante, para os efeitos da lei civil, a não ser quanto aos impedimentos matrimoniais. Os vínculos do parentesco não se estendiam, para efeitos legais, aos demais parentes do adotante (art. 376 CC/16), decorrendo desse imperativo a lógica do artigo 1.618 do Código Civil de 1916, que determina não haver direito sucessório entre o adotando e os parentes do adotante.[268]

Por outro prisma, os vínculos jurídicos (direitos e deveres) resultantes do parentesco natural entre adotando e pais biológicos também não se extinguiam, exceto o pátrio poder que era conferido ao adotante (art. 378 CC/16). A lei, como afirmado anteriormente, não impossibilitava a adoção por quem já tivesse a própria prole, no entanto na presença desta o filho adotivo não teria quaisquer direito sucessório nos termos estabelecidos pelo art. 377 do Código Civil de 1916. Porém, se a prole fosse superveniente à adoção, o filho adotivo herdaria, mas não em pé de igualdade à prole natural, pois seu direito, nos termos do art. 1.605, § 2°, do referido Código Civil,[269] restringir-se-ia à metade do que coubesse àqueles nascidos após a adoção.

---

[268] "Art. 1.618 CC/16. Não há direito de sucessão entre ao adotado e os parentes do adotante".

[269] "Art. 1.605 CC/16. Para os efeitos da sucessão, aos filhos legítimos se equiparam os legitimados, os naturais reconhecidos e os adotivos.
[...].
§ 2°. Ao filho adotivo, se concorrer com legítimos, supervenientes à adoção(art. 368), tocará somente metade da herança cabível a cada um destes".

A manutenção do vínculo jurídico entre o adotando e seus pais biológicos para efeitos sucessórios importava, do mesmo modo, que estes últimos, se vivos ao tempo da sucessão e na ausência de prole do filho adotivo, seriam os herdeiros em detrimento do adotante.[270] Outra característica que marcava essa modalidade de adoção era a possibilidade da dissolução completa do vínculo jurídico que unia adotante e adotado. A adoção nos termos até aqui referidos diz respeito ao que a doutrina passou a denominar, depois da introdução da adoção plena, como sendo a adoção simples.

Um segundo grande momento da história do instituto da adoção para o direito brasileiro deu-se com o advento da Lei nº 4.655, de 02 de junho de 1965, que instituiu uma nova perspectiva para essa figura jurídica ao criar a legitimação adotiva. Esta nova modalidade de adoção estabelecia o vínculo de parentesco entre adotante e adotado com os mesmos efeitos e características conferidos ao parentesco consangüíneo entre pai e filho, o que significava que o adotando rompia com todos os vínculos legais com sua família de origem, com exceção dos impedimentos matrimoniais, e passava a ser considerado filho, para todos os efeitos, dos adotantes. Essa nova forma de adoção só era permitida a quem fosse legalmente casado e era irrevogável, ao contrário da denominada adoção simples que podia ser desfeita mediante algumas exigências legais.

Essa chamada legitimação adotiva em 1965 com a promulgação da Lei nº 6.697/79, o conhecido Código de Menores, passou a ser denominada de adoção plena, pois abrangia uma gama maior de direitos marcando a diferença com o tipo de adoção até então em vigor, como afirma Sílvio Rodrigues:

> [...] as adoções eram diversas e na realidade o eram. A adoção simples, disciplinada pelo Código Civil, criava um parentesco civil entre adotante e adotado, parentesco que se circunscrevia a essas duas pessoas, não se apagando jamais os indícios de como esse parentesco se constituíra. Ela era revogável pela vontade concordante das partes e não extinguia os direitos e deveres resultantes do parentesco natural. A adoção plena, ao contrário, apagava todos os sinais do parentesco natural do adotado, que entrava na família do adotante como se fosse filho de sangue. Seu assento de nascimento era alterado, os nomes dos genitores e avós paternos substituídos, de modo que, para o mundo, aquele parentesco passa a ser o único existente.[271]

Essas classes de adoções poderiam ser indistintamente utilizadas independentemente da idade do adotado, o que descortina ainda a preocupa-

---

[270] "Art. 1.609 CC/16. Falecendo sem descendência o filho adotivo, se lhe sobreviverem os pais e o adotante, àqueles tocará por inteiro a herança".
[271] RODRIGUES, Silvio. *Direito civil ...*, p. 341.

ção do instituto voltada principalmente para os anseios dos adotantes em detrimento dos interesses do adotado.

A dicotomia do instituto[272] introduzida pela Lei de 1965 e difundida pelo Código de Menores vigorou pacificamente no direito brasileiro até o advento da Constituição Federal de 1988 que, ao introduzir o princípio da igualdade no estatuto da filiação, fez desaparecer as diversas classes de filhos, bem como vedou qualquer prática que discriminasse o filho por conta da origem de sua filiação.

Mas, foi principalmente a partir do ano de 1990, com a promulgação do Estatuto da Criança e do Adolescente que regulamentou detidamente o instituto da adoção de criança ou adolescente com idade até 18 anos,[273] que houve a cisão do entendimento doutrinário e jurisprudencial[274] a respeito de terem, ou não, sido revogados ou fulminados pela inconstitucionalidade[275] superveniente os artigos do Código Civil em vigor até Janeiro/2003 que tratam especificamente da adoção simples e dos efeitos legais desta.[276]

---

[272] No direito civil português permanece legalmente essa dicotomia no instituto da adoção que se divide em adoção restrita, quase nos moldes da nossa adoção simples, e adoção plena que também guarda certas semelhanças com a nossa chamada adoção plena. (VARELA, Antunes. *Direito de família...*, p. 98-142).

[273] Ver as hipóteses tratadas pelo artigo 40 do ECA.

[274] Luiz Edson FACHIN traz decisão jurisprudencial a qual entende relevante a manutenção das duas modalidades de adoção. Tendo assim se referido esse autor sobre o julgado: "Favorável à dualidade de regime é o julgamento da apelação 17.747-9, em 11.03.92, pela 2º Câmara Cível do Tribunal de Justiça do Paraná, rel. Des. Negi Calixto: 'Se a ação de adoção for referente a pessoa maior, não interessam os efeitos da adoção nos termos do Estatuto da Criança e do Adolescente, mas sim o estabelecido no Código Civil". (*Elementos críticos do direito de família ...*, p. 216).

[275] Advogam essa tese os civilistas José Lamartine Corrêa de OLIVEIRA e Francisco José Ferreira MUNIZ, que afirmam: "Temos, pois, que os princípios e as normas do Código Civil que são contrários à Constituição e aos princípios nela consignados, tornaram-se inconstitucionais". (*Direito de família*: direito matrimonial ...*, p. 38).

[276] Como o cerne desse trabalho não se volta para aprofundar esse debate, informa-se ao leitor, que nosso entendimento a respeito deste tema segue a doutrina de Luiz Edson Fachin e de Gustavo Tepedino, cujas posições são as seguintes: A posição de Luiz Edson FACHIN, é a seguinte: "Sem embargo, mantém-se, ao menos em tese, a adoção do maior de 18 anos na sistemática do Código Civil, regendo-se pelo Estatuto a adoção da criança e do adolescente. A filiação adotiva hoje é submetida a um regime dicotômico: há adoção segundo o Código Civil e a adoção segundo a Lei nº 8.069/90 (ECA). Os dois sistemas estão submetidos a dois princípios: 1º) O Código Civil discriminava os filhos adotivos, com sérias limitações no direito de sucessão. O princípio da igualdade não permite mais esta discriminação: direitos iguais para os dois tipos de adoção para todos os filhos. 2º) Anteriormente à Constituição de 1988, exigia-se o estado matrimonial do adotante. Para que a adoção fosse plena, como previa o antigo Código de Menores, era necessário o estado matrimonial do adotante, inclusive com prazo mínimo de carência deste estado. Óbice ultrapassado pela Constituição Federal de 1988, a qual passou a contemplar a família monoparental, família que se forma pelo ascendente e os seus descendentes. Na família monoparental, ilustra-se a superação da exigência de um núcleo matrimonializado básico, no qual se assentaria a adoção. A adoção prevista pelo Estatuto implica integração completa do adotado com o adotante e seu entorno familiar, suprimindo-se a exigência do estado matrimonial. Pessoas solteiras também podem adotar qualquer uma das modalidades. Essas são as duas seqüelas fundamentais que emergem dos parágrafos do artigo 226 da Constituição Federal". (*Elementos críticos do direito de família ...*, p. 216-217). E afirma Gustavo

Para os fins propostos neste trabalho, a atenção estará voltada para a adoção plena, regulada pelo Estatuto da Criança e do Adolescente, que se reveste de contornos bastante precisos quanto ao seu caráter de norma pública voltada, única e exclusivamente, para atender os melhores interesses da criança cujos valores e princípios legais foram também incorporados pelo vigente Código Civil ao tratar do instituto da adoção, mesmo para as adoções dos maiores de idade que permanecem legalmente admitidas.

### 5.1. Adoção: requisitos e critérios da lei brasileira

O estatuto jurídico da filiação, nos moldes previstos pelo ordenamento jurídico contemporâneo, bem como de forma especial, a filiação adotiva, culminou por desnudar a crise dos fundamentos do sistema jurídico codificado que deitava suas raízes na consangüinidade, na impessoalidade e na funcionalidade da filiação, e nos valores adotados pelo sistema para proteger a paz na família como o era a *presunção pater is est*, que determinava quase de forma absoluta que o marido da mulher casada era o pai de seu filho.[277]

O estatuto da filiação foi modificado estrutural e substancialmente pelo princípio da igualdade trazido pelo ar. 227, § 6º, da Constituição Federal, que decapitou o traço de profunda e odiosa discriminação enraizada na classificação dos filhos conforme suas origens – mais precisamente, na natureza da relação havida entre seus pais – e no juízo de exclusão desse instituto.

---

TEPEDINO: "Note-se que o Estatuto trata especificamente da adoção de menores de 18 anos, admitindo, portanto, a adoção regida pelo Código Civil para os maiores daquela idade (art. 368 e segs., Código Civil). A permanência dessa adoção mais tênue, por assim, dizer, aos moldes do Código, não pode significar, de forma alguma, a manutenção dos artigos 377 e 1.605 § 2º, para essas modalidade, já que a igualdade constitucional da filiação, ao incluir expressamente os filhos adotivos, não admite diferenciação discriminatória no que tange à relação adotante-adotado. Dito diversamente, a existência de modalidades diferenciadas de adoção (nas formas como são disciplinadas pelo Código, para maiores de 18 anos, e pelo Estatuto, para todas as crianças e adolescentes, até 18 anos), não pode implicar a distinção de direitos ou qualificações relativamente à filiação. A Constituição Federal, em última análise, não admite efeitos discrepantes derivados da relação entre os pais e os respectivos filhos adotivos". (*A disciplina jurídica da filiação na perspectiva civil-constitucional* ..., p. 573-574). Mencione-se ainda que o atual Código Civil, no capítulo que trata da adoção, no parágrafo único do art. 1.623, mantém a adoção do maior de idade, só que determina que seja ela judicialmente constituída. Entretanto, o Projeto de Lei de autoria do deputado Ricardo Fiúza pretende a modificação desse do artigo 1.623, introduzindo nele o inciso III que estabelece a forma e os requisitos para a adoção do maior de 18 anos.

[277] Sobre a presunção da paternidade e suas repercussões no direito civil brasileiro remete-se o leitor ao livro de José Lamartine Corrêa de OLIVEIRA e Francisco José Ferreira MUNIZ (*Direito de família*: direito matrimonial ..., em especial p. 38-49). E ao livro de Luiz Edson FACHIN (*Da paternidade*: relação biológica e afetiva. Belo Horizonte: Del Rey, 1996) e ainda João Baptista VILELLA (Desbiologização da paternidade. *Revista Forense*, Rio de Janeiro, p. 271, 1980).

Assim, o advento do princípio da igualdade para o seio das relações na família e para o cerne do estatuto da filiação refletiu a completa e absoluta igualdade jurídica no que concerne ao tratamento a ser dado aos filhos, quer sejam biológicos, quer sejam adotivos. Pode-se dizer que o ordenamento legal alcançou sua máxima ao declarar para a sociedade: filho é filho, não importa sua adjetivação.

O Estatuto da Criança e do Adolescente, como um microssistema legislativo preocupado com a problemática social da infância e juventude, ao tratar das questões legais que envolvem a criança e o adolescente, incorporou os valores e princípios considerados essenciais pela comunidade internacional no que pertine à infância e à juventude.[278]

Entretanto, a nova política legislativa trazida pelo Estatuto foi possibilitada graças às mudanças de valores introduzidas, entre nós, pela Carta Constitucional de 1988, a qual, definitivamente erigiu a criança e o adolescente, inseridos ou não no ambiente familiar, como sujeitos de direitos, que passam a atuar como novos protagonistas no cenário social.[279] Para Tânia da Silva Pereira, o reconhecimento da criança e do adolescente como sujeito de direitos "significa para a população infanto-juvenil, deixar de ser tratada como objeto passivo, passando a ser, como os adultos, titular de direitos juridicamente protegidos".[280]

A Constituição Federal de 1988 reconheceu em seu artigo 227, parágrafos e incisos, os direitos fundamentais da criança e do adolescente dotando-os, portanto, de natureza constitucional e de características de direito público e programático.[281] O Estatuto como uma norma infracons-

---

[278] Especialmente pela Declaração dos Direitos da Criança de 1959 e pela Convenção Internacional dos Direitos da Criança de 1989, cumprindo esclarecer que as Declarações estabelecem, ou melhor, declaram princípios que não representam necessariamente obrigações para os Estados signatários. Por outro lado, as Convenções delineiam políticas legislativas a serem incorporadas e adaptadas pelos ordenamentos internos dos países que as subscrevem. Assim, as Convenções são dotadas de obrigatoriedade ao contrário das Declarações que proclamam direitos, mas não obrigam seu cumprimento.

[279] Segundo Marcos Alves da SILVA "O protagonismo assumido pela criança e pelo adolescente, no cenário jurídico brasileiro, no último quadrante do século XX, é fato insofismável. Especialmente, durante o processo constituinte, amplos setores da sociedade civil organizada mobilizaram-se em defesa de um novo tratamento jurídico-legal a ser dispensado à criança e ao adolescente.Muito embora o Brasil fosse signatário da Declaração Universal dos Direitos da Criança de 1959, em nenhuma de suas Constituições anteriores houve a preocupação com o estabelecimento de princípios relativos a esses direitos. Certamente, existia regramento relativo aos direitos das crianças e adolescentes, mas estava adstrito ao Direito de Família ou atinha-se à questão do menor em situação irregular". (*Do pátrio poder à autoridade parental*: repensando fundamentos jurídicos das relações entre pais e filhos, p. 136-137).

[280] PEREIRA, Tânia da Silva. *O melhor interesse da criança*, p. 15.

[281] J. J. Gomes CANOTILHO dá a exata noção do contexto que aqui se dá a norma programática: "Além de constituírem princípios e regras definidoras de directrizes para o legislador e a administração, as 'normas programáticas' vinculam também os tribunais, pois os juízes 'têm acesso à constituição', com o conseqüente dever de aplicar as normas em referência (por mais geral e indeterminado que seja o seu conteúdo) e de suscitar o incidente de inconstitucionalidade, no feitos submetido a

titucional seguiu a orientação principiológica da Carta Constitucional, assim como incorporou em seu corpo normativo a Doutrina Jurídica da Proteção Integral (art. 1º do ECA)[282] recomendada pelos organismos internacionais como sendo a mais adequada para tratar do mundo infanto-juvenil, seus problemas, necessidades e perspectivas. Passou-se, dessa forma, dos conceitos de vigilância sobre o "menor infrator" para a proteção da criança e do adolescente; de "menores", para cidadãos.

O instituto da adoção nos moldes da normativa do ECA e mesmo do Código Civil encontra suas bases legais em normas constitucionais (art. 227, *caput*, §§ 5º e 6º) e em critérios jurídicos não-legais, fundamentalmente o do melhor interesse da criança extraído do direito anglo-saxão, ou seja, *the best interest of child*.

A adoção na forma estabelecida e regulada pelo Estatuto da Criança e do Adolescente é a única modalidade de adoção a ser aplicada a toda e a qualquer criança ou adolescente de até 18 anos de idade – incluem-se aqui os maiores de 18 anos se o adotando contava com esta idade quando do início do procedimento, ou se já estiver sob a guarda ou tutela legal dos pretendentes à adoção.[283] Para a adoção de pessoas maiores de 18 anos, a adoção, cujos efeitos jurídicos são os mesmos daqueles trazidos pelo ECA, está assegurada e regulamentada pelo parágrafo único do artigo 1.623 do vigente Código Civil.

A adoção é ato jurídico que deve ser assistido pelo Poder Público e decretada por ato do Estado-juiz, enquanto poder a quem a sociedade outorgou o dever de aferir se a adoção atende aos melhores e superiores interesses da criança. É o que dispõe expressamente o artigo 43 do ECA: "A adoção será deferida quando apresentar reais vantagens para o adotando e fundar-se em motivos legítimos".

A sentença que decreta a adoção atribui a condição e o *status* de filho ao adotado em igualdade de direitos e deveres à prole biológica, inclusive sucessórios, desligando-o completamente da sua família de origem[284] para

---

julgamento (cfr. CRP, art. 204º), dos actos normativos contrários às mesmas normas.[...] As normas constitucionais programáticas têm ainda efeito 'derrogatório' ou 'invalidante' dos actos normativos incompatíveis com as mesmas, devendo, porém, precisar-se (e isso nem, sempre é fácil) em que medida as normas programáticas servem de *limite negativo* às leis consagradoras de disciplina contrária. Para além destes 'efeitos directos', deve reconhecer-se que as normas-tarefa e as normas-fim pressupõem, em larga medida, a clarificação conformadora efectuada pelas autoridades com poderes polítco-normativos". (*Direito constitucional e teoria da constituição* ..., p. 1054).

[282] "Essa lei dispõe sobre a proteção integral à criança e ao adolescente".

[283] Veja-se, também, a exceção regulamentada pelo art. 40 do ECA: "O adotando deve contar com, no máximo, 18 (dezoito) anos à data do pedido, salvo se já estiver sob a guarda ou tutela do adotante".

[284] Registre-se que permanecem os impedimentos matrimoniais entre adotando e sua família natural nos termos do artigo 41 do ECA: "A adoção atribui a condição de filho ao adotado, com os mesmos direitos e deveres, inclusive sucessórios, desligando-o de qualquer vínculo com pais e parentes, salvo os impedimentos matrimoniais".

ser inserido na família substituta: sua verdadeira e, doravante, única família. Tanto "nasce" para a nova família que os parágrafos do artigo 47 do ECA estabelecem os efeitos da adoção no que diz respeito, também, ao passado do adotando, ou seja, determinam o cancelamento do registro de nascimento anterior para outro ser lavrado, constando neste o(s) nome(s) do(s) adotante(s) como pais e dos ascendentes destes como avós. Determina, também, o § 3º do mencionado artigo que não haverá qualquer menção à origem do ato, como ainda seu § 5º que a sentença conferirá ao adotando o nome do(s) adotante(s) e a possibilidade, se assim for o desejo, da modificação do prenome da criança ou adolescente adotado. Nesse mesmo sentido, os artigos 1.626, 1.627 e 1.628 do Código Civil que tratam deste referido instituto jurídico.

Eis aí alguns efeitos que refletem um "nascer simbólico" na nova família porque o filho, ao ser acolhido pelo(s) seu(s) pai(s) – o(s) qual(is) naturalmente lhe assegurará(ão) uma convivência familiar e um espaço seguro de desenvolvimento pessoal – poderá cicatrizar a ferida do inicial abandono emocional e material vividos.

Assim, a criança ou o adolescente "morre" para sua família biológica, e "nasce" numa família que o recebe como filho e, com base no acolhimento afetivo, com eles filhos, constrói os verdadeiros vínculos que configuram a moderna moldura e que solidificam as relações entre pais e filhos.

O Estatuto da Criança e do Adolescente regulamenta a colocação da criança ou do adolescente em família substituta, estabelecendo os procedimentos para a adoção, cindindo o processo em dois momentos: 1º) habilitação dos adotantes[285] e 2º) decreto judicial que confere a adoção e gera seus efeitos jurídicos. Entre uma e outra dessas fases processuais, ocorre – no caso de a criança já não estar sob os cuidados do(s) adotante(s) – o encontro entre a criança ou o adolescente e seu(s) futuro(s) pai(s), que depois prosseguirá mediante o estágio de convivência[286] cuja duração é fixada pela figura do juiz, municiado pelos laudos sociopsicológicos da sua equipe interdisciplinar.[287]

---

[285] Quando o Juízo defere ou indefere a habilitação dos adotantes o faz por ato judicial que tem natureza jurídica de sentença, devendo, portanto, obedecer aos ditames para este instituto processual e como tal, é passível de recurso.

[286] Para as crianças até um ano de idade esse estágio de convivência pode ser dispensado, pois a razão desta convivência prévia, antes de ser deferida a adoção, visa-se aquilatar a completa inserção da criança no novo ambiente familiar e, assim, a evitar seu retorno ao lar institucional, o que poderá ser vivenciado como um novo abandono e aí seus efeitos frustrantes e deletérios para a personalidade desse frágil ser. Também diz respeito à adoção por estrangeiros, e as hipóteses que regulam o estágio de convivência estão asseguradas no artigo 46, *caput*, § 1º e § 2º do ECA.

[287] O Ministro Sálvio de Figueiredo TEIXEIRA, ao tratar das habilidades da pessoa do juiz de menores, afirmou ser necessário: "[...] que seja [...] homem dotado de sensibilidade. [...] Dele se exige efetivo relacionamento com as equipes interdisciplinares, com os técnicos, assistentes sociais, médicos, comissários e curadores, com os clubes de serviço e as ordens religiosas, com os meios de

Esses dois momentos processuais, assim como o estágio de convivência que os permeia, estão inexoravelmente vinculados ao critério de decisão que é do atendimento ao melhor interesse da criança e do adolescente. Sobressaem e desnudam-se, aqui, duas relevantes marcas desse processo judicial específico que é a adoção, quais sejam: 1) a presença de um critério de decisão (o do melhor interesse) que rigidamente direcionará o convencimento do juiz, mas cujo conteúdo abarca e confere ampla autonomia para a formação desse juízo decisório; 2) a presença imprescindível e fundamental de outras ciências, em especial o serviço social e a psicologia, pois somente através do olhar interdisciplinar torna-se possível aquilatar o que seja o "melhor interesse da criança".

Entretanto, antes do momento específico de se aferir o que seria o melhor interesse da criança ou do adolescente envolvidos num caso de adoção, há requisitos legais específicos que devem ser rigorosamente preenchidos pelo(s) adotante(s). Requisitos estes que têm na sua base, ainda que de forma implícita, a preocupação com o bem-estar socioafetivo da criança a ser adotada.

Os requisitos entendidos como preponderantes no que concerne ao presente trabalho encontram-se estabelecidos na Seção III – Da família substituta – Subseção IV – Da Adoção – do Estatuto da Criança e do Adolescente e são os seguintes: *a)* a adoção é ato pessoal e personalíssimo, daí a proibição de ser feito mediante procurador (art. 39, parágrafo único do ECA); *b)* o adotante deve ter no mínimo 21 anos se solteiro e se forem casados ou viverem em união estável pelo menos um dos membros deste casal deverá ter a idade de 21 anos,[288] devendo ainda ser provada a estabilidade da família.

Quanto ao critério da idade, também determinou o legislador que haja uma diferença de no mínimo 16 (dezesseis) anos entre adotante(s) e adotado(s) (art. 42, *caput*, §§ 2º e 3º do ECA); *c)* não podem adotar os ascendentes e os irmãos do adotando (art. 42, § 1º, do ECA);[289] *d)* os divorciados e os separados judicialmente podem adotar em conjunto, des-

---

comunicação e as entidades públicas e privadas, com os detentores do poder político, com a comunidade, enfim". (*O direito e a justiça do menor* ..., p. 324).

[288] O Código Civil, em vigor desde janeiro/2003, como lei geral posterior alterou este dispositivo ao reduzir a idade da capacidade civil para 18 anos e também, especificamente, para a adoção nos termos do artigo art. 1.618.

[289] O CC/2002 estabelece em seu artigo 1.618 somente o requisito da idade para o adotante, não proibindo mais, expressamente, a adoção por ascendentes e colaterais, o que para alguns doutrinadores geraria a possibilidade de os avós adotarem netos e a de irmãos adotarem irmãos. O Código, ao tratar deste instituto, também não veda a adoção por procuração, nem faz mais menção em ser ela ato irrevogável. No entanto, o projeto de lei de autoria do deputado Ricardo Fiúza, que visa a alterar alguns artigos do vigente Código, propõe a alteração deste artigo para ser expressamente proibida a adoção por avós e colaterais e, também, a requerida mediante procurador, assim como para determinar a irrevogabilidade do ato, recuperando o modo como ela é estabelecida pelo ECA.

de que o estágio de convivência tenha se iniciado na constância do casamento e se estiverem de acordo quanto à guarda e ao regime de visitas (art. 42, § 4º do ECA), *e)* estabelece o Estatuto outro benefício preponderante dos interesses da criança ou do adolescente que é o fato de poder ser decretada a adoção se ocorrer a morte do adotante no curso do procedimento e antes da sentença. (art. 52, § 5º, do ECA).

Quanto ao procedimento da adoção no que diz respeito à família de origem do adotando se conhecida, ou já foi destituída da autoridade parental que detinha sobre a criança ou, caso contrário, deverá manifestar o seu expresso consentimento quanto à adoção (art. 45, § 1º, do ECA). E no que concerne à adoção de adolescente, assim considerado pelo Estatuto a adotando maior de 12 (anos), este deverá, também, expressar seu consentimento em relação à sua adoção (arts. 46 do ECA e 1.621 do Código Civil).

A nova cultura da adoção introduzida pelo Estatuto da Criança e do Adolescente, refletida também na atual codificação civil, abarca uma gama de situações que envolvem a possibilidade da adoção, entendo-se que, entre os requisitos de ordem formal como acima delineados, dois artigos dessa lei determinam e definem bem os limites e os parâmetros para sua concessão, quais sejam: o artigo 43 e o § 2º do artigo 50 cujo texto remete ao artigo 29, todos do mencionado Estatuto os quais determinam:

> Art. 43: A adoção será deferida quando apresentar reais vantagens para o adotando e fundar-se em motivos legítimos.
> Art. 50, § 2º: Não será deferida a inscrição se o interessado não satisfizer os requisitos legais, ou verificada qualquer das hipóteses previstas no artigo 29.
> Art. 29. Não se deferirá colocação em família substituta a pessoa que revele, por qualquer modo, incompatibilidade com a natureza da medida ou não ofereça ambiente familiar adequado.

Da simples literalidade desses dispositivos denota-se seu alto grau de indefinição, de imprecisão, que para Francisco Amaral se traduz na presença dos chamados *standards* jurídicos ou conceito em branco, pois são dispositivos legais que se prestam e possibilitam ao julgador, a adequação da generalidade da norma à singularidade e especificidades de casos concretos individuais e distintos.[290] Esses *standards* jurídicos, ou conceitos jurídicos indeterminados, presentes nos dispositivos legais referidos, importam numa porosidade legal que permite a inserção de vários recursos para o Julgador formar seu convencimento.[291] Também, permitem

---

[290] *Direito civil*: introdução..., p. 71.

[291] O professor titular de direito processual civil da Faculdade de Direito da Universidade de Pavia, Dr. Michele TARUFFO, em aula inaugural ministrada na Faculdade de Direito da Universidade Federal do Paraná em 05 de março de 2001, assim se referiu a esse assunto: "A análise do problema do papel do senso comum, da experiência e da ciência no raciocínio do juiz pode partir de uma proposição ao mesmo tempo surpreendente e banal, a saber, a de que em grande parte o raciocínio

que os operadores envolvidos no processo da adoção emitam, ainda que de forma muitas vezes irracional e indesejada, valores e mesmo preconceitos de ordem pessoal. No tema tratado, este fato fica evidenciado quando as adoções se distanciam do "padronizado", ou seja, quando se referem às adoções por estrangeiros, adoções inter-raciais e, mais do que qualquer outra, quando são pleiteadas por homossexuais. Estas adoções, muito mais do que nos meros requisitos legais, encontram a barreira dos valores sociais e são mais ou menos difundidas, dependendo do estágio em que se encontra determinada sociedade, seus conceitos de cidadania e pluralidade, os quais são inevitavelmente retratados nas decisões que conferem ou não tais adoções, quando elas atenderem o melhor interesse da criança ou do adolescente envolvidos.

O Estatuto da Criança e do Adolescente, assim como a vigente codificação civil, tendo como horizonte o atendimento do melhor interesse da criança e do adolescente, permite a adoção pelo cônjuge ou pelo concubino/companheiro do pai ou da mãe da criança ou do adolescente que esteja inserido numa família originariamente monoparental.

Essa adoção visa a tutelar os laços e vínculos afetivos na grande maioria dos casos gerados entre a criança e ou adolescente e o cônjuge ou companheiro(a) de seu pai/mãe. Por outro lado, essa adoção preserva e declara os vínculos jurídicos existentes entre a criança e o pai que seja o cônjuge ou o companheiro(a) do adotante. A adoção rompe, porém, com eventuais vínculos jurídicos existentes entre a criança e seu outro pai/mãe biológico que da criança não se ocupe, ou não lhe promova adequadamente suas necessidades e direitos.

Com fundamento no melhor interesse da criança, essas adoções podem ser concedidas ao adotante que é o cônjuge ou companheiro/concu-

---

do juiz não é regido por normas nem determinado por critérios ou fatores de caráter jurídico. Essa proposição pode parecer surpreendente porque as pessoas são propensas a pensar que o raciocínio do juiz, concentrado na decisão judiciária, seja ou ao menos deva ser estritamente e diretamente ditado pelo direito.[...] Por outro lado, essa mesma proposição pode também mostrar-se extremamente banal porque, se está fora de dúvida mostra-se que o raciocínio do juiz e sua decisão tenham a ver com o direito e em alguma medida sejam regulados por este (com, v.g. pelas normas que em todos os ordenamentos regem a deliberação, a forma e o conteúdo da sentença), é fácil perceber que esse raciocínio não é delineado pelo direito nem se exaure nele. O direito, na realidade, em grande medida omite-se em relação aos modos como o juiz raciocina ou deveria raciocinar. Além disso, é fácil verificar eu o juiz, ao formular o raciocínio que se conclui com a decisão, e mesmo quando justifica esta, emprega, como se costuma dizer, o material e as formas mais díspares e heterogêneas: linguagem técnica e linguagem comum, esquemas e modelos de argumentação, formas dedutivas, juízos de valor, instrumentos de persuasão retórica, conhecimentos de variada natureza, regras éticas e de comportamento, interpretações, escolhas de diversos gêneros etc.. Trata-se pois de um raciocínio estruturalmente complexo e heterogêneo, no qual se encontram e se baralham diversas dimensões lógicas, lingüísticas, cognoscitivas e de argumentação". (TARUFFO, Michele. *Senso comum, experiência e ciência no raciocínio do juiz*. Curitiba, EDIBEJ, 2001, p. 7-8)

bino(a) do pai/mãe da criança para se usar os exatos conceitos dados pelo § 1º do artigo 41 do estatuto da criança e do adolescente.[292]

A lei tem como finalidade nessas adoções da criança que já tenha uma mãe ou pai juridicamente estabelecido, possibilitar que a criança estabeleça vínculos jurídicos e, portanto, legais, com o marido/esposa ou companheiro(a) de seu pai ou sua mãe, pois certamente o vínculo afetivo e emocional já se encontra consolidado em tais situações de fato. Da mesma forma, além de conceder a tutela jurídica a esse vínculo emocional, essas adoções aumentam a gama de direitos e também de proteção legal dos adotandos na medida em que, ao ser tomado como filho jurídico, a criança ao receber um segundo pai ou uma segunda mãe, também recebe um feixe de novas relações parentais que são estabelecidas automaticamente com os parentes do adotante.

Essa adoção é igualmente prevista em várias legislações estrangeiras e visa a consolidar, na grande maioria dos casos, a vinculação existente de fato mas que ainda não guarda sua correspondente legal; tem como fim último o bem-estar da criança e do adolescente inseridos nas entidades monoparentais as quais no Brasil representam um número significativo de famílias.

Desta forma, o instituto da adoção vence as barreiras do sangue e se estabelece com base na cristalização das relações vividas no dia-a-dia de uma nova família.

No que tange ainda aos critérios legais da adoção estabelecidos pelo Estatuto da Criança e do Adolescente, apresenta-se extremamente relevante a persecução do melhor interesse da criança ou do adolescente colocado como mote e também como fundamento de toda decisão judicial sobre a adoção.

O melhor interesse da criança considerado como um critério de decisão do Juízo passa necessariamente pela constatação da situação real da criança ou do adolescente envolvido em cada caso de adoção. Por isso, normalmente, são o estudo social e o parecer psicológico realizados pelo corpo técnico do Juízo, com a família e com os seus membros, que torna possível a aferição das condições econômicas e ambientais e também da qualidade da convivência que está sendo gerada a partir da inserção de uma criança ou adolescente em um lar substituto.

Assim, sendo, o melhor interesse da criança permanece no curso do processo de adoção, estando implicitamente presente tanto no momento de habilitação dos adotantes, quanto no período do estágio de convivência até a decisão final que confirma ou não a adoção. O melhor interesse da

---

[292] "Art. 41, § 1º do ECA: Se um dos cônjuges ou concubinos adota o filho do outro, mantêm-se os vínculos da filiação entre o adotado e o cônjuge ou concubino do adotante e os respectivos parentes".

criança envolve, portanto, além das questões de ordem material e econômica, o respeito às questões emocionais e de desenvolvimento próprios da criança e do adolescente envolvidos num processo de adoção. Por isso, a lei dota o juiz de uma flexibilidade no sentido de poder julgar com base nos elementos interdisciplinares que lhe são dados, e de pode formar com eles o seu convencimento para determinar o que seja o melhor interesse da criança ou do adolescente.

Daí também a responsabilidade da Justiça, como órgão do Estado, no sentido de dotar as Varas da Infância e da Juventude de juízes que além de conhecimento técnico, sejam aptos a tratar de assuntos relativos à infância e à adolescência, pois esta função judicante exige desses operadores razão, mas também e, quem sabe, sobretudo, sensibilidade.

### 5.2. A adoção, vínculo afetivo e pluralidade familiar

Ao se tratar do assunto relativo à possibilidade jurídica da adoção de crianças e adolescentes por homossexuais, inúmeros questionamentos afloram.

Essa é também a afirmação da desembargadora do Tribunal de Justiça do Rio Grande do Sul Maria Berenice Dias ao constatar:

> A mais tormentosa questão que se coloca e que mais tem dividido as opiniões, mesmo entre os que vêem as relações homossexuais como uma expressão da afetividade, é a que diz com o direito à adoção por parceiros do mesmo sexo. Como as relações sociais são marcadas predominantemente pela heterossexualidade, é enorme a resistência face à crença de haver um dano potencial futuro por ausência de referências comportamentais e, por conseqüência, a possibilidade de ocorrem seqüelas de ordem psicológica.[293]

Entende-se, no entanto, que esses questionamentos e hipóteses de não-concessão de tais adoções, unicamente por conta da orientação sexual do(s) adotante(s), referem-se muito mais a alguns mitos e preconceitos – em que pese ser ainda uma temática em evolução para as diversas áreas médica e psicológica – em relação à homossexualidade do que a prejuízos psicológicos advindos de tais adoções. Acredita-se que o problema maior para a criança adotada por uma pessoa homossexual, ou na hipótese de um par homossexual, venha a ser, sobretudo, as dificuldades sociais inerentes ao preconceito contra a adoção[294] e contra a homossexualidade do que

---

[293] DIAS, Maria Berenice. *União homossexual* ..., p. 93.
[294] Sobre este assunto, remete-se o leitor para a obra de Luiz Carlos de Barros FIGUEIRÊDO (*Adoção para homossexuais* ..., em especial capítulo II, p. 28 e ss.).

dificuldades provenientes da orientação sexual do(s) pai(s) ou mãe(s) propriamente ditas.

E, por se acreditar que o problema das adoções por homossexuais seja o preconceito, e não a homossexualidade do(s) adotante(s), entende-se primordial a contribuição das ciências jurídicas nesta questão, pois o direito se presta como um importante instrumento de inclusão social quando outorga juridicidade aos fatos sociais marginalizados e, sendo assim, quando não aplaca completamente o preconceito que sobre tais fatos incide, ao menos minimiza-o ao estabelecer um diferente patamar social aos sujeitos nele envolvidos.

No estágio atual das normas jurídicas que disciplinam o instituto da adoção no Brasil, tem-se a possibilidade de ser conferida a adoção de uma criança ou adolescente a um(a) adotante solteiro que seja homossexual na medida em que o sistema legal não determina, expressamente, que a opção sexual do(a) adotante seja um requisito para a adoção.

Tanto é assim que a 1ª Vara da Infância e Juventude do Estado do Rio de Janeiro vem sistematicamente habilitando os homossexuais que assim se declaram, no seu cadastro de adotantes, bem como já conferiu adoções para homossexuais; decisões estas que foram objeto de recurso pelos representantes do Ministério Público, porém confirmadas pela Segunda Instância. Registre-se, da mesma forma, a decisão do juiz da Vara da Infância e Juventude da Comarca de Taubaté, SP, que conferiu a adoção a uma mulher homossexual, sendo a sentença igualmente apelada e confirmada por unanimidade pelo Tribunal de Justiça do Estado de São Paulo.

Portanto, a adoção de uma criança ou de um adolescente por uma pessoa homossexual esta possibilitada pela lei brasileira na medida que a opção sexual do adotante não é um critério impeditivo da adoção. Por outro lado, pelo dever de não-discriminação dado pelo direito constitucional à igualdade, a não-concessão da adoção somente por conta do adotante ter orientação homossexual constitui-se numa discriminação que a lei proíbe.

Quanto à possibilidade da adoção conjunta por um par homossexual, entende-se ser esta possível aos olhos da lei, mediante a utilização de mecanismos jurídicos de interpretação somados ao contexto legal que estabelece a pluralidade das formas de organização familiar. Entretanto, para que tal possibilidade ocorra, torna-se necessário que o operador jurídico estabeleça, *a priori*, quais os valores jurídicos que pretende assegurar juridicamente, pois a adoção de criança e adolescente por um par homossexual conjuntamente envolve tanto empecilhos de ordem moral e cultural quanto barreiras técnico-jurídicas a serem suplantadas.

A possibilidade que o sistema confere ao operador de fazer a escolha de quais os valores que entende devam ser tutelados, torna evidente a presença de elementos subjetivos implícitos no ato de julgar (juiz) e opinar (promotor), porque expõe qual é a concepção individual de mundo desses operadores jurídicos, o que certamente determinará a escolha a ser feita no caso concreto. Cabe aqui lançar mão do pensamento de Luiz Edson Fachin que ilustra bem os elementos subjetivos que estão presentes nos pronunciamentos judiciais. Afirma ele: "Reproduzindo ou criando sua própria moldura de família, os juízos que sobre ela recaem revelam, pela palavra de quem 'diz o direito', a aceitação ou rejeição das transformações sociais que repercutem sobre a estrutura familiar".[295]

Feita essa observação necessária sobre a não-isenção subjetiva dos operadores, passa-se a discorrer sobre a problemática das adoções conjuntas por homossexuais.

Os diplomas legais representados pela Constituição Federal de 1988, o Código Civil e o Estatuto da Criança e do Adolescente, tidos estes como fontes formais do direito, considerados sob o enfoque de uma interpretação integrada que lança mão das técnicas de interpretação teleológica e lógico-sistematizada[296] somados ao entendimento expresso pelos precedentes jurisprudenciais, estes também considerados fontes formadoras do direito,[297] ainda que o sejam de forma subsidiária, configuram-se como um instrumental normativo apto a possibilitar a concessão legal das adoções de crianças e adolescentes também aos pares homossexuais.

---

[295] FACHIN, Luiz Edson. *Da paternidade*: relação biológica e afetiva ..., p. 73.

[296] Francisco AMARAL esclarece que a interpretação sistemática está diretamente ligada a interpretação lógica, pois nesta são utilizadas regras de raciocínio para a compreensão do significado da norma, procurando sua coerência e conexão com outros preceitos. Já a interpretação sistemática refere-se à relação que é feita da norma específica com as demais que compõem e dizem respeito ao mesmo instituto jurídico do qual emanam. A interpretação sistemática leva em conta, portanto, o contexto legal onde a norma se inscreve. Por isso, afirma o mencionado autor: "Nesse sentido, diz-se que as palavras da lei devem relacionarem-se com o contexto em que se situa, pelo que muitos juristas preferem denominá-la de interpretação lógico-sistemática". (*Direito civil*: introdução ..., p. 84-85).

[297] Aqui se referem as seguintes passagens de Miguel REALE ao tratar da jurisprudência como fonte de direito. "A contrário do que pode parecer à primeira vista, as divergências que surgem entre sentenças relativas às mesmas questões de fato e de direito, longe de revelarem a fragilidade da jurisprudência, demonstram que o ato de julgar não se reduz a um atitude passiva diante dos textos legais, mas implica notável margem do poder criador. [...] A jurisprudência, muitas vezes, inova em matéria jurídica, estabelecendo normas que não se contêm estritamente na lei, mas resultam de uma construção obtida graças à conexão de dispositivos, até então considerados separadamente, ou, ao contrário, mediante a separação de preceitos por largo tempo unidos entre si. Nessas oportunidades, o juiz compõe, para o caso concreto, uma norma que vem completar o sistema objetivo do Direito. [...] Criando ou não Direito novo, com base nas normas vigentes, o certo é que a jurisdição é uma das forças determinantes da experiência jurídica, tendo razão Tullio Ascarelli quando afirma que, se os precedentes jurisprudenciais não exercem, nos países de tradição romanística, o papel por eles desempenhados na experiência do *common law*, nem por isso é secundária a sua importância. Pode mesmo dizer-se que o seu alcance aumenta dia a dia, como decorrência da pletora legislativa pela necessidade de ajustar as normas legais cada vez mais genéricas ou tipológica, como modelos normativos abertos (*standards*) às peculiaridades das relações sociais". (*Lições preliminares de direito* ..., p.168-169, *passim*).

A hipótese jurídica acima delineada conforma-se com o posicionamento doutrinário e jurisprudencial que atesta a possibilidade de uma interpretação do art. 226, § 3º da CF/88 para além das espécies expressamente nele consignadas.[298]

A doutrina que entende ser possível uma interpretação ampliada dos comandos constitucionais, ou seja, da possibilidade de serem juridicamente reconhecidas outras formas de família que não somente as indicadas no rol do referido artigo 226, § 3º, da CF, considera as especificidades da norma constitucional que é composta por regras e princípios e, por isso, dotada de maior flexibilidade e maior indeterminação do que as normas jurídicas em geral. Assim sendo, "as normas constitucionais estabelecem, através de formulações concisas, apenas os princípios e os valores fundamentais do estatuto das pessoas na comunidade, que hão de ser concretizados no momento de sua aplicação".[299]

Os doutrinadores que comungam dessa corrente de pensamento entendem ser possível a incidência da norma para além de sua mera literalidade e concebem suas bases teóricas na perspectiva do direito civil

---

[298] Há, entretanto, respeitável doutrina que entende não ser possível o elastecimento da interpretação constitucional sobre o que se entende por entidade familiar, além das formas consignadas no art. 226, § 3º e § 4º. Ao tratar deste entendimento dicotômico sobre a interpretação do mencionado artigo Maria Celina Bodin de MORAES afirma: "O argumento jurídico mais consistente, contrário à natureza familiar da união civil entre pessoas do mesmo sexo, provém da interpretação do Texto Constitucional. Nele encontram-se previstas expressamente três formas de configurações familiares: aquela fundada no casamento, a união estável entre homem e uma mulher com ânimo de constituir família (art. 226, § 3º), além da comunidade formada por qualquer dos pais e seus descendentes (art. 226, § 4º). Alguns autores, em respeito à literalidade da dicção constitucional e com argumentação que guarda certa coerência lógica, entendem que 'qualquer outro tipo de entidade familiar que se queira criar, terá que ser feito via emenda constitucional e não por projeto de lei'. O raciocínio jurídico implícito a este posicionamento pode ser inserido entre aqueles que compõem a chamada teoria da 'norma geral exclusiva' segundo a qual, resumidamente, uma norma, ao regular um comportamento, ao mesmo tempo exclui daquela regulamentação todos os demais comportamentos.[...] Sem abandonar os métodos clássicos de interpretação, verificou-se que outras dimensões, de ordem social, econômica, política, cultural etc. mereceriam ser consideradas, muito especialmente para a interpretação dos textos das longas Constituições democráticas que se forjaram a partir da segunda metade deste século. Sustenta a melhor doutrina, modernamente, com efeito, a necessidade de se utilizar métodos de interpretação que levem em conta tratar-se de dispositivo constante da Lei Maior e, portanto, métodos específicos de interpretação devem vir à baila". (A união civil entre pessoas do mesmo sexo: uma análise sob a perspectiva civil-constitucional. *RTDC*, p. 104-105). Consigne-se que o parecer da Ordem dos Advogados do Brasil a respeito do Projeto de Lei 1.151/95, que "Disciplina a união civil entre pessoas do mesmo sexo e dá outras providências", de relatoria dos conselheiros Arx Tourinho (BA) e Sergio Ferraz (AC), ao opinar pela inconstitucionalidade do referido projeto de lei, seguiu a doutrina que restringe a interpretação do conceito de família trazido pela Constituição tendo sido narrado o acórdão do parecer: "A Constituição somente admite, com tutela jurídica e reconhecimento pleno, dois tipos de configuração familiar: a família constituída pelo casamento e a união estável de homem e mulher. Qualquer outro tipo, de que se cogitar, terá de ser instituído pela via da emenda constitucional, e não, por projeto de lei". (*Conselho Federal da O.A.B.*, Processo 4220/97/COP, j.19/05/97. (sem data de publicação).

[299] MORAES, Maria Celina Bodin de. *A união civil entre pessoas do mesmo sexo*: uma análise sob a perspectiva civil-constitucional ..., p. 106.

constitucionalizado. Ou seja, orientam-se e concebem a incidência da base principiológica da Constituição, muito especialmente o princípio da dignidade da pessoa humana e da igualdade, sobre a normativa ordinária para dar novo sentido aos conceitos jurídicos de natureza infraconstitucional.[300]

Aliada a essa ordem de idéias – que considera os métodos específicos de interpretação da normativa constitucional e a interpretação constitucionalizada da normativa civil – soma-se uma das novas características do conceito contemporâneo de família, que é sua funcionalidade. A característica de funcionalidade da família importa em tê-la e considerá-la para fins da tutela jurídica, como instrumento de realização dos membros que a ela pertencem. Dessa forma, sua proteção jurídica só encontra fundamento na medida em que proporciona proteção aos interesses e aos direitos essenciais dos membros que a compõem. As palavras de Maria Celina Bodin de Moraes esclarecem bem esse entendimento doutrinário:

> A proteção jurídica que era dispensada com exclusividade à "forma" familiar (pense-se no ato formal do casamento) foi substituída, em conseqüência, pela tutela jurídica atualmente atribuída ao 'conteúdo' ou à substância: o que se deseja ressaltar é que a relação estará protegida não em decorrência de possuir esta ou aquela estrutura, mesmo se e quando prevista constitucionalmente, mas em virtude da função que desempenha – isto é, como espaço de troca de afetos, assistência moral e material, auxílio mútuo, companheirismo ou convivência entre pessoas humanas, quer sejam do mesmo sexo, quer sejam de sexos diferentes.[301]

Portanto, se, para o direito, a família é instrumento de realização da pessoa humana por considerar que toda e qualquer pessoa necessita de relações de cunho afetivo para se desenvolver e viver seu projeto próprio de felicidade e, porque para outras áreas do conhecimento,[302] a família não se estabelece somente pelas formas convencionais de união, parece ficar evidente a possibilidade de reconhecimento do *status* jurídico e de família às demais formas de organização familiar, entre as quais a união entre pessoas do mesmo sexo.[303]

---

[300] "No Estado democrático e social de Direito, as relações jurídicas privadas 'perderam o seu caráter estritamente privatista e inserem-se no contexto mais abrangente de relações a serem dirimidas, tendo-se em vista, em última instância, o ordenamento constitucional'". (MORAES, Maria Celina Bodin de. *A união civil ...*, p. 106-107).

[301] *Ibidem* p. 108.

[302] Assim afirmou o jurista Paulo Luiz Netto LÔBO: "Várias áreas do conhecimento que têm a família e as relações familiares como objeto de estudo e investigação identificam uma linha tendencial de expansão do que se considera entidade ou unidade familiar. Na perspectiva da sociologia, da psicologia, da psicanálise, da antropologia, dentre outros saberes, a família não se resumia 'a constituída pelo casamento, ainda antes da Constituição, porque não estavam delimitados pelo modelo legal, entendido como um entre outros". (*Entidades familiares constitucionalizadas*: para além do *numerus clausus*. Anais do III CONGRESSO DE DIREITO DE FAMÍLIA ..., p. 90)

[303] Sobre a possibilidade do reconhecimento e da tutela jurídica a outros arranjos familiares que não os expressamente consignados no artigo 226, e §§ 3º e 4º, da CF/88, o STJ já teve oportunidade de

Esse, porém, não é o entendimento de respeitável parte da doutrina civilística, como demonstram as palavras de Guilherme Calmon Nogueira da Gama ao afirmar:

> É inquestionável que, à luz do texto constitucional de 1988, a orientação sexual da pessoa é atributo inerente de sua personalidade, merecendo respeito e acatamento por toda a sociedade, que deve ser livre, justa e solidária, preservando a dignidade da pessoa humana, independentemente de suas preferências ou opções sexuais. O afeto, existe na maior parte das uniões homossexuais, é idêntico ao elemento psíquico e volitivo das uniões conjugais e companheiris, não há dúvida. Mas, juridicamente, não há uma família constituída entre as pessoas do mesmo sexo que vivam em situação similar àquela das uniões heterossexuais, tal como a união sexual entre concubinos, bem como entre parentes. Inexiste dúvida de que o Estado e a sociedade não podem adotar qualquer postura discriminatória ou restritiva à liberdade que os homossexuais têm de se unirem, formando uma entidade *quase-familiar*, mas há elemento de discriminação razoável para não conceber tal união no contexto do Direito de Família. *O Estado pode dispensar um tratamento desigual aos particulares, desde que o faça JUSTIFICAMENTE.* Vejamos, pois, qual é o elemento de discriminen. A sexualidade, tal como vista no Direito, é aquela considerada natural – ou normal –, somente sendo possível a sua prática entre um homem e uma mulher, permitindo, inclusive, a perpetuação da estirpe com a prole daí resultante, aumentando numericamente os integrantes da família. Assim, no controle estatal da sexualidade, há obstáculo a que outras práticas sexuais – ainda que presentes na realidade fática –, possam ser consideradas juridicamente.[304]

Diante dessa afirmação que constata a realidade social das uniões homossexuais, pergunta-se qual seria a finalidade do direito. Não seria justamente a de regulamentar as situações presentes na realidade social? Também, afirma o referido civilista que as uniões entre pessoas do mesmo

---

manifestar seu entendimento favorável consignando para tanto: "Execução. Bem de família. Ao imóvel que serve de morada às embargantes, irmãs solteiras, estende-se a impenhorabilidade de que trata a Lei 8.009/90" – (BRASÍLIA. Superior Tribunal de Justiça Resp 57606/MG. Rel. Min. Fontes de Alencar. 11 abr. 1995. *DJ* 15 maio 1995, p. 13410). Neste sentido também (BRASÍLIA. Superior Tribunal de Justiça.. Execução. Embargos de terceiro. Lei 8009/90. Impenhorabilidade. Moradia da família. Os irmãos solteiros que residem no imóvel comum constituem uma entidade familiar e por isso o apartamento onde moram goza da proteção de impenhorabilidade, prevista na lei 80009/90,[...] (Resp 205170/SP, 4ª t., J.19/03/199, DJ 22/06/98, p, 100.) E ainda expressamente "[...] Entidade familiar. Caracterização. Interpretação teólógica. Lei 8.009/90, art. 1º e constituição federal, art. 226, § 4º,[...] 1.O conceito de entidade familiar, deduzido dos arts. 1º da Lei 8.009/90 e 226, § 6º da CF/88, agasalha, segundo a aplicação da interpretação teleológica, a pessoa que, como na hipótese, é separada e vive sozinha, devendo o manto da impenhorabilidade, destarte, proteger os bens móveis e guarnecedores de sua residência. [...].RESP 159851/SP. E ainda: (BRASÍLIA. Superior Tribunal de Justiça. Civil . Processual. Locação. Bem de família. Móveis guarnecedores da residência. Impenhorabilidade. Locatária/executada que mora sozinha. Entidade familiar. Caracterização. Interpretação teleológica. Lei 8.009/90, art.1º e constituição federal, art.226, § 4º. Recurso conhecido e provido. RESP 205170/SP. Rel. Min. Gilson Dipp. 7 dez. 1999. *DJ* 07/02/2000, p. 173).

[304] GAMA, Guilherme Calmon Nogueira da. *A união civil entre pessoas do mesmo sexo ...*, p. 170-171.

sexo têm por mote um conteúdo afetivo que as assemelha quanto à sua natureza e finalidade, tanto às uniões estáveis quanto aos casamentos. Por outro lado, o entendimento jurídico acima esposado afasta a característica de família das uniões entre parceiros do mesmo sexo, por entender que o Estado não tutela outras formas de sexualidade que não a heterossexual e por entender, ainda, que as uniões de cunho familiar são aquelas que evidenciam futura prole.

Esses obstáculos postos por Guilherme Calmon Nogueira da Gama não parecem verossímeis o suficiente para afastar a qualidade de entidade familiar às uniões homossexuais, uma vez que o sistema jurídico outorga, sim, tutela a outras formas de expressão da sexualidade quando estabelece a proibição da discriminação em função do sexo.[305] Assim, a proibição de discriminação está conexamente vinculada à tutela jurídica ampla da sexualidade, e não somente da heterossexualidade.

O argumento de que as uniões estáveis não podem ser caracterizadas como entidades familiares por conta da impossibilidade de prole própria também "cai por terra" diante de algumas realidades sociais insuperáveis que são: a) existência de casamentos e de uniões estáveis sem filhos – assim desejados ou por conta da esterilidade de algum dos consortes; b) a igualdade da filiação que não estabelece distinção entre a prole natural e adotiva, o que impõe a presença da evidência de futura prole, ainda que impossibilitada a concepção entre o par, pois a filiação adotiva à filiação natural se igualou.

Naturalmente, as uniões entre pessoas do mesmo sexo não podem ser enquadradas num conceito mais restrito como é o do casamento, estatuto jurídico este que possui uma trajetória histórica e raízes sociológicas próprias. Não é disso que se trata, mas sim de se estabelecer uma outra espécie de entidade familiar, com características e contornos próprios, possibilitada juridicamente pelo princípio da pluralidade, tal qual o foi a união estável que é uma espécie do gênero família, e não da espécie casamento. Por conta dessas evidências é que o presente trabalho segue na trilha daqueles que concebem ser possível albergar inúmeras formas de organização e arranjos familiares no conceito de família trazido pelo *caput* do art. 226 da Constituição Federal de 1988.[306]

---

[305] Paulo Luiz Netto LÔBO esclarece: "A discriminação é apenas admitida quando expressamente prevista na Constituição. Se ela não discrimina, o intérprete ou o legislador infraconstitucional não o podem fazer". (*Entidades familiares constitucionalizadas* ..., p. 99)

[306] Nesse sentido é a decisão do juiz federal Cláudio Roberto da Silva, do Estado de Santa Catarina, que expressamente consignou que a união mantida pelo autor com seu parceiro homossexual constituía uma família, tendo fundamentado sua decisão na interpretação construtiva permitida pela Constituição Federal e nos princípios da dignidade e igualdade que têm cunho informativo do sistema jurídico brasileiro. (GAMA, Guilherme Calmon. *A união civil entre pessoas do mesmo sexo* ..., p. 172).

A Constituição Federal de 1988 estabeleceu de forma clara e cristalina, em seu art. 226, que é a família que tem especial proteção do Estado, e não suas espécies de constituição, tais como o casamento, a união estável e a família monoparental sucessivamente inscritos nos §§ 3º e 4º do mesmo artigo constitucional.

Portanto, de plano se pode perceber que a exclusão de outros arranjos familiares não está no texto da Constituição, mas sim na interpretação que dele é feita.[307]

Essa é a lição de Paulo Luiz Netto Lôbo que ensina:

> No caput do art. 226 operou-se a mais radical transformação no tocante ao âmbito de vigência da tutela constitucional à família. Não há qualquer referência a determinado tipo de família, como ocorreu com as constituições anteriores. Ao suprimir a locução "constituída pelo casamento" (art. 175 da Constituição de 1967-1969), sem substituí-la por qualquer outra, pôs sob a tutela constitucional "a família", ou seja, qualquer família. A cláusula de exclusão desapareceu. O fato de, em seus parágrafos, referir a tipos determinados, para atribuir-lhes certas conseqüências jurídicas, não significa que reinstituiu a cláusula de exclusão, como se ali estivesse a locução "a família, constituída pelo casamento, pela união estável ou pela comunidade formada por qualquer dos pais e seus filhos". A interpretação de uma norma ampla não pode suprimir de seus efeitos situações e tipos comuns, restringindo direitos subjetivos.[...] O caput do art. 226 e, conseqüentemente, a cláusula geral de inclusão, não sendo admissível excluir qualquer entidade que preencha os requisitos de afetividade, estabilidade e ostensibilidade.[308]

Resta averiguar, portanto, se as uniões homossexuais preenchem os requisitos jurídicos para serem consideradas como uma das várias espécies de família. Para tanto, o que na lição da doutrina civilística contemporânea importa é a presença simultânea de três características essenciais, a saber: a) afetividade, como fundamento e finalidade da entidade, com desconsideração do móvel econômico; o que faz deduzir que os efeitos patrimoniais são eventuais e secundários, pois não se constituem na razão de ser da união; b) estabilidade, excluindo-se os relacionamentos casuais, episódicos ou descomprometidos, sem comunhão de vida; c) ostensibilidade, que significa a existência pública da unidade familiar que assim se apresenta sem ferir simultaneamente a existência de outra entidade justi-

---

[307] Sobre a questão da interpretação dos conceitos constitucionais, assim afirmou Carlos Cavalcanti de ALBUQUERQUE FILHO: "As expressões família e entidade familiar não encontram definição na Constituição Federal, nem tampouco a legislação infraconstitucional cumpriu esse desiderato, até porque não nos parece tarefa do legislador fazê-lo. Cabe, portanto, à doutrina em abstrato e aos juízes e tribunais diante de caso concreto, definir a extensão de uma e outra expressão, a fim de verificar qual a proteção que o Estado pretende oferecer e a qual família, bem assim a exata compreensão da expressão entidade familiar". (A situação jurídica de pessoas que vivem sozinhas. *Revista Brasileira de Direito de Família*, Belo Horizonte, a. 3, n. 11, p. 64, out./dez. 2001)

[308] LÔBO, Paulo Luiz Netto. *Entidades familiares constitucionalizadas....*, p. 95.

ficando, por isso, a não-consideração das uniões adulterinas como entidades familiares.

A afetividade como valor jurídico é o que dá base à teoria da paternidade socioafetiva, representada pela "posse de estado de filho" que entre nós toma fôlego, e a muito estabelecida dogmaticamente no direito francês como relata Luiz Edson Fachin: "A lei francesa acolheu, nesse viés de consolidação da filiação, a posse de estado como verdadeiro obstáculo ao estabelecimento de outra paternidade, segundo dispõe o art. 334-9. Não permite a lei francesa (art. 322) demandar o estado de uma pessoa cuja posse de estado corresponde ao ato de registro de nascimento".[309] Luiz Edson Fachin também esclarece as características do instituto jurídico da posse de estado de filho que é, para este autor, o que dá valor jurídico ao afeto:

> A verdade socioafetiva pode até nascer de indícios, mas toma expressão na prova; nem sempre se apresenta desde o nascimento. Revela o pai que ao filho empresta o nome, e que mais do que isso o trata publicamente nessa qualidade, sendo conhecido como tal no ambiente social; o pai que ao dar de comer expõe o foro íntimo da paternidade, proclamada visceralmente em todos os momentos, inclusive naqueles que toma conta do boletim e da lição de casa. É o pai de emoções e sentimentos, e é o filho do olhar embevecido que reflete aqueles sentimentos.[310]

Entre nós, a afetividade, ou melhor, a sua ausência, é também o que autoriza a dissolução do vínculo judicial do casamento pelo divórcio independentemente de ser aferido qualquer outro elemento, bastando o lapso temporal dado pela lei, o qual pressupõe a ausência do amor conjugal. Sobre o papel jurídico do afeto, relevante é o entendimento de Carlos Cavalcanti de Albuquerque Filho:

> Quando mencionamos a possibilidade de manifestação de afeto, é porque a despeito de entendermos a afetividade como princípio implícito do Direito de Família, aplicável às entidades familiares, portanto, com força obrigatória, no sentido de se tratar de norma jurídica, embora, repita-se, implicitamente posta, entendemos que a afetividade é uma possibilidade antevista pelo Estado nas relações dos partícipes das mais diversas entidades familiares. [...] A possibilidade de manifestação de afeto se dá através da convivência, que está no sentido de familiaridade [...].[311]

---

[309] FACHIN, Luiz Edson. *Da paternidade*: relação biológica e afetiva ..., p. 59.

[310] FACHIN. Luiz Edson. *A situação jurídica de pessoas que vivem sozinhas*, p. 65, *passim*.

[311] A título de exemplo, faz-se menção ao laudo psicológico constante dos autos de adoção n° 99/1/06294-9 da 1ª Vara da Infância e Juventude da Comarca do Rio de Janeiro, que possibilita aferir o tempo da união. Assim narrou a psicóloga sobre o autor: "No seu relato, foi despertado para o trabalho comunitário na convivência com E., com quem mantém uma união estável há cerca de 17 anos". E também nos autos de adoção n°2001.710.008688-9 do mesmo juízo, cujo laudo psicológico constatou: "[...] Nesse período, o projeto de adoção era só seu, sendo que G. participou apenas das entrevistas uma vez que vive maritalmente com o requerente há aproximadamente 3 anos". (material cedido pessoalmente pelo juízo). Os julgados que tratam das questões envolvendo partilha e direitos

A sexualidade e suas plurais formas de exercício e manifestação, importa frisar, constituem-se em parte integrante do conjunto de características da afetividade humana.

Do que foi exposto nos capítulos anteriores, pode-se afirmar que há pessoas que só se realizam sexualmente mediante o contato com pessoas do mesmo sexo físico. Pois bem, nesse cenário, diversos outros campos do saber já afirmaram que a realização sexual é um dos importantes componentes do feixe de elementos que viabilizam a realização afetiva e integral da pessoa humana. Afirmando, também, essas ciências, que diversas são as formas de as pessoas se realizarem sexualmente, entre elas a homossexualidade, que não é mais vista como conduta desviante da heterossexualidade, mas sim como uma possibilidade legítima de exercício da sexualidade. Legítima porque é inerente à natureza psicofísica da pessoa que assim nasce e se percebe no decorrer do desenvolvimento de sua vida, e por isso a sua desclassificação como doença ou conduta desviante dada pelas ciências médicas.

Dessa forma, a tutela do exercício da homossexualidade está igualmente estabelecida quando o sistema legal confere valor jurídico ao afeto. Afeto este, também presente e evidenciado nas relações homossexuais.

As demais características das entidades familiares, além da presença da afetividade, são a estabilidade e a ostensibilidade da união, igualmente encontradas nas uniões homossexuais. Assim, uma união homossexual que socialmente seja conhecida, que tenha certa duração no tempo e que realize a personalidade dos seus parceiros, não pode deixar de merecer tutela jurídica com sendo uma família, quer seja na presença de filhos ou não. E essa forma de constituição de família ou organização afetiva apresenta-se como uma realidade cada vez mais evidente.

Por sua vez, a família é plural nas suas formas de organização, pois a tutela jurídica recai sobre a esfera das pessoas envolvidas nos relacionamentos familiares, e não nela de *per si*. É, portanto, *locus* indispensável para a realização e desenvolvimento da pessoa humana. Assim sendo, sob o ponto de vista da dignidade da pessoa humana e do princípio da igualdade, todas as pessoas devem ser tuteladas nos relacionamentos familiares independentemente da forma de revestimento social de tais relacionamentos. Essa é a constatação de Paulo Luiz Netto Lôbo: "Sob o ponto de vista do melhor interesse da pessoa, não podem ser protegidas algumas entida-

---

sucessórios entre pares homossexuais também se prestam para demonstrar a possibilidade estabilidade e publicidade das uniões homossexuais. A saber autos nº 00.643.387-1 da 34ª Vara Cível de São Paulo: "Com a decisão, depois que um deles morreu, o sobrevivente terá direito a 50% da herança do ex-companheiro com quem conviveu durante 45 anos". (Disponível em: http://conjur.uol.com.br/view.cfm?id=13335&print=yes. Acesso em: 9 out. 2002).

des familiares e desprotegidas outras, pois a exclusão refletiria nas pessoas que as integram por opção ou por circunstâncias da vida, comprometendo a realização do princípio da dignidade humana".[312]

Também, nesse mesmo sentido, é a afirmação de Carlos Cavalcanti de Albuquerque Filho, a saber: "A referência à entidade familiar é feita no sentido de núcleo familiar, abrangendo os mais diversos arranjos familiares, dentro de uma perspectiva pluralista, de respeito à dignidade da pessoa humana, com o significado, segundo o nosso entendimento, de unidade integrada pela possibilidade de manifestação de afeto, através da (con) vivência, publicidade e estabilidade".[313]

Portanto, deve ser ampla a liberdade de os sujeitos escolherem a forma de família que mais atenda às suas necessidades pessoais. Por isso, afirmou Massimo Bianca:[314] "[a] necessidade da família como interesse essencial da pessoa se especifica na liberdade e na solidariedade do núcleo familiar". Liberdade do núcleo familiar para ele entendida como a "liberdade do sujeito de constituir a família segundo a própria escolha e com liberdade de nela desenvolver a própria personalidade".

O tema das uniões homossexuais aqui tratado considera que são os fatos sociais que vão dotando os conteúdos jurídicos de outros conceitos, porque a lei é projetada para o presente, mas também e sobretudo para abarcar situações futuras. Essa última característica é a que confere a legitimidade ética a um ordenamento jurídico, ou seja, a legitimidade do discurso jurídico apresenta-se mediante a capacidade de o sistema legal contemplar a problemática social que é mutante. Por isso, atentando para a evolução do comportamento social é que se entende a classificação das uniões formadas por parceiros de mesmo sexo como uma espécie de família, quer seja considerando-a como uma forma de entidade familiar, quer seja como uma relação concubinária, assim tida toda e qualquer união que apesar de estável, pública e notória, encontre algum óbice para ser convertida em casamento.

Resta, pois, averiguar como vem sendo tratadas as questões que envolvem os homossexuais, os pares homossexuais e a adoção de crianças, tema este que sem sombra de dúvida se traduz numa preocupação latente para os profissionais, tanto do direito como para as demais áreas sociais que se preocupam com a infância e com a família.

---

[312] LÔBO, Paulo Luiz Netto. *Entidades familiares constitucionalizadas* ..., p. 96.

[313] ALBUQUERQUE FILHO, Carlos Cavalcanti de. *A situação jurídica de pessoas que vivem sozinhas* ..., p. 64.

[314] *Apud* Paulo Luiz Netto LÔBO. *Entidades familiares constitucionalizadas*: para além do *numerus clausus*. Anais do III CONGRESSO DE DIREITO DE FAMÍLIA ..., p. 93.

Não há posição jurídica pacífica sobre este tema, sendo que diversos ordenamentos legais vêm, cada um ao seu modo,[315] procurando investigar essa possibilidade, na medida em que é fato que há muitas crianças já inseridas no contexto social de famílias formadas por pares homossexuais, ou mesmo crianças "adotadas"[316] por pessoas de orientação sexual homossexual sem a devida chancela jurídica.

Nos Estados Unidos, somente o estado da Flórida tem legislação específica que proíbe a adoção quando o adotante for homossexual. Nos outros estados, porém, tem se tornado possível o requerimento das adoções por homossexuais ainda que não exista legislação específica para tanto.

Nesses casos, é o Tribunal que decide se o pedido de adoção se conforma ou não com as regras do instituto da adoção do estado em que é requerida. No entanto, nos estados que vêm permitindo que os homossexuais adotem crianças, permanece a discussão de se saber se esses casos, porque julgados por um Tribunal, se constituem ou não em uma lei, pois, pelo sistema jurídico americano (*common law*), quando um Tribunal interpreta o Código de Adoção no sentido de conceder a adoção ao homossexual, ou ao par homossexual, esta decisão passa a integrar a Lei do estado de cuja corte emanou a decisão.

De acordo com a Lambda – Fundação de Defesa Legal –, os tribunais de pelo menos 21 dos estados americanos já concederam a adoção do filho do companheiro(a) homossexual ao parceiro(a) deste(a).[317] Estas decisões baseiam-se no dever de equiparação legal dos direitos dos homossexuais aos dos heterossexuais, sendo para tanto utilizada a Lei da Adoção que possibilita que o filho biológico do pai/mãe seja adotado pelo cônjuge ou companheiro(a) deste.

As decisões, tanto as que negam como as que concedem as adoções aos parceiros homossexuais, partem de uma construção jurídica que tem por base os estatutos da adoção de cada estado, pois os códigos americanos silenciam quanto a esta modalidade de adoção.

---

[315] Enquanto na Holanda há regulamentação específica que autoriza casais homossexuais a adotarem, nos EUA não há lei que autorize par a adotar, sendo que essas adoções vêm sendo conferidas em alguns casos raros, sendo um pouco mais numerosos os casos de adoção do filho pelo companheiro homossexual do pai ou mãe biológicos da criança. No Brasil é a jurisprudência que vem reconhecendo e conferindo legalmente a adoção somente a um pai ou mãe e não ao casal. Na Inglaterra, a lei que trata das adoções proíbe que casais homossexuais adotem conjuntamente. Em maio/2002, a Câmara dos Comuns aprovou uma lei para eliminar a restrição das adoções por casais homossexuais, no entanto a Câmara dos Lordes anulou essa votação por maioria de 34 votos (196 a 162), mantendo a lei em vigor que veda essa modalidade de adoção conjunta.(*Informativo Mensal Interprensa*, São Paulo, a. 6, n. 63, p. 3, nov. 2002)

[316] O termo está entre aspas para indicar que se trata muitas vezes de adoções não-legalizadas, ou melhor, as denominadas "adoções à brasileira" as quais se dão mediante o registro civil que oculta o fato de a criança não ser filha natural dos pais que assim se declaram na certidão de nascimento.

[317] CLOUD, John. A different father's day. *Revista Time*, Nova Yorque, p. 106, 29 dez. 1997/ 5 jan. 1998.

A construção jurisprudencial que nega tais adoções baseia-se num estrito formalismo, ou seja, na interpretação literal e rígida das leis que cuidam da adoção e da sua possível equiparação para atender aos pares homossexuais. Assim, por exemplo, quando no estado não há a possibilidade do reconhecimento legal da união homossexual, a adoção não é conferida porque esse estado não reconhece essas uniões como legítimas. Esses casos referem-se, basicamente, à situação onde se pretende a adoção do filho pelo companheiro(a) homossexual do pai biológico da criança. Registre-se, ainda, que em dois dos casos que negaram a possibilidade dessa modalidade de adoção, foi feita menção pela Corte de que a concessão da adoção atenderia aos melhores interesses da criança, mas, pelo apego ao formalismo, tais adoções não foram permitidas porque existia entre o adotante e o pai da criança uma união de natureza homossexual não reconhecida pelo direito.

As adoções que foram concedidas aos adotantes homossexuais baseiam-se, ao contrário, no uso análogo da Lei da Adoção adotada pelos cônjuges ou pelos companheiros(as) heterossexuais. Nesses casos a criança já goza do *status* de filho de um dos parceiros(as) e é adotado pelo outro.

As decisões que seguem essa orientação utilizam-se de uma interpretação construtiva do direito que, em síntese, autoriza as adoções aos pares homossexuais com base na indefinição dos conceitos jurídicos que tratam do tema, entendendo que as leis da adoção ao estabelecerem o plural permitem a inclusão do singular. Ou seja, se as normas são de caráter genérico e indefinido permitem que os homossexuais tenham seus direitos contemplados por normas estabelecidas, a princípio, para tratarem das adoções por pessoas ou pares heterossexuais.

Essas decisões priorizam os melhores interesses da criança envolvida no processo da adoção, sendo pautado o melhor interesse no fato de que essas crianças receberão auxílio emocional e financeiro de ambos os pais, os quais poderão assegurar-lhes o bem-estar geral por ocasião do adoecimento ou mesmo morte de um deles. Nos casos americanos de adoção por homossexuais é comum que um dos pais pare de trabalhar e se dedique exclusivamente aos cuidados com a criança, enquanto o outro parceiro supre as necessidades financeiras da família. Esse é um dado relevante para o Tribunal conceder essas adoções, bem como o fato de os homossexuais, muitas vezes, adotarem crianças portadoras do vírus HIV ou com outros problemas de saúde, o que as faz serem normalmente rejeitadas por outras pessoas pretendentes à adoção.[318]

---

[318] MAXWELL, Nancy. *Legal protection for all the children*: ducth-american comparison of lesbian and gay parent adoptions. Kansas: University School of Law, [s.d.].

Pelo sistema jurídico dos EUA cada um dos estados estabelece as próprias leis da adoção de crianças e adolescentes. Assim, podem existir diferenças significativas entre as diversas normas estaduais que versam sobre essa matéria. Mas em todos os estados o que deve orientar a decisão das cortes e tribunais é o critério do melhor interesse da criança.

A adoção de crianças por homossexuais nos Estados Unidos permanece também como uma questão ainda bastante polêmica. Entretanto, nesse país a visibilidade social da homossexualidade e sua maior aceitação são bastante evidentes, fato esse que reflete o tratamento jurídico que os homossexuais recebem do Estado. Isso ocorre porque a cultura jurídica americana tem uma preocupação muito grande com o tema da igualdade dos direitos civis. Dessa forma, os homossexuais, além de contarem com um movimento social forte e organizado nesse país, também se beneficiam dos valores historicamente conquistados pelos grupos das minorias que compõem a sociedade americana. E nesse sentido, o respeito à igualdade e o dever de não-discriminação formam a base na qual se assenta, atualmente, a possibilidade de os estados americanos conferirem as adoções aos homossexuais.

Mas lá, também como aqui no sistema jurídico brasileiro, a preocupação fundamental no caso de um pedido de adoção por homossexuais é o atendimento ao melhor interesse da criança.

Igualmente, fruto de uma maior flexibilidade dos costumes da sociedade americana, deve-se à presença de famílias formadas por homossexuais e filhos. Para a constituição de uma família homossexual com filhos, no caso dos homens, o comum é a utilização do chamado "aluguel de útero" em que uma mulher, mediante um contrato formal estabelecido entre as partes, aceita a condição de gerar uma criança, com a utilização de material genético de um dos parceiros homossexuais, ou não. Essa situação é possível porque em alguns estados americanos o chamado "aluguel" ou "arrendamento" de útero é legalmente possível. No caso das mulheres homossexuais, o mais comum é a submissão de uma delas, ou das duas, às técnicas de reprodução humana assistida visando à geração dos próprios filhos, pois a lei americana permite a utilização dessas técnicas por pessoas solteiras.

A percepção social das famílias fundadas por parceiros(as) do mesmo sexo e suas crianças é um fato que leva os pesquisadores americanos a se dedicarem aos estudos relacionados com o tema da homossexualidade e seus conseqüentes efeitos no campo do comportamento da família. As pesquisas relacionadas ao assunto das uniões homossexuais leva à conclusão de que os relacionamentos existentes entre os homossexuais assemelha-se bastante ao dos heterossexuais, pois resta cada vez mais evidenciada a característica de estabilidade dessas relações, assim como o favorecimento e a possibilidade da mútua assistência entre o par e o apoio emocional e financeiro em momentos críticos, como, por exemplo, o auxílio numa situação de enfermidade, o que indica que esses benefícios existentes entre o par, além de beneficiarem o casal propriamente dito, também beneficiam a sociedade como um todo, na medida em que esta não precisa suprir com programas e mecanismos sociais o auxílio prestado pelo companheiro ao enfermo.

No que concerne à questão relacionada à homossexualidade e à constituição de uma família com crianças, um corpo grande de pesquisas representado pela Associação Americana de Psicologia conclui, em 1995, que "não há um único estudo que tenha constatado que as crianças de pais homossexuais e de lésbicas teriam qualquer prejuízo significativo em relação às crianças de pais heterossexuais. Realmente, as evidências sugerem que o ambiente doméstico promovido por pais homossexuais e lésbicas é tão favorável quanto os promovidos por pais heterossexuais para apoiar e habilitar o crescimento 'psicológico das crianças'. A maioria das crianças em todos os estudos, funcionou bem intelectualmente e 'não demonstrou comportamentos ego-destrutivos prejudiciais à comunidade. Os estudos também revelam isso nos termos que dizem respeito às relações com os pais, auto-estima, habilidade de liderança, ego-confiança, flexibilidade interpessoal, como também o geral bem-estar emocional das crianças que vivem com pais homossexuais não demonstravam diferenças daqueles encontrados com seus pais heterossexuais".[319]

Por conta das conclusões trazidas pelas pesquisas que se ocupam do tema da homossexualidade é que toma corpo a discussão, em solo americano, sobre a necessidade de cada um dos estados viabilizar o reconhecimento legal das uniões homossexuais, ou seja, dos homossexuais se unirem e assim formarem uma família. Essa preocupação com a necessidade do reconhecimento legal é também apontada por causa das crianças inseridas nessas entidades familiares, na medida em que alguns estados americanos entendem que a adoção do filho do(a) parceiro(a) só é possível se houver alguma forma de legalização da união existente entre pai/mãe e cônjuge/companheiro(a).

Para os americanos, a preocupação com a importância do reconhecimento legal das uniões entre os homossexuais passa, também, pelo significado que a jurisdicização traz a essas relações porque o reconhecimento legal dota-as de um outro *status* social e político o que se reflete em benefício direto às crianças nelas inseridas, pois contribui para a maior aceitação social dessas novas formas de organização familiar.

---

[319] WALD, Michael S; REYNOLDS Jackson. *An analysis of proposition 22.* Disponível em: http://lawschool.stanford.edu/faculty, p. 29. Acesso em: 22/08/2001.

A adoção de crianças por homossexuais nos EUA se dá com base, principalmente, na lei que permite ao cônjuge/companheiro(a) adotar o filho do(a) outro(a). Essa lei foi originariamente concebida para conferir a uma criança o direito ao "segundo pai", sendo usualmente utilizada por casais heterossexuais, na medida em que a adoção é unilateral e não dissolve o vínculo jurídico já existente entre a criança e o pai/mãe que é também o cônjuge/companheiro(a) do adotante.

Assim, com base no direito de igualdade e de equiparação, tão caro ao sistema legal americano, esta lei vem possibilitando também a adoção unilateral do filho dos(as) companheiros(as) nas parcerias homossexuais. Os estados americanos de Alaska, Califórnia, Colorado, Connecticut, Distrito de Columbia, Illinois, Indiana, Iowa, Maryland, Massachussetts, Minesota, Michigan, Nevada, Nova Jérsei, Nova Iorque, Ohio, Oregon, Pensilvânia, Rhode Island, Texas, Vermont e Washington já concederam adoções unilaterais ao companheiro homossexual do pai/mãe biológico da criança com base na lei do "segundo pai adotivo". Desses estados mencionados, nos estados de Vermont, Massachussetts, Nova Iorque e Nova Jérsei a discussão judicial alcançou a mais alta corte e Justiça do estado e foram por elas confirmadas.[320]

Já em relação à adoção por casais homossexuais de forma conjunta, quando nenhum dos dois já tenha filhos, elas estão presentes nos Estados Unidos, mas em número muito menor por causa do não-reconhecimento legal das uniões entre pessoas do mesmo sexo, na medida em que poucos estados americanos, na verdade somente cinco, permitem a adoção por solteiros, enquanto os demais exigem que a adoção seja requerida por um casal. Registre-se, entretanto, que o estado de Vermont concedeu a adoção a um par homossexual no qual as duas mulheres homossexuais haviam recebido a avaliação favorável da agência de adoção. Nesse caso, uma mulher adotou a criança sozinha e como solteira e um ano após a sua companheira, que também estava inscrita e habilitada para a adoção, pleiteou a adoção da mesma criança com base na lei que autoriza a presença do "segundo pai".[321]

Na Holanda, ao contrário, desde 1º de abril de 2001, por meio do ato 21 de dezembro que alterou o Código Civil holandês, tornou-se possível a adoção de crianças pelo par homossexual de forma conjunta. Essas adoções, entretanto, são conferidas mediante algumas proteções legais mais rígidas na medida em que só podem ser concedidas em favor de uma criança holandesa ou a uma criança com domicílio holandês, pois as

---

[320] INTERNET. *State laws regarding adoption by gay and lesbian parents*: second parent adoption. Disponível em: http:www.calib.com/, p. 2. Acesso em 22/08/01.
[321] Ibidem, p. 1-3.

adoções de crianças provenientes de outros países continuam sendo possíveis somente aos casais ou parceiros heterossexuais.

O rigor também está presente na necessidade de ser verificada a impossibilidade completa de a criança ser restabelecida ou permanecer na sua família de origem, pois com a adoção, os vínculos com a família de nascimento são totalmente rompidos, o que gera a conseqüência que esta criança não voltará a ter pais de ambos os sexos. Nesse caso, a criança terá dois pais ou duas mães e será em nome desses registrada como filha, recebendo pois, proteção legal de ambos.

Para essas adoções não é necessário que os adotantes sejam casados ou tenham a sua parceria homossexual, registrada já que isto também já é possível na Holanda. É preciso, entretanto, ser comprovada a existência da união entre o par pelos menos nos últimos três anos, provando-se ser a mesma estável e que o par desfruta de possibilidades materiais e emocionais para cuidarem de uma criança, devendo ser ainda comprovado que os dois parceiros pretendem conjuntamente a adoção pelo menos há um ano.

A adoção pelo homossexual sozinho – a adoção monoparental –, assim como a adoção do filho do companheiro(a) são igualmente permitidas pela Lei da Holanda. Sendo que nessa última hipótese deve da mesma forma ser comprovada a existência e estabilidade da união homossexual no mínimo nos últimos três anos, assim, como deve ser comprovado que o companheiro pretendente à adoção vem coabitando e se ocupando dos interesses e dos cuidados com a criança pelo menos no último ano.

Nessa modalidade de adoção permanecem os vínculos já existentes com o pai/mãe que está com o filho e rompem-se definitivamente aqueles por ventura existentes com o outro pai ou mãe biológico, os quais serão substituídos pelo novo vínculo jurídico consagrado pela adoção. Assim, a criança passa a ter em seu registro civil dois pais ou duas mães, podendo adotar sobrenomes de ambos. Da mesma forma terá acesso a todo e qualquer direito inerente ao direito de família holandês, entre eles direitos de previdência social, herança, alimentos, indenizações etc.

No caso específico das mulheres homossexuais, a lei que autoriza a adoção permite uma situação diferenciada que é a possibilidade de a companheira vir a adotar o filho biológico da outra logo após o nascimento da criança. Elas devem, da mesma forma que as adoções unilaterais anteriormente mencionadas, ter vivido juntas numa união estável pelo menos nos últimos três anos.

Na Holanda ainda, da mesma forma que a adoção, é permitido desde 1º de janeiro de 1998 o pedido de guarda e responsabilidade do filho do companheiro homossexual para aqueles que não pretendam a adoção. Essa possibilidade legal se destina a resguardar o bem-estar da criança quando os parceiros não possam ou não pretendam a adoção propriamente dita. A guarda e responsabilidade preserva os laços jurídicos com a família natural da criança, se houver, assim como confere algumas tutelas jurídicas para o vínculo existente entre o guardião e o filho do pai/mãe do companheiro(a), como, por exemplo, benefícios previdenciários, direito de uso no nome do companheiro(a) de seu pai/mãe entre outros.

Pela lei holandesa de 2001 são reconhecidas como entidades familiares, os casamentos, as parcerias registradas – ambos utilizadas por casais heterossexuais e homossexuais – e o acordo de coabitação igualmente permitido aos hétero e aos homossexuais. Esses três tipos de vinculação jurídica das uniões afetivas guardam semelhanças e diferenças entre si. O casamento e as parcerias registradas se assemelham bastante quanto aos requisitos e efeitos legais. No que tange à filiação, o filho nascido de um casamento é automática e legalmente considerado como sendo filho dos cônjuges, ao contrário do filho nascido no seio das parcerias registradas ou nos acordo de coabitação em que não são presumidos como filhos dos companheiros hétero ou homossexuais, mas podem ser adotados pelo companheiro que não for o pai ou a mãe da criança.

Ainda no que diz respeito à adoção de crianças por homossexuais em conjunto, ou pelo companheiro(a) do pai/mãe, ou ainda, pelo solteiro homossexual, a lei holandesa da mesma forma que para as adoções pleiteadas por heterossexuais também se orienta pelo critério que estabelece a prioridade de serem preservados e buscados os melhores interesses das crianças envolvidas nesses processos de adoção.

Para o sistema legal brasileiro, a adoção por pessoa solteira que se declare ou não homossexual é possível sempre que essa adoção demonstrar atender aos melhores interesses da criança ou adolescente adotando.[322]

A adoção de crianças ou adolescentes por homossexuais, uma vez observados os critérios legais da adoção,[323] conforma em si a realização e concretização de dois princípios constitucionais singulares e que regem as relações familiares, pois de um pólo da relação paterno-filial estabelecida se assegura à criança o direito à convivência familiar (art. 227 da CF/88)

---

[322] Lídia Natália Dobrianskyj Weber retrata a situação nos EUA ao citar: Em países desenvolvidos também existe uma grande discussão sobre esta questão da orientação sexual de uma pessoa e do direito ou não de adotar uma criança. Lasnik(1979) destaca que uma pessoa homossexual procurar uma criança para adoção não é sinônimo de consegui-la, mesmo nos Estado Unidos. Não é sequer possível determinar quanto homossexuais já adotaram uma criança. Dullea (1988) realizou uma pesquisa com 920 candidatos à adoção ou guarda de uma criança nos EUA e em nenhum caso o participante identificou-se como homossexual, embora 10% tenha optado por não responder essa questão". (WEBER, Lídia Natália Dobrianskyj. *Pais e filhos por adoção no Brasil*: características, expectativas e sentimentos. 2. tir. Curitiba: Juruá, 2002, p. 80)

[323] É importante ressaltar que nos critérios legais para adoção instituídos pelos artigos 39 e seguintes do ECA não há vedação ou mesmo qualquer referência a preferência sexual do adotante.

e de outro pólo se confere ao adotante a possibilidade do exercício da paternidade responsável (art. 226, § 7º, da CF/88).

O cerne das decisões[324] que asseguram, inicialmente, o direito de guarda e responsabilidade de uma criança, e depois a adoção por pessoa de orientação homossexual, busca afastar o viés da discriminação sobre a orientação sexual do adotante retirando o foco da questão da sexualidade, voltando-o para o elemento fundamental em tais pedidos judiciais, que é o atendimento do melhor interesse da criança.

Quando o núcleo da adoção, que é o melhor interesse da criança, o qual se traduz e irradia no respeito não só ao bem-estar físico e emocional, mas também numa boa ambiência social para a criança, encontra-se preenchido de maneira favorável pelo(s) pretendente(s) à adoção, torna-se secundário e desmerece de maiores atenções as preferências sexuais do adotante. Conclusão esta que foi possível mediante a análise de alguns julgados sobre o assunto, os quais priorizaram a situação socioambiental da criança.

Nesse sentido, importa consignar o parecer do Ministério Público da 1ª Vara da Família e Adolescência da Comarca do Rio de Janeiro exarado com base nos laudos social e psicológico extraídos do pedido de adoção por um homossexual que vivia junto com seu parceiro. Assim, afastando o preconceito da homossexualidade e atentando para os dados da realidade, ou seja, que há outras formas de organização e vida em família e que estas podem atender ao bem-estar de uma criança, conclui a promotoria do caso:

> Da análise do feito, mormente, do estudo social e psicológico, conclui-se que a adoção trará benefícios ao adotando – este que necessita de cuidados especiais, *e que a família substituta dispensa ao mesmo a proteção necessária apesar de seu formato diferente do modelo tradicional.* [...] O estudo psicológico ainda revela que o companheiro do adotante está bastante envolvido com a criação da criança e que os vínculos de filiação estão sendo construídos.[...] Diante do acima exposto e considerando que a adoção assegurará reais vantagens para o adotando e que foram atendidos os requisitos legais, oficia o Ministério Público pela procedência dos pedidos.[325]

---

[324] Entre outros – APELAÇÃO CIVEL 35.466-0/7 – Câmara Especial , TJSP. APELAÇAO CÍVEL 14.979/98 17ª Câmara Cível do TJRJ. APELAÇAO CIVEL 14.332/98 9ª Câmara Cível TJRJ.

[325] Conclusão do parecer social: Trata-se de avaliação de estágio de convivência. O bebê prematuro necessitando de cuidados especiais encontrou na família substituta o cuidado e a proteção necessários. A família com seu formato diferente do modelo tradicional, tem dedicado à criança um acolhimento louvável, comprometido com o bem-estar material e afetivo do bebê, razão pela qual nos posicionamos favoravelmente à adoção. E ainda a conclusão do estudo psicológico do Juízo: "A criança em tela encontra-se sob a guarda do requerente e seu companheiro desde seu nascimento. Nesse período, os vínculos de filiação estão sendo construídos e ambos parecem ser figuras de referência para o

No caso da adoção acima indicado, não foi só declarada a homossexualidade do adotante, mas também o fato de este viver uma união estável com seu companheiro e ter este último, tal qual o adotante, estabelecido recíprocos laços e vínculos afetivos com a criança ou adolescente adotado.

Importa, pois, ressaltar que diversamente da lei holandesa que permite adoção por homossexuais desde abril de 2001, e mesmo de alguns julgados americanos, que conferem a adoção aos pares homossexuais, nos casos brasileiros a adoção jurídica se dá pelo prisma da monoparentalidade, ou seja, em nenhum julgado pesquisado houve o pedido judicial ou mesmo o deferimento da medida em benefício do par formado por dois homens ou duas mulheres que mantenham entre si relacionamento afetivo. Apesar da presença, muitas vezes, dos laudos sociais e psicológicos indicarem a presença de uma união sólida entre o adotante e seu companheiro, a adoção sempre foi concedida somente a um adulto, homem ou mulher que dessa forma preenche formalmente no registro de nascimento da criança o lugar ocupado pelo pai ou pela mãe.

Entende-se que a não-concessão da adoção conjunta aos homossexuais pode, muitas vezes, interferir nos melhores interesses da criança, pois a realidade social aponta para formação de um vínculo entre o adotando e o parceiro do adotante. Mas tais situações reais não encontram proteção jurídica que assegure a manutenção ou reflexos jurídicos oriundos desse vínculo afetivo formado pelo companheiro do adotante, em que pese a constatação na maioria dos casos, analisados de vínculos emocionais fortes estabelecidos entre a criança e companheiro(a) do pai ou mãe adotante. Vínculos afetivos estes que possuem a mesma natureza dos vínculos emocionais das relações entre pais e filhos heterosssexuais.

Essa ausência de tutela legal do vínculo formado entre adotado e companheiro(a) do adotante não parece trazer conseqüências para a criança, ao menos sob o prisma formal, enquanto dure a relação afetiva entre o par homossexual. No entanto, inúmeras conseqüências jurídicas poderão surgir a partir da ruptura dessa relação, quer por opção do par que resolve se separar, ou pela ocorrência de morte de um dos companheiros. Igualmente preocupante seria uma situação que levasse à incapacidade física ou mental permanente do adotante, que perante a lei se constitui no único genitor (pai ou mãe) do adotado, pois certamente atingiria os interesses da criança sob exclusiva responsabilidade legal.

---

menino.[...] Diante do exposto somos favoráveis ao acolhimento do pedido". (RIO DE JANEIRO. 1ª VARA DA INFÂNCIA E JUVENTUDE. Pedido de adoção com destituição do pátrio poder. Autos nº 2001.710.008632-4. Juiz Leonardo de Castro Gomes. 16 nov. 2001 – cópia fornecida pela assessoria do juízo).

No que diz respeito à ruptura ou dissolução da união existente entre o (a) adotante e seu companheiro(a), poderia este último vir a reivindicar o direito de contato e convivência com a criança, entretanto, num primeiro momento, esbarraria na ausência completa de base legal e vínculo familiar a permitir-lhe que um juízo ou Tribunal assegurasse tal desejo. Por outro lado, retiraria da criança, também, o direito de vir a pleitear alimentos do consorte de seu pai ou mãe no caso de necessitar deles, na hipótese de ser o companheiro do(a) adotante o mantenedor econômico da família, ou de algumas despesas específicas da criança/adolescente, como, por exemplo, os custos com educação.

Mas a situação de não se poder conferir a adoção ao par homossexual parece ficar ainda mais complexa sob o plano dos fatos, quando ocorre a morte do adotante, ou uma eventual incapacidade permanente deste, na medida em que a solução paliativa possível para essa criança permanecer no seio da família onde estava integrada seria um pleito de guarda e responsabilidade/tutela por parte do(a) companheiro(a) do(a) adotante, já que um pedido seu de adoção estaria impossibilitado, pois necessitaria da declaração de ausência de qualquer vínculo entre criança e pai ou mãe falecido/incapacitado, o que certamente não seria possível jurídica e muito menos moralmente.

Ainda vale lembrar que essa solução é meramente paliativa e não atinge os melhores interesses da criança tal qual uma adoção conjunta pelo par homossexual, pois a guarda judicial e a tutela, apesar de serem instituto jurídico que visem a tutelar o bem-estar da criança, além de não estabelecerem vínculos jurídicos permanentes e indissolúveis entre o guardião/tutor e a criança, deixam de abrigar alguns direitos próprios do estatuto da filiação, como são os recíprocos direitos de sucessão e de alimentos. A guarda e tutela judiciais aqui referidas se encontram reguladas pelos arts. 33 a 37 do ECA, bem como pelos arts. 1.728 a 1.752 do Código Civil, e este último diploma legal estabelece no seu art. 1.731 uma ordem legal de concessão da tutela que privilegia os laços parentais inerentes ao adotante, podendo, portanto, gerar eventuais conflitos entre os interesses dos parentes do adotante e os do seu companheiro no que diz respeito ao destino da criança e melhores interesses desta.

Sendo assim, a suposta barreira que impede uma criança de ter, legalmente, dois pais ou duas mães, num plano secundário, poderá gerar uma série de incertezas quanto ao destino e futuro da criança. Essa constatação não pode ser utilizada para se negar, então, a adoção por uma pessoa homossexual, muito pelo contrário, deve servir de reflexão para ao apontar uma fragilidade do sistema – posto que as crianças que pertencem às famílias formadas por pares homossexuais desenvolvem formas afetivas próprias de lidar com o fato de terem simultaneamente dois pais e duas mães –, ser um indicador da necessidade de se avançar nessa prática jurídica, na medida em que esse vínculo fático de natureza paterno-filial que se dá entre uma criança e o companheiro(a) de seu pai ou mãe homossexual merece sim acolhida legal por proteger mais do que qualquer outro interesse a pessoa do filho envolvido nessa modalidade de família.

Mesmo porque não se pode, igualmente, ignorar que, mesmo fora do instituto da adoção por pessoas homossexuais, há a possibilidade da filiação biológica de um dos parceiros, gerada mediante o uso das técnicas de inseminações artificiais, ou mesmo oriunda de casamentos heterossexuais desfeitos, cuja guarda e responsabilidade dos filhos ficam estabelecidas em favor do(a) separando(a), que, por razões múltiplas, constitui uma relação homossexual posterior. Situação semelhante a essa foi amplamente debatida e vivenciada pela sociedade brasileira por ocasião do falecimento da cantora Cássia Eller e do destino de seu filho, que já era órfão de pai e cuja guarda provisória foi conferia à companheira da cantora em detrimento da obediência à ordem legal por atender aos melhores interesses da criança.

Mereceu reflexão os ares de sensibilidade e de respeito à pluralidade dados por amplos setores da sociedade brasileira quanto ao apoio tanto ao pedido da companheira quanto ao deferimento da guarda do menino Francisco; apesar da impugnação judicial do avô materno da criança, que reivindica para si a tutela e responsabilidade sobre o neto.[326]

Essas conseqüências, oriundas dos vínculos afetivos existentes entre os componentes de uma família formada por pessoas e pares homossexuais e suas crianças, se traduzem numa problemática verificada no plano social e que o sistema legal não pode mais ignorar, sob pena de o direito perder sua eficácia como ciência que visa a regular a vida em sociedade.

Por isso, com base tanto na ampla receptividade que a sociedade brasileira possui em relação à homossexualidade propriamente dita, bem como à adoção de crianças e adolescentes por homossexuais, aliadas ao fato de não haver pesquisa que indique prejuízos para as crianças/adolescentes envolvidos em tais processos, ao contrário, indicando que essas adoções são tão benéficas aos interesses dos adotandos quanto qualquer outra, entende-se possível a outorga da adoção conjunta ao par homossexual utilizando-se para tanto os mecanismos jurídicos representados pela Constituição Federal de 1988, mormente o artigo 3º, inciso IV, combinado com os artigos 5º, *caput*, e 226, com um viés de se estabelecer a igualdade

---

[326] A propósito: "A sociedade apresentou-se mais liberal do que o esperado. Juristas, donas-de-casa, artistas usaram os veículos de comunicação para apoiar a decisão do 1º Juizado da Infância e Juventude do Rio de Janeiro de conceder a tutela para Maria Eugênia, a quem a criança chamava de mãezinha. Para ele, Cássia Eller era a mãe". (*Boletim IBDFAM*, Belo Horizonte, n. 13, a. 2, p. 6, jan./fev. 2002).

de proteção a todas as formas de família – e assim sendo superar os óbices legais dados pela parte inicial do artigo 1.622 e pelos §§ 1º e 2º do art. 41 do ECA, os quais viabilizam a adoção por quem viver em união estável e pelos então denominados "concubinos".

Esse entendimento deriva da interpretação lógico-sistemática, tanto do § 1º, quanto do § 2º do artigo 41, os quais fazem menção expressa à possibilidade de os cônjuges ou concubinos adotarem conjuntamente uma criança ou adolescente, ou somente um deles, quando a criança ou adolescente a ser adotado já gozar do *status* de filho do outro. Exige-se para isso somente que um dos parceiros ou cônjuges tenha 21 (vinte e um) anos ou 18 (dezoito) anos nos termos do Código, e se prove a estabilidade da família, não havendo, pois, menção à necessária heterossexualidade do relacionamento (união estável) dos adotantes.

Pois bem, a jurisprudência orientada por valores de pluralidade e dotada de uma maior sensibilidade com a temática das necessidades essenciais do ser humano vem admitindo e considerando que as uniões formadas por pares homossexuais possam ser consideradas como entidades familiares, o que alberga a possibilidade de as uniões homossexuais serem entendidas como uma forma de união estável ou mesmo concubinato e, em assim sendo, poderem os companheiros ou concubinos pleitear conjuntamente a adoção de uma criança ou, então, a adoção do filho do outro(a) parceiro(a).

Os entraves legais poderiam ser postos pelo mencionado artigo 1.622, *caput,* do Código Civil, que estabelece que ninguém pode ser adotado por duas pessoas se estas não forem marido e mulher. Mas diante dessa possibilidade de a Constituição Federal de 1988 autorizar o reconhecimento de outras formas de organização da família, bem como diante do fato de a jurisprudência ter declarado que a união homossexual possui características de entidade familiar como sendo uma união estável, legalmente parece não haver maiores obstáculos para a concessão da adoção de forma conjunta aos pares homossexuais, pois os próprios artigos do Estatuto da Criança e do Adolescente e do novo Código Civil brasileiro possibilitam que companheiros/concubinos adotem, não estabelecendo a necessidade da diversidade de sexos entre os adotantes.

Resta, entretanto, para ser superado o forte peso moral e cultural que é o fato de a criança conviver e apresentar-se socialmente como tendo dois pais ou duas mães. Situação esta já eliminada na Holanda por ser o único país que concebe legalmente a adoção conjunta para homossexuais.

Nesse sentido, como a lei não estabelece esse critério, e em matéria de adoção o que se privilegia são os melhores interesses da criança, necessário se faz buscar socorro em outras ciências que versam sobre essa temática, de maneira especial a psicologia, pois quanto às questões de ordem socioeconômica, objetivo primeiro da assistência social, os fatos indicam que as crianças recebem melhor atendimento de suas necessidades básicas tanto de forma quantitativa quanto qualitativamente na companhia da família substituta, entre elas a composta por homossexuais, do que nos lares e casas de abrigo onde lhes falta o essencial que é a convivência familiar, o atendimento carinhoso, afetivo e personalizado, próprio de quem deseja com ela, criança ou adolescente, estabelecer vínculos e laços emocionais recíprocos e permanentes.

Para algumas linhas do pensamento psicológico, a adoção por parceiros homossexuais se reveste em verdadeiro tabu que inverte os modelos masculinos e femininos. Para outras, entretanto, a preocupação com a maternidade e a paternidade está voltada para os papéis desempenhados pela mãe e pelo pai, ou, ainda, para as habilidades das funções da maternagem e da paternagem. Papéis e funções estas que não correspondem, necessariamente, às figuras físicas da mãe e do pai.

O foco da problemática da adoção por homossexuais emerge da possibilidade de que a opção sexual do adotante, no caso a homossexualidade, acabar se traduzindo num malefício para a formação psíquica e moral da criança a ser adotada. Essa preocupação, quando pensada de forma mais cautelosa e profunda, acaba desnudando ainda o viés discriminatório em relação à homossexualidade, apesar de todo esforço e avanço no campo da medicina e da psicologia que já não a consideram como doença ou como conduta comportamental desviante. Com a preocupação primeira de que a homossexualidade do adotante se traduza em algo pernicioso à formação da criança ou que, por essa única razão, poderia a criança também desenvolver sua preferência sexual pela homossexualidade, comprova-se a inferência a um padrão tido como o único correto para o ser humano exercitar sua sexualidade, que seria a heterossexualidade, refletindo sobre a homossexualidade ainda uma "conduta desviante" desse padrão.

Nesse aspecto, torna-se imperioso afirmar que nenhuma pesquisa médica ou psicológica obteve êxito em comprovar que a homossexualidade dos pais é fator suficiente o bastante para determinar a sexualidade dos filhos. Isso se torna bastante evidente no fato de serem os adultos homossexuais, na sua grande maioria, filhos de pais heterossexuais, tendo convivido desde tenra idade em ambiente familiar e social onde imperavam os modelos de relacionamentos heterossexuais. Essa constatação empírica conforma um indicativo forte que afasta a hipótese de ser a sexualidade dos pais, por si só, motivo suficiente para determinar a sexualidade dos filhos.

Também, no sentido de comprovar a ausência de problemas às crianças/adolescentes adotados por homossexuais, em função da orientação homossexual dos pais, Lídia Natália Dobrianskyj Weber traz alguns dados relevantes, ao afirmar:

> Ricketts & Achtenberg (1989) realizaram um estudo com vários casos individuais de adoções por homens e mulheres homossexuais e afirmaram que a saúde mental e a felicidade individual estão na dinâmica de determinada família e não na maneira como a família é definida. Eles afirmaram, portanto, que não importa se a família conta com um pai e uma mãe ou somente um deles; o mais importante é como essa família vive.
> McIntyre (1994) faz uma análise de pais e mães homossexuais e os sistemas legais de custódia. Este autor afirma que a pesquisa sobre crianças serem criadas por pais homossexuais documenta que pais do mesmo sexo são tão afetivos quanto casais tradicionais.
> Patterson (1997) escreveu um artigo sobre relações de pais e mães homossexuais e analisou as evidências da influência na identidade sexual, desenvolvimento pessoal e relacionamento social em crianças adotadas. A autora examinou o ajustamento de crianças de 4 a 9 anos de idade criadas por mães homossexuais (mães biológicas e adotivas) e os resultados mostram que tanto os níveis de ajustamento maternal quanto a auto-estima, desenvolvimento social e pessoal das crianças são compatíveis com crianças criadas por um casal tradicional.
> Samuels (1990) destaca que, mais importante do que orientação sexual dos pais adotivos, o aspecto principal é a habilidade dos pais em proporcionar para a criança um ambiente carinhoso, educativo e estável.[327]

As conclusões trazidas pela psicóloga acima mencionada, que demonstram que as adoções por homossexuais, além de não trazerem prejuízos para as crianças e adolescentes envolvidos, alcança os mesmos benefícios dados às crianças que são adotadas por famílias substitutas de formato tradicional, só reforçam o lado obscuro do preconceito ainda presente contra a homossexualidade, pois essa constatação desnuda ser ele o fator que está a inviabilizar a concessão de adoções conjuntas a esses parceiros.

O preconceito também mostra sua face quando se propõe a encobrir questões que atormentam a humanidade desde os tempos mais remotos, que é o abuso sexual de crianças/adolescentes, porque ao se tratar das adoções por homossexuais "paira no ar" a suspeita de que essas adoções se destinem para esse fim. Entretanto, a simples constatação de serem os pais heterossexuais não é suficiente o bastante para conferir a integridade à formação psicoemocional dos filhos, na medida em que inúmeros são os casos das perversidades sexuais verificadas no interior das famílias, quer sejam ou não formadas por pais e mães biológicos e heterossexuais. Sobre essa realidade, assim afirmou Lídia Natália Dobrianskyj Weber: "Dullea

---

[327] WEBER, Lídia Natália Dobrianskyj. *Pais e filhos por adoção no Brasil*: características, expectativas e sentimentos ..., p. 80-81.

(1988) revela que existem preocupações da população sobre a possibilidade de homossexuais abusarem sexualmente de seus filhos ou ainda que as crianças seriam influenciadas por seu comportamento homossexual. No entanto, (Coates & Zucker, 1988) afirmaram que não existe evidência que pais homossexuais abusem de seu filhos com mais freqüência do que o fazem pais heterossexuais".[328]

Por conta desses fatos é que a simples constatação da homossexualidade do(a) adotante não pode ser fator suficiente a afastar a possibilidade da adoção quando elementos outros indicarem que a criança estará em ambiente familiar favorável ao desenvolvimento amplo de suas potencialidades humanas. Também, pensando exclusivamente nas crianças e adolescentes abandonados e à mercê da adoção,[329] é que o Estado, por meio do sistema jurídico deve efetivar aquilo que a sociedade instituiu como seu dever, que é conferir o direito à convivência familiar e comunitária às crianças e aos adolescentes, assim como tutelar-lhes os melhores interesses, por isso a necessidade de se suplantarem os formalismos que impedem uma criança ou um adolescente de ser adotado conjuntamente por duas pessoas de mesmo sexo, pois estas terão condições jurídicas de melhor assegurar a efetivação dos direitos essenciais da criança do que somente um deles.

Na verdade, em última análise, as adoções conjuntas por pares homossexuais precisam do reconhecimento judicial do que a realidade já comprova: as crianças e adolescentes inseridos em tais famílias substitutas ou naturais lidam de forma tranqüila com a presença de dois pais ou duas mães, o que na realidade mais lhes pode vir a perturbar é o preconceito social, e o antídoto contra este é o direito.

É nessa linha de raciocínio que as decisões judiciais brasileiras vêm orientando e fundamentando os julgados no campo do deferimento de

---

[328] WEBER, Lídia Natália Dobrianskyj. *Pais e filhos por adoção no Brasil*. Op. cit., p. 80.

[329] Sobre este fato são transcritos alguns depoimentos que merecem reflexão, principalmente dos operados jurídicos que entendem inviável a adoção de crianças por homossexuais. A saber: 1º depoimento (menina de 11 anos, institucionalizada desde os 8 anos): "Eu tinha 8 anos quando vim para cá. Foi o carro do Juizado que me trouxe aqui. Já morei em três internatos diferentes. Meu pai bebe e minha mãe morreu e eu nuca recebi visitas de ninguém. Meus três maiores desejos? Eu queria ganhar um pai [...] Eu queria muito ser adotada, para ter pais. Eu seria mais feliz". 2º depoimento, de um menino de 13 anos, institucionalizado desde 1 ano de idade: "Eu nem sei quem me trouxe para cá. Acho que tava na rua antes. Não conheço meus pais, nem sei se tenho, nem ninguém da minha família. Já morei em três orfanatos diferentes. O que eu mais queria ter? Uma família, um trabalho para mim e que eu seja feliz com essa família! Tenho esperança de ser adotado[..] Eu queria ter pai e mãe...nunca tive". 3º depoimento, de um menino de 15 anos, institucionalizado desde os 7 anos de idade. "Foi minha mãe que me trouxe para cá. Meu pai bebe e judia da gente e eu passava fome na minha casa. Eu morei em cinco orfanatos diferentes. Nunca recebi visita de ninguém. Eu queria é ser feliz com alguém...eu sei que é difícil alguém me adotar na minha idade...mas eu queria alguém para me adotar e me chamar de filho...". (WEBER, Lídia Natália Dobrianskyj. *Quero que alguém me chame de filho*..., p. 101-102).

guarda provisória e definitiva e das adoções por homossexuais. O que a jurisprudência acaba descortinando com essas decisões que crivam o olhar sobre a criança, e que desconsideram a opção sexual do adotante, é o reconhecimento explícito e implícito de que algumas pessoas, não somente biologicamente, possuem emocionalmente um desejo e porque não dizer uma necessidade de ter filhos, de deixar descendentes, de nutrir amor, afeto e carinho por alguém que lhe perpetuará o nome, a tradição, os costumes, a existência. E negar esse direito aos homossexuais, tão-somente por conta de sua opção sexual, seria legitimar o preconceito e a exclusão da cidadania e da igualdade.

Comprovando que a possibilidade da adoção por pares homossexuais se reveste muito mais dos conceitos culturais que uma sociedade tem sobre suas estruturas fundamentais, com o é a família, a Holanda que é um país com outros valores, outras formas de organização e, portanto, outra cultura, reconheceu legislativamente a possibilidade de as crianças holandesas serem adotadas por pares homossexuais conjuntamente.

Importa reconhecer, por esse fato, que sem dúvida a família é um organismo universal, porém sua forma de manifestação legal ainda reflete a cultura demarcada pela história sociopolítica de cada uma das milhares sociedades globais. Por isso, há necessidade de o Brasil avançar no reconhecimento do direito à diferença, entre os quais o direito do exercício da homossexualidade, porque esse fato reflete imediatamente na evolução dos valores de uma sociedade em busca do reconhecimento da pluralidade como valor essencial da democracia.

Também, precisa a sociedade brasileira olhar para a ferida aberta no seio social, que é a mutilação afetiva de inúmeras crianças albergadas e à espera da sonhada família. A criança é o valor social a ser prestigiado e são seus melhores interesses os que devem ser perseguidos.[330]

Parece que a vivência de quem lida com a infância abandonada – que sujeita as crianças à fome e aos maus-tratos, ao desencanto com a vida e com o futuro; é a constatação do abandono que lhes nega o direito de freqüentar uma escola, e mais que isso, serem acompanhados neste desenvolvimento escolar, que lhes nega acesso à saúde, ao respeito e à dignidade, e sobretudo nega-lhes, um convívio diário alegre que culmina numa noite de sono sob o olhar atento dos pais – desenvolve sensibilidade suficiente para vencer um preconceito irracional, e adquire consciência para aceitar que os homossexuais, como pessoas humanas que são, sejam

---

[330] "No entanto, ainda existe uma longa estrada, repleta de muitos obstáculos, para que a justiça ultrapasse o papel e chegue à vida real. O que adianta dizermos que a criança tem direito ao lazer, à cultura, à educação, à liberdade, se milhares delas estão passando a sua infância e sua adolescência trancafiadas em internatos, atualmente chamados de maneira suave de Unidades Abrigo?" (WEBER, Lídia Natália Dobrianskyj. *Quero que alguém me chame de filho* ..., p. 101)

tão aptos como qualquer outra pessoa para darem a essas crianças tudo o que a família natural e a sociedade já lhes negaram.

Assim, o Estado, por meio do Poder Judiciário, não pode negar as adoções a uma só pessoa homossexual ou conjuntamente aos que vivam uma união com característica de entidade familiar, ou seja, estável no tempo, pública, notória e que demonstre ser um lugar que possibilite a solidariedade, a afetividade e a mútua assistência moral e material entre seus membros. Essas uniões podem ser reconhecidas como entidades familiares, mediante uma interpretação lógico-sistemática arejada que privilegie os melhores interesses do adotado e os novos modos de se viver em família, e que tenha por base o respeito ao direito à diferença e à pluralidade.

A negação desse direito é o mesmo que negar às crianças e aos adolescentes, pequenos filhos dessa nossa pátria, o direito de terem pais e com eles formarem uma família inusitada na forma, mas ancestral no conteúdo, que é a necessidade de a pessoa humana ser amada e de pertencer a uma família.

## Conclusão

Procurou-se no desenvolvimento do presente trabalho que se propôs a refletir sobre como a ciência do direito vem concebendo e tratando a nova demanda social, representada pelo desejo de os homossexuais tornarem-se pais por meio da adoção de crianças e adolescentes, e a investigar quais os mecanismos legais, dispostos no sistema, aptos a contemplar essa problemática.

Buscou-se igualmente investigar em que medida esse exercício da paternidade ou da maternidade, reivindicado pelos homossexuais por meio da adoção de crianças, poderia ser considerado como um direito subjetivo.

Paralelamente, porque o instituto da adoção envolve a pessoa da criança ou do adolescente, investigou-se a possibilidade do desejo à paternidade dos homossexuais conformar simultaneamente os melhores interesses e a efetivação dos direitos constitucionais das crianças e dos adolescentes na forma consagrada pela Constituição Federal de 1988. De forma específica, atentou-se para o direito a convivência familiar e comunitária cuja concretização possibilita a inserção da criança ou do adolescente numa família substituta, e o conseqüente acesso ao feixe dos demais direitos essenciais a essas pessoas porque na peculiar condição de desenvolvimento.

Nesse cenário, o presente trabalho averiguou qual a normativa jurídica capaz de conter esse fato social emergente, que é a reivindicação dos homossexuais ao exercício da paternidade por meio da adoção de crianças ou de adolescentes. Investigou que concepções doutrinárias se prestariam a tal abordagem, tendo ainda sido pesquisado o posicionamento da jurisprudência quando instada a se manifestar sobre os pedidos dos homossexuais à habilitação para adoção e à adoção propriamente dita de uma criança ou de um adolescente.

A pesquisa atestou a visibilidade social do fenômeno da homossexualidade e considerou a perspectiva da descaracterização desta como doença para ser tida como um modo, legitimado pelas ciências médicas e psicológicas, de expressão da personalidade humana. Apreendeu-se, pois, o novo redimensionamento que o conceito da homossexualidade apresenta na contemporaneidade e, com base na perspectiva de concretização e efetivação dos direitos constitucionais fundamentais assegurados a todos os cidadãos indistintamente, entendeu-se ser possível a consagração da homossexualidade como uma forma legítima de se exercer a sexualidade humana e, portanto, passível de merecer a tutela e o reconhecimento legal como um direito personalíssimo de orientação sexual.

Para tanto, o princípio da dignidade da pessoa humana foi considerado como o ápice do ordenamento constitucional, tendo sua razão jurídica no restabelecimento do homem e das suas necessidades essenciais, pois os valores emanados da compreensão desse princípio colocam a pessoa humana tanto como o núcleo fundante, quanto como o limite ético do sistema jurídico.

O princípio da dignidade da pessoa humana foi, ainda, compreendido como uma categoria axiológica aberta que se presta como instrumental interpretativo amplo e que assim permite também sua conceituação como cláusula geral de tutela da personalidade da pessoa humana.

A partir da concepção de que as necessidades essenciais da pessoa humana possuem natureza jurídica de direitos de personalidade, adotou-se a concepção doutrinária que atesta a existência de direitos de personalidade para além daqueles formalmente previstos e tipificados no ordenamento do direito positivado. Os direitos de personalidade foram, portanto, compreendidos como toda e qualquer emanação da personalidade humana que necessite de tutela e que possa vir a ser reivindicada frente ao Estado, como sendo uma necessidade essencial da auto-realização pessoal.

Por isso, defendeu-se a caracterização do exercício da homossexualidade como um direito de orientação sexual e de natureza jurídica personalíssima porque se evidenciou como essencial para a realização daquelas pessoas que têm seu desejo sexual voltado para outras do mesmo sexo.

Nesse contexto, retomou-se criticamente a concepção da categoria jurídica do sujeito de direito, abandonando-se sua concepção como categoria dotada de total abstração e neutralidade, para tê-la como um conceito jurídico que deve atender e compreender a pessoa do cotidiano, inserida em suas diversas e múltiplas dimensões pessoais e considerada nas suas diferentes necessidades de realização.

Com base ainda numa concepção crítica da dogmática, defendeu-se a possibilidade de o direito se prestar como um mecanismo social eficiente para abrandar o preconceito que ainda recai sobre a temática da homossexualidade. O reconhecimento legal da existência de outras formas legítimas de exercício da sexualidade dignifica o *status* social das pessoas que possuem orientação sexual diferente da heterossexualidade, as quais permanecem, por conta disso, marginalizadas na sociedade.

Pôde-se igualmente concluir, com base na evolução que o conceito da homossexualidade vem recebendo da jurisprudência, que o direito é um mecanismo eficiente no sentido de compreender e contemplar as diferenças sociais, inerentes a uma sociedade que se pretenda democrática e plural sem descuidar do respeito à diferença com base na concretização do direito à igualdade.

A partir da apreensão dos valores de pluralidade, de liberdade e de igualdade, trazidos pela nova ordem constitucional somada à necessidade de o direito acompanhar a evolução das demandas sociais, na medida em que deve apreendê-las, concluiu-se serem as uniões homossexuais entidades familiares porque, assim como as demais formas de organização familiar, estão fundamentadas no afeto.

Essa conclusão também foi possível porque, ao se investigar as características da família jurídica contemporânea, constatou-se que, além de terem seu núcleo constitutivo no afeto, apresentam-se com um *locus* a viabilizar o desenvolvimento e a felicidade de seus membros.

Por isso, conclui-se que as uniões homossexuais podem ser consideradas como uma modalidade de família se nelas estiverem presentes a afetividade, a solidariedade, a publicidade e a mútua assistência entre seus membros.

Essa conclusão foi igualmente concebida com base na constitucionalização do direito civil e na repersonalização do sistema jurídico que, a partir da Carta Constitucional, informaram o sistema de novos valores e dotaram os conceitos infraconstitucionais de novos significados, visando a atender de maneira mais eficiente aos anseios da sociedade brasileira contemporânea.

A partir da apreensão de novos modos de se formar uma família e do conceito da homossexualidade como um modo de ser, portanto, legítimo de manifestação da sexualidade, chegou-se à conclusão de a homossexualidade ser caracterizada como um direito personalíssimo de orientação sexual, e por isso não poderem os homossexuais ser discriminados por causa da orientação sexual diferente do padrão hegemônico dado pela heterossexualidade.

Nessa perspectiva, foi possível concluir que o sistema jurídico deve outorgar aos homossexuais, com base no dever de tratamento isonômico, todos os direitos já conferidos aos heterossexuais. Daí, a conclusão no sentido de ser também assegurada aos homossexuais a faculdade de exercitarem a paternidade ou a maternidade como um direito subjetivo conferido a toda e a qualquer pessoa independentemente da orientação sexual adotada.

Entendeu-se que a adoção de crianças ou de adolescentes pode vir a ser a via eleita para os homossexuais viabilizarem a realização dessa faculdade à paternidade ou à maternidade, sempre que essa adoção atender os melhores interesses da criança ou do adolescente nela envolvidos Ao assim ser, conforma-se por meio dessa adoção, a realização do direito constitucional e fundamental que toda a criança ou o adolescente possui, que é o de ter e de desfrutar uma convivência familiar e comunitária.

A colocação de uma criança ou de um adolescente em uma família substituta, que lhe assegure condições saudáveis de convivência familiar e comunitária, levou à constatação de que adoção por homossexuais pode igualmente conformar o atendimento dos melhores interesses da criança ou do adolescente, na medida em que a sua inserção numa família composta por pessoa(s) homossexual(is) lhes assegura igualmente o acesso a uma gama de outros direitos constitucionalmente a eles garantidos, tanto quanto o fazem as famílias de pais heterossexuais.

A pessoa do filho, da criança e do adolescente foi considerada como um novo sujeito de direito das relações familiares. Por isso não se defendeu a posição da realização da faculdade de exercício do direito à paternidade mediante a consideração da criança e da pessoa do filho como um mero objeto dessa realização egoística e pessoal de quem se pretende pai; como poderia sugerir, por exemplo, o uso das técnicas de inseminação artificial, vez que este mecanismo é também uma possibilidade já dada pelo sistema jurídico brasileiro.

A consideração jurídica da criança e do adolescente como novos sujeitos de direitos foi o que levou também à conclusão de ser a adoção uma via adequada para o exercício da paternidade pelos homossexuais – assegurado esse por meio do reconhecimento de um direito subjetivo de paternidade – somente possível de exercício se atendidos, *prima facie,* aos interesses e às necessidades da pessoa do filho.

Ao se investigar os requisitos legais exigidos pelo Estatuto da Criança e do Adolescente para a concessão da adoção de uma criança ou de um adolescente, conclui-se que a adoção por homossexuais solteiros é possibilitada pelo ordenamento jurídico brasileiro, posto que a lei não faz menção à forma pela qual o adotante exerce sua sexualidade. E a não-concessão da adoção somente por causa da orientação homossexual do adotante revela-se uma discriminação arbitrária porque não contemplada pelo direito da igualdade.

A partir da análise dos julgados que concederam a adoção a uma pessoa homossexual sozinha, mas que viva com um(a) companheiro(a) chegou-se à conclusão que são criados fortes vínculos afetivos entre a criança adotada e o companheiro(a) do seu pai ou da sua mãe, o que encaminhou a pesquisa para concluir que há necessidade de também se tutelar juridicamente esse vínculo, pois assim se estará atendendo ao melhor interesse da criança já inserida nessa modalidade de família.

Ao investigar as possibilidades dadas pelo sistema jurídico para o reconhecimento legal desse vínculo, concluiu-se que a adoção conjunta pelo par homossexual mostra-se juridicamente possível, por meio da utilização sistematizada dos princípios constitucionais, dos direitos fundamentais, dos precedentes jurisprudenciais e da orientação doutrinária do direito da família dada pela civilística contemporânea. Revelou-se também, nesse contexto, ser extremamente importante o posicionamento crítico dos operadores envolvidos, na medida em que a efetivação dessa modalidade de adoção exige a eleição prévia de valores que contemplem a pluralidade e o respeito à diferença.

Com base nos julgados investigados, pôde-se aferir que a jurisprudência é um mecanismo jurídico eficiente quando informada pelos valores constitucionais, para construir o direito contemporâneo e para viabilizar a adequação do sistema legal positivado aos anseios de uma sociedade como a atual, que é marcada por novas, plurais e complexas demandas, uma vez que a pessoa humana busca o reconhecimento legal das necessidades que entende imprescindíveis para a sua plena realização como pessoa.

Em suma, esse trabalho buscou trazer uma contribuição para a compreensão jurídica dessa nova demanda que é dada pela homossexualidade e pelas reivindicações a ela inerentes, tais como, a possibilidade da adoção de crianças e de adolescentes, e para a compreensão desse novo fato social que se constitui nas famílias formadas por homossexuais e filhos. Atentando-se, para a insuficiência dessa pesquisa que não tem a pretensão de exaurir esse assunto, mas sim de sinalizar uma, entre as múltiplas possibilidades de abordagem do tema versado, evidenciou-se a necessidade do aprofundamento e da continuidade da investigação nessa área do direito que se ocupa da pessoa humana no contexto da vida em relação e também do seu universo íntimo e pessoal.

# Referências

ALBERGARIA, Jason. *Comentários ao Estatuto da Criança e do Adolescente*. Rio de Janeiro: Aide, 1991.

ALBUQUERQUE FILHO, Carlos Cavalcanti de. A situação jurídica de pessoas que vivem sozinhas. Bem de família. Penhora. *Revista Brasileira de Direito de Família*, Porto Alegre, a. 3, n. 11, p. 59-70, out./dez. 2001.

ALMEIDA, Maria Christina de. *Investigação de paternidade e DNA*: aspectos polêmicos. Porto Alegre: Livraria do Advogado, 2001.

ALVES, Cleber Francisco. *O princípio constitucional da dignidade da pessoa humana*: o enfoque da doutrina social da igreja. Rio de Janeiro: Renovar, 2001.

AMARAL, Francisco. *Direito civil*: introdução. 2. ed. aum. atual. Rio de Janeiro: Renovar, 1998.

——. Racionalidade e sistema no direito civil brasileiro. Separata da: *Revista O Direito*, Rio de Janeiro, a. 126, 1994.

ARAÚJO, Luiz Alberto David. *A proteção constitucional do transexual*. São Paulo: Saraiva, 2000.

ARNAUD, André-Jean. *O direito traído pela filosofia*. Trad. Wanda de Lemos Capeller e Luciano Oliveira. Porto Alegre: Fabris, 1991.

ARONE, Ricardo. Prefácio. In: ZAMBERLAN, Cristina de Oliveira. *Os novos paradigmas da família contemporânea*. Rio de Janeiro: Renovar, 2001.

ASCENSÃO, José de Oliveira. *Direito civil*. Coimbra: Coimbra, 1997, p. 64. v. 1: Teoria geral: introdução, as pessoas, os bens.

AZEVEDO, Álvaro Villaça. *União entre pessoas do mesmo sexo*. In: II CONGRESSO BRASILEIRO DE DIREITO DE FAMÍLIA. Anais ..., Belo Horizonte, 2000. p. 161-170.

BADINTER, Elisabeth. *Um é o outro*: relações entre homens e mulheres. Trad. Carlota Gomes. Rio de Janeiro: Nova Fronteira, 1986.

BARBOZA, Heloísa Helena. O princípio do melhor interesse da criança e do adolescente. In: PEREIRA, Rodrigo da Cunha [coord.]. *A família na travessia do milênio*. Belo Horizonte: IBDFAM, 2000. p. 211-213 (Anais do II Congresso Brasileiro de Direito de Família).

BARROS, Fernanda Otoni de. Um pai digno de ser amado. In: PEREIRA, Rodrigo da Cunha [coord.]. *A família na travessia do milênio*. Belo Horizonte: IBDFAM, 2000. p. 235-244 (Anais do II Congresso Brasileiro de Direito de Família).

BARROSO, Luís Roberto. *Temas de direito constitucional*. Rio de Janeiro: Renovar, 2001.

BERQUÓ, Elza. Arranjos familiares no Brasil: uma visão demográfica. In: NOVAIS, Fernando A. [org.]. *Historia da vida privada no Brasil*. São Paulo: Companhia das Letras, 1998. v. 4.

BITTAR, Carlos Alberto. Novos rumos do direito de família. In: —— [coord.]. *O direito de família e a Constituição de 1988*. São Paulo: Saraiva, 1989.

——. *Os novos rumos do direito de família*. São Paulo: Saraiva, 1989.

BOBBIO, Norberto. *Teoria do ordenamento jurídico*. São Paulo: Polis, 1991.

*Boletim IBDFAM – Instituto Brasileiro de Direito da Família*. Belo Horizonte, n. 13, a. 2, p. 06, jan./fev. 2002.

BRANDÃO, Débora Vanessa Caús. *Parcerias homossexuais*: aspectos jurídicos. São Paulo: RT, 2002.

BRASÍLIA. Superior Tribunal de Justiça. Resp. 27901. Processo 199200250467.

——. Superior Tribunal de Justiça. Civil. Processual. Locação. Bem de família. Móveis guarnecedores da residência. Impenhorabilidade. Locatária/executada que mora sozinha. Entidade familiar. Caracterização. Interpretação teleológica. Lei 8.009/90, art.1º e constituição federal, art.226, § 4º. Recurso conhecido e provido. RESP 205170/SP. Rel. Min. Gilson Dipp. 7 dez. 1999. *DJ* 07/02/2000, p. 173).

——. Superior Tribunal de Justiça. Civil. Adoção. Consentimento da genitora. Ausência. Destituição do pátrio poder. Procedimento próprio. Inobservância. Lei n.8.069/90 (ECA), arts. 24, 25§ 1º, 155, 166, e 169. Situação fortemente consolidada no tempo. Preservação do bem estar do menor. Manutenção excepcional, do *status quo*. Recurso Especial nº 100.294/SP. Rel. Min. Aldir Passarinho. 28 jun. 2001. *DJ* 19 nov. 2001)

——. Superior Tribunal de Justiça. Sociedade de Fato. Homossexuais. Partilha do bem comum. O parceiro tem o direito de receber a metade do patrimônio adquirido pelo esforço comum, reconhecida a existência de sociedade de fato com os requisitos previstos no art. 1.363 do CCvil. Responsabilidade Civil. Dano moral. Assistência ao doente com AIDS. Improcedência da pretensão de receber do pai do parceiro que morreu com AIDS a indenização pelo dano moral suportado sozinho os encargos que resultaram da doença. Dano que resultou da opção de vida assumida pelo autor e não da omissão do parente, faltando o nexo de causalidade. Art. 159 do CCvil. Ação possessória julgada improcedente. Demais questões prejudicadas. Recurso conhecido em parte e provido. REsp148897/MG. Rel. Min. Rui Rosado Aguiar. 10 fev. 1998. *DJ* 6 abr. 1998)

——. Superior Tribunal de Justiça. Execução. Embargos de terceiro. Lei 8009/90. Impenhorabilidade. Moradia da família. Os irmãos solteiros que residem no imóvel comum constituem uma entidade familiar e por isso o apartamento onde moram goza da proteção de impenhorabilidade, prevista na lei 80009/90,[...] (Resp 205170/SP, 4ª t., J.19/03/199, DJ 22/06/98, p, 100.) E ainda expressamente "[...] Entidade familiar. Caracterização. Interpretação teleológica. Lei 8.009/90, art. 1º e constituição federal, art. 226, § 4º,[...] 1.O conceito de entidade familiar, deduzido dos arts. 1º da Lei 8.009/90 e 226, § da CF/88, agasalha, segundo a aplicação da interpretação teleológica, a pessoa que, como na hipótese, é separada e vive sozinha, devendo o manto da impenhorabilidade, destarte, proteger os bens móveis e guarnecedores de sua residência. [...].RESP 159851/SP.

——. Superior Tribunal de Justiça. Resp 57606/MG. Rel. Min. Fontes de Alencar. 11 abr. 1995. *DJ* 15 maio 1995, p. 13410.

BRITO, Fernanda de Almeida. *União afetiva entre homossexuais e seus aspectos jurídicos*. São Paulo: LTr, 2000.

BROUSSARD. Os direitos fundamentais e o primeiro dever fundamental. *Revista da Faculdade de Direito da Universidade Federal do Paraná*, Curitiba, a. 30, n. 30, p. 13, 1998)

CANOTILHO, J. J. Gomes. *Direito constitucional e teoria da constituição*. 2. ed. Coimbra: Almedina, 1998.

CARBONERA, Silvana Maria. *Algumas considerações acerca das relações jurídicas de família*: seus sentidos e conteúdos. (apresentado perante o Grupo de Pesquisa da Pós-Graduação em Direito da UFPR – Virada de Copérnico – Diálogos de Direito Civil, Curitiba, 2000).

——. *Guarda de filhos na família constitucionalizada*. Porto Alegre: Fabris, 2000.

——. O papel jurídico do afeto nas relações de família. In: FACHIN, Luiz Edson [org.]. *Repensando fundamentos do direito civil brasileiro contemporâneo*. Rio de Janeiro: Renovar, 1998. P. 273-313.

CASELLATO. (Adoção, algumas considerações sobre a motivação dos casais requerentes. In: COUTO, Sergio. *Nova realidade do direito de família*: doutrina, jurisprudência, visão interdisciplinar, noticiário. Rio de Janeiro: COAD, 1998. p. 86-94.

CASTRO, Mônica Neves Aguiar da Silva. *Honra, imagem, vida privada e intimidade em colisão com outros direitos*. Rio de Janeiro: Renovar, 2002.

CLÈVE, Clémerson Merlin. *Temas de direito constitucional*. São Paulo: Acadêmica, 1993.

CLOUD, John. A different father's day. *Revista Time*, Nova Iorque, p. 106, 29 dez. 1997/ 5 jan. 1998.

CONSELHO FEDERAL DA O.A.B., Processo 4220/97/COP, j.19/05/97.

CORTIANO JR., Eroulths. *O discurso jurídico da propriedade e suas rupturas*: uma análise do ensino do direito de propriedade. Rio de Janeiro: Renovar, 2002.

——. Alguns apontamentos sobre os chamados direitos de personalidade. In: FACHIN, Luiz Edson [org.]. *Repensando fundamentos do direito civil contemporâneo*. Rio de Janeiro: Renovar, 1988. p. 31-56.

CUSCHNIR, Luiz; MARDEGAN JR. Elyseu. *Homens e suas máscaras*: a revolução silenciosa. Rio de Janeiro: Campus, 2001.

DAGNESE, Napoleão. *Cidadania no armário*: uma abordagem sócio-jurídica acerca da homossexualidade. São Paulo: LTr, 2000.

DE CUPIS, Adriano. *Os direitos da personalidade*. Lisboa: Morais, s.d.

DIAS, Maria Berenice. *União homossexual*: o preconceito e a justiça. Porto Alegre: Livraria do Advogado, 2000.

DINIZ, João Seabra. Adoção para uma visão global. In: FREIRE, Fernando [org.]. *Abandono e adoção*: contribuições para uma cultura da adoção. Curitiba: Terres des Hommes, 1991. v. 2. p. 67-83.

FACHIN, Luiz Edson [coord.]. *Direito civil brasileiro contemporâneo*. Rio de Janeiro: Renovar, 2002.

——. Aspectos jurídicos da união de pessoas do mesmo sexo. *Revista dos Tribunais*, São Paulo, a. 85, v. 732, out. 1996.

——. *Da paternidade*: relação biológica e afetiva. Belo Horizonte, Del Rey, 1.996.

——. *Elementos críticos do direito de família*. Rio de Janeiro: Renovar, 1999.

——. *Teoria crítica do direito civil*. Rio de Janeiro: Renovar, 2000.

FACHIN, Rosana Amara Girardi. *Em busca da família do novo milênio*: uma reflexão sobre as origens históricas e as perspectivas do Direito de Família brasileiro contemporâneo. Rio de Janeiro: Renovar, 2001.

——. Da filiação. In: PEREIRA, Rodrigo da Cunha [coord.]; DIAS, Maria Berenice. *Direito de família e o novo Código civil*. Belo Horizonte: Del Rey/IBDFAM, 2001. p. 111-124.

FELIPPE, Marcio Sotelo. *Razão jurídica e dignidade humana*. São Paulo: Max Limonad, 1996.

FERRAZ, Sérgio. *Manipulações biológicas e princípios constitucionais*: uma introdução. Porto Alegre: Fabris, 1991.

FERREIRA, Lucia Maria Teixeira. Tutela da filiação. In: PEREIRA, Tânia da Silva [coord.]. *O melhor interesse da criança*: um debate interdisciplinar. Rio de Janeiro: Renovar, 2000. p. 253-308.

FERREIRA FILHO, Manoel Gonçalves. *Curso de direito constitucional*. 17. ed. rev. atual. São Paulo: Saraiva, 1989.

FIGUEIRÊDO, Luiz Carlos de Barros. *Adoção para homossexuais*. 2. tir. Curitiba: Juruá, 2002.

FOUCAULT, Michel. *História da sexualidade*. 13. ed. Trad. Maria Thereza da Costa Albuquerque. Rio de Janeiro: Graal, 1999. v. 1: a vontade do saber.

——. 6. ed. Rio de Janeiro: Graal, 1985.

FUSTEL DE COULANGES, Numa Denis. *A cidade antiga*. Trad. Jean Melville. São Paulo: Martin Claret, 2002.

GAMA, Guilherme Calmon Nogueira da. A união civil entre pessoas do mesmo sexo. *Revista Trimestral de Direito Civil*, Rio de Janeiro, v. 1, p. 163-177, abr./maio 2000.

——. Filiação e reprodução assistida: introdução ao tema sob a perspectiva civil-constitucional. In: TEPEDINO, Gustavo [org.]. *Problemas de direito civil-constitucional*. Rio de Janeiro: Renovar, 2000.p.515-546.

GEDIEL, José Antônio Peres. *Os transplantes de órgãos e a invenção moderna do corpo*. Curitiba: Moinho do Verbo, 2000.

GIORGIS, José Carlos Teixeira. A relação homoerótica e a partilha de bens. *Revista Brasileira de Direito de Família*, Porto Alegre, n. 9, p. 138-162, abr./jun. 2001.

GOMES, Orlando. *A crise do direito*. São Paulo: Max Limonad, 1955.

——. *Introdução ao direito civil*. 10. ed. Rio de Janeiro: Forense, 1991.

———. *A revisão do direito civil*. A crise do direito. São Paulo: Max Limonad, 1955.
———. *Direito de família*. 13. ed. rev. atual. por Humberto Theodoro Júnior. Rio de Janeiro: Forense, 2000.
———. *Raízes históricas e sociológicas do Código civil brasileiro*. Salvador: Progresso, 1958.
GUGGENBÜL-GRAIG, Adolf. *O abuso do poder na psicoterapia* – e na medicina, serviço social, sacerdócio e magistério. Trad. Roberto Gambini. Rio de Janeiro: Achiamé, 1978.
*Informativo Mensal Interprensa*, São Paulo, a. 6, n. 63, p. 3, nov. 2002.
HOPCKE, Robert H. *Jung, Junguianos e a Homossexualidade*, Trad. Cássia Rocha. São Paulo: Siciliano, 1989.
INTERNET. Disponível em: http://conjur.uol.com.br/view.cfm?id=13335&print=yes. Acesso em: 9 out. 2002.
———. Disponível em: martasuplicy@solar.com.br
———. Disponível em: http://conjur.uol.com.br/view.cfm?id=13335&print=yes. Acesso em: 9 out. 2002.
———. *State laws regarding adoption by gay and lesbian parents*: second parent adoption. Disponível em: http:www.calib.com/, p. 2 – Acesso em 22/08/01.
———. *State laws regarding adoption by gay and lesbian parents*, p. 1-3. Disponível em: www.cabib.com. Acesso em 22/08/2001.
*Jornal A Gazeta do Povo*. Curitiba, p. 23, 24 de outubro de 2001.
LATRY, Claude. *O pai*. Trad. Vitor Pedro Calixto dos Santos. Disponível em: http://www.symbolon.com.br/o_pai.htm. Acesso em: 01/12/98.
LEVI-STRAUSS, Claude. *As estruturas elementares do parentesco*. 2. ed. Trad. Mariano Ferreira. Petrópolis: Vozes, 1982.
LIRA, Ricardo César Pereira. Breve estudo sobre as entidades familiares. In: PEREIRA, Rodrigo da Cunha [coord.]. *Repensando o direito de família*. Belo Horizonte: Del Rey, 1999. (Anais do I Congresso Brasileiro de Direito de Família)
LÔBO, Paulo Luiz Netto. A repersonalização das relações de família. In: BITTAR, Carlos Alberto [org.]. *O direito de família e a Constituição de 1988*. São Paulo: Saraiva, 1989.
———. *Entidades familiares constitucionalizadas*: para além do *numerus clausus*. III CONGRESSO DE DIREITO DE FAMÍLIA. Anais ... Belo Horizonte, 2002.
———. Princípio jurídico da afetividade na filiação. In: PEREIRA, Rodrigo da Cunha [coord.] *A família na travessia do milênio*. Rio de Janeiro: Renovar, 2000. p. 245-253.
LORENZETTI, Ricardo Luis. *Fundamentos do direito privado*. Trad. Vera Maria Jacob de Fradera São Paulo: RT, 1988.
MALDONADO, Maria Tereza. *Como cuidar de bebês e crianças pequenas*. 3. ed. São Paulo: Saraiva, 1996.
MATTOS, Ana Carla Harmatiuk. *As famílias não fundadas no casamento e a condição feminina*. Rio de Janeiro: Renovar, 2000.
MAXWELL, Nancy. *Legal protection for all the children*: ducth-american comparison of lesbian and gay parent adoptions. Kansas: University School of Law, [s.d.].
MEIRELLES, Jussara. O ter e o ser na codificação civil brasileira: do sujeito virtual à clausura patrimonial. In: FACHIN, Luiz Edson [org.]. *Repensando fundamentos do direito civil brasileiro contemporâneo*. Rio de Janeiro: Renovar, 1998. p. 87-114.
———. *A vida embrionária e sua proteção*. Rio de Janeiro: Renovar, 2000.
———. Diferenças e Similitudes no Estatuto Jurídico do ser. Tese (Doutorado em Direito) Universidade Federal do Paraná. Curitiba, 1999.
MELLO, Celso Antônio Bandeira de. *Conteúdo jurídico do princípio da igualdade*. 3. ed. 6. tir. São Paulo: Malheiros, 1999.
MORAES, Maria Celina Bodin de. A união entre pessoa do mesmo sexo: uma análise sob a perspectiva civil-constitucional. *Revista Trimestral de Direito Civil*, Rio de Janeiro, a. 1, v. 1, p. 103-104, jan./mar. 2000.

MORIN, Edgar. *O paradigma perdido*: a natureza humana. 5. ed. [s.l.]: Europa-América, [s.d.].

MÜLLER, Wunibald. *Pessoas homossexuais*. Petrópolis: Vozes, 2000.

NOVAIS, Fernando A. *Historia da vida privada no Brasil*. São Paulo: Companhia das Letras, 1998. v. 4: contrastes da intimidade contemporânea.

OLIVEIRA, José Lamartine Corrêa de; MUNIZ, Francisco José Ferreira. O estado de direito e dos direitos da personalidade. *Revista dos Tribunais*, São Paulo, v. 532, fev. 1980.

——. *Direito de família*: direito matrimonial. Porto Alegre: Fabris, 1990.

PEREIRA, Caio Mário da Silva. *Instituições de direito civil*. 6. ed. rev. atual. Rio de Janeiro: Forense, 1994. v. 1.

——. ——. 11. ed. Rio de Janeiro: Forense, 2000. v. 5.

PEREIRA, Rodrigo da Cunha [coord.]. *Direito de família contemporâneo*. Belo Horizonte: Del Rey, 1997.

——. *Direito de família*: uma abordagem psicanalítica. Belo Horizonte: Del Rey, 1997.

——. *Direito de família e psicanálise*. Belo Horizonte: Del Rey, 1997.

——.*Uniões de pessoas do mesmo sexo* – reflexões éticas e jurídicas. Palestra proferida no Congresso Brasileiro de Direito Privado, Olinda, 2 out. 1997.

PEREIRA, Tânia da Silva. O princípio do melhor interesse da criança: da teoria à prática. [Coord.] PEREIRA, Rodrigo da Cunha. *A família na travessia do milênio*. Rio de Janeiro: Renovar, 2000. p. 1-101.

PERES, Ana Paula Ariston Barion. *Transexualismo*: o direito a uma nova identidade sexual. Rio de Janeiro: Renovar, 2001.

PERLINGIERI, Pietro. *Perfis do direito civil*: introdução ao direito civil-constitucional. Trad. Maria Cristina de Cicco. Rio de Janeiro: Renovar, 1997.

PERROT, Michelle. O nó e o ninho. In: *Reflexões para o futuro*. São Paulo: Abril, 1993.

——. *História da vida privada*. 5. imp. São Paulo: Companhia das Letras, 1995. v. 4: da revolução francesa à primeira guerra.

PIOVEZAN, Flávia. Filiação e reprodução assistida. Introdução ao tema sob a perspectiva civil-constitucional. In: TEPEDINO, Gustavo [coord.]. *Problemas de direito civil-constitucional*. Rio de Janeiro: Renovar, 2000. p. 525-526.

RAMOS, Carmem Lucia Silveira. *Família sem casamento*: de relação existencial de fato à realidade jurídica. Rio de Janeiro: Renovar, 2000.

——. A constitucionalização do direito privado e a sociedade sem fronteiras. In: FACHIN, Luiz Edson [org.]. *Repensando fundamentos do direito civil brasileiro contemporâneo*. Rio de Janeiro: Renovar, 1988. p. 3-29.

—— Família constitucionalizada e pluralismo jurídico. In: PEREIRA, Rodrigo da Cunha [coord.]. *Família na travessia do milênio*. Belo Horizonte: IBDFAM/OAB-MG, 2000. p. 61-70.

REALE, Miguel. *Lições preliminares de direito*. 15. ed. São Paulo: Saraiva, 1987.

REIS, Carlos David Aarão. *Família e igualdade*. A chefia da sociedade conjugal em face da nova constituição. Rio de Janeiro: Renovar, 1992.

*Revista Isto é*. São Paulo, ed. n. 1556, p. 68, 28 jul. 1999.

*Revista Marie Claire*. Rio de Janeiro, n. 68, p. 112, nov. 1996.

*Revista Veja*. São Paulo, ed. n. 1.636, a. 33, n. 7, p. 107, 16 fevereiro de 2000.

——, ed. n. 1.734, a. 35, n. 2, 16 de janeiro de 2002.

RIO DE JANEIRO. 1ª VARA DA INFÂNCIA E JUVENTUDE. Pedido de adoção com destituição do pátrio poder. Autos nº 2001.710.008632-4. Juiz Leonardo de Castro Gomes. 16 nov. 2001 (cópia fornecida pela assessoria do juízo).

——. Tribunal de Justiça. Adoção. Elegibilidade admitida, diante da idoneidade do adotante e reais vantagens para o adotando. Absurda discriminação por questão de sexualidade do requerente, afrontando sagrados princípios constitucionais e de direito humano e da criança. Apelo improvido, confirmada a sentença positiva da Vara da Infância e Juventude Ap. Cív. n. 14.979/98. Rel. Des.

Severiano Ignácio Aragão. J. 21/01/99 (Acórdão remetido pela assessora do juízo da 1ª Vara da Infância e Juventude do Rio de Janeiro)

――. Tribunal de Justiça. Adoção cumulada com destituição do pátrio poder. Alegação de ser homossexual o adotante. Deferimento do pedido. Recurso do Ministério Público. Ap. Cív. n. 14.332/98. Rel. Des. Jorge de Miranda Magalhães. 23 mar. 1999.

RIO GRANDE DO SUL. Tribunal de Justiça. Relação homossexual. Competência para julgamento de separação de sociedade de fato dos casais formados por pessoas do mesmo sexo. Em se tratando se situação que envolve relação de afeto, mostra-se competente para o julgamento da causa uma das varas de família, à semelhança das separações ocorridas entre casais heterossexuais. AGI 599075496. Rel. Breno Moreira Mussi. 17 jun. 1999. *DJ* n. 1670, fls.120, 3 ago. 1999)

――. Tribunal de Justiça. União homossexual. Reconhecimento. Partilha do patrimônio. Contribuição dos parceiros. Meação. Rel. José Carlos Teixeira Giorgis. 14 mar. 2001.

RIOS, Roger Raupp. *O princípio da igualdade e a discriminação por orientação sexual*. A homossexualidade no direito brasileiro e norte-americano. São Paulo: RT, 2002.

RODRIGUES, Sílvio. *Direito civil*: direito de família. 17. ed. atual. São Paulo: Saraiva, 1991. v. 6.

RUIZ. *De la desconstruccion del sujeto a la construccion de una nueva ciudadanía*, p. 12. Inédito.

SANTOS, Boaventura de Souza. *Pela mão de Alice*. 8. ed. São Paulo: Cortez, 2001.

SANTOS, Eduardo dos. *Direito de família*. Coimbra: Almedina, 1985.

SÃO PAULO. Tribunal de Justiça. Adoção – Pedido efetuado por pessoa solteira com a concordância da mãe natural – Possibilidade – Hipótese onde os relatórios social e psicológico comprovam condições morais e materiais da requerente – Circunstância que, por si só, não impede a adoção que, no caso presente, constitui medida que atende aos superiores interesses da criança, que já se encontra sob os cuidados da adotante há mais de 3 (três) anos- Recurso não provido. Ap. Cível n. 51.111-0/5-00. Câm. Especial. Rel. Des. Oetterer Guedes com a participação dos Des. Djalma Lofrano e Yussef Cahali, votação unânime. 11 nov. 1999.

SARLET, Ingo Wolfang. *A eficácia dos direitos fundamentais*. Porto Alegre: Livraria do Advogado, 1988.

SAVIN, Gláucia. Crítica aos conceitos de maternidade e paternidade diante das novas técnicas de produção artificial. *Revista dos Tribunais*, São Paulo, a. 79, v. 659, p. 234-242, set. 1990.

SCHLÜTER, Wilfried. *Código civil alemão*: direito de família. 9. ed. Trad. Elisete Antoniuk. Porto Alegre: Fabris, 2002.

SILVA, José Luiz Mônaco da. Adoção: mitos e verdades. *Revista Panorama da Justiça*, São Paulo, a. 5, n. 29.

SILVA, Marcos Alves da. *Do pátrio poder à autoridade parental*: repensando fundamentos jurídicos da relação entre pais e filhos. Rio de Janeiro: Renovar, 2002.

SILVA FILHO, José Carlos Moreira da. *Filosofia jurídica da alteridade*: por uma aproximação entre o pluralismo jurídico e a filosofia da libertação Latino-Americana. Curitiba: Juruá, 1998.

SOUSA, Edson Luiz André de; TESSLER, Elida; SLAVUTZKY, Abrão [orgs.]. *A invenção da vida*: arte e psicanálise. Porto Alegre: Artes e Ofícios, 2001.

SZANIAWSKI, Elimar. *Limites e possibilidades do direito de redesignação do estado sexual*: estudos sobre o transexualismo – aspectos médicos e jurídicos. São Paulo: RT, 1999.

TARUFFO, Michele. *Senso comum, experiência e ciência no raciocínio do juiz*. Curitiba: EDIBEJ, 2001.

TEIXEIRA, Sálvio. O direito e a justiça do menor. In: ―― [coord.]. *Direitos de família e do menor*. Belo Horizonte: Del Rey, 1993. p. 319-334.

――. O menor esse desconhecido. In: ―― [coord.]. *Direitos de família e do menor*. Belo Horizonte: Del Rey, 1993.p. 335.345.

TEPEDINO, Gustavo. *Temas de direito civil*. Rio de Janeiro: Renovar, 1999.

――. A disciplina jurídica da filiação. In: TEIXEIRA, Sálvio de Figueiredo [org.]. *Direito de família e do menor*. Belo Horizonte: Del Rey, 1993. p. 347-366.

――. A tutela da personalidade no ordenamento civil-constitucional brasileiro. In: ____. *Temas de direito civil*. Rio de Janeiro: Renovar, 1999. p. 23-54.

——. A disciplina jurídica da filiação na perspectiva civil-constitucional. In: PEREIRA, Rodrigo da Cunha [coord.]. *Direito de família contemporâneo*. Belo Horizonte: Del Rey, 1997. p. 547-584.

VARELA, Antunes. *Direito de família*. Lisboa: Perony, 1993.

VIANA, Marco Aurélio S. A tutela da criança e do adolescente. In: TEIXEIRA, Sálvio de Figueiredo [coord.]. *Direitos de família e do menor*. Belo Horizonte: Del Rey, 1993. p. 285-298.

VIEIRA, Henriqueta Sharf. Abandono e adoção: princípios gerais. In: FREIRE, Fernando [org.]. *Adoção e abandono*: contribuições para uma cultura da adoção II. Curitiba: Terres des hommes, 1994. p. 205-211.

VILELLA, João Baptista. Desbiologização da paternidade. Separata de: *Revista da Faculdade de Direito. Universidade Federal de Minas Gerais*, Belo Horizonte, a. 27, n. 21, p. 401-419, maio 1979.

——. Liberdade e família. *Revista da Faculdade de Direito da UFMG*, Belo Horizonte, v. 3, n. 2, p. 1980.

WALD, Michael S; REYNOLDS Jackson. *An analysis of proposition 22*. Disponível em: http://lawschool.stanford.edu/faculty, p. 29. Acesso em: 22/08/2001

WEBER, Lidia Natália Dobrianskyj. *Pais e filhos por adoção no Brasil*: características, expectativas e sentimentos. 2. tir. Curitiba: Juruá, 2002.

——. Quero que alguém me chame de filho: ou do direito à convivência familiar e comunitária. In: COUTO, Sérgio [coord.]. *Nova realidade do direito de família*: jurisprudência, visão interdisciplinar e noticiário. Rio de Janeiro: Jurídica, 1998. t. 1. p. 100-101.

——; KOSSOBUDZKI, Lúcia Helena Milazzo. Abandono e institucionalização de crianças no Paraná. In: FREIRE, Fernando [org.]. *Adoção e abandono*. Curitiba: Terres des hommes, 1994. p. 31-48.

ZAMBERLAN, Cristina de Oliveira. *Os novos paradigmas da família contemporânea*: uma perspectiva interdisciplinar. Rio de Janeiro: Renovar, 2001.